幸運を呼ぶ
ウイッカの食卓

スコット・カニンガム 著
訳：岩田佳代子

Cunningham's
Encyclopedia of

Wicca in the Kitchen

by Scott Cunningham

食べ物の
パワーを引き出す
魔法のレシピ

食べ物は、人類のあらゆる催事において重要な役割を担っています。かつて、地球と地球から得られる収穫物は、女神や男神と関係がありました。果物も種子も草木も花も、すべてが神性の現れでした。

私たちは、いにしえの魔法の知識を失ってしまったため、食べ物にまつわる不思議な言い伝えも忘れてしまったのです。けれども、時代を超えたエネルギーは、私たちの日々の食事のなかで依然として脈打っています。そして私たちがその存在に気づき、活用するのを待っているのです。

"Translated from"
CUNNINGHAM'S ENCYCLOPEDIA OF WICCA IN THE KITCHEN
Copyright © 1990 Scott Cunningham
Copyright © 1996 and 2003 the Scott Cunningham estate
Published by Llewellyn Publications
Woodbury, MN 55125 USA
www.llewellyn.com

Second edition 1996 (titled The Magic of Food)
First edition 1990 (titled The Magic in Food)

Japanese translation rights arranged with LLEWELLYN PUBLICATIONS
through Japan UNI Agency, Inc., Tokyo

CONTENTS

序文	7
はじめに	11

第1部　あなたのキッチンにある魔法

1．食べ物のパワー！	14
2．魔法	19
3．食べ物の魔法と魔法の料理に用いる道具	26
4．食べる儀式	33
5．菜食主義	36
6．魔法の食べ物の用い方	42
7．祝祭の食べ物	46

第2部　食べ物の魔法

食べ物の魔法についての手引き	56
8．パンと穀類	59
9．ケーキ、甘いパン、クッキー、パイ	76
10．野菜	91
11．果物	124
12．スパイスとハーブ	157
13．蜂蜜、砂糖、チョコレート、いなご豆、メープルシロップ	188
14．ナッツとナッツもどき	201
15．塩、ビネガー、スープ、麺類	212
16．海と川の食べ物	218
17．ビール、ワイン、アルコール飲料	224

18.	お茶とコーヒー	234
19.	不思議な卵	238
20.	乳製品	243

第3部　魔法の食べ物を用いた食事

魔法の食べ物を用いた食事についての手引き		252
21.	愛	255
22.	加護	263
23.	健康と癒し	272
24.	お金	277
25.	セックス（性）	283
26.	精神性	289
27.	霊的自覚	294
28.	平和と幸せ	300
29.	浄化	306
30.	減量	311
31.	その他の魔法の食べ物を用いた食事	316

第4部　スコットのお気に入りのレシピ

スコットのお気に入りのレシピについての手引き		324
32.	前菜	325
33.	飲み物	328
34.	デザート	333
35.	主菜	337
36.	サラダ	344
37.	スープ	346
38.	野菜と副菜	350

第5部　付録

一覧	354
ジャンクフードの魔術的な使い方	366
シンボル	371
通信販売の情報	374
用語解説	377
参考図書リスト	382
謝辞	393

序文

　食べ物は、私たちの生活に欠かせません。料理に腕を振るったり、食べたりすることが、単なる日課だという人が多い一方、心から楽しんでいる人もいます。料理をすることも、できあがった料理も大好きだ、という人もいます。食べ物は、愛に代わるものです。許しであり、神です。

　あなたは今まさに、なじみがあるのにワクワクもする世界へ旅立とうとしています。本書は、食べ物を選び、儀式にのっとって準備をし、いただくことで、私たちの生活に必要な変化をもたらすための手引き書です。昔から伝わる、この料理の魔法を実践するのに必要なツールは、食べ物と、ごく一般的なキッチン用品と、あなただけです。自然な魔術である食べ物の魔法を使って、自身のエネルギーと食べ物のエネルギーを1つにしていきましょう。

　第1部は、入門編です。魔法や料理の工程、昔の祝祭にまつわる食べ物、菜食主義、そして食べ物の魔法を実践するための段階的な手引きが記してあります。

　第2部は、魔法の食べ物の百科事典です。いろいろな食べ物にまつわるスピリチュアルな解説や魔術的な使い方について、それぞれ簡潔に見ていきます。とりあげるのは、パン、果物、野菜、アイスクリーム、豆腐、砂糖、チョコレート、魚介類、スパイスとハーブ、ナッツ、コーヒー、お茶、アルコール飲料などです。他に、世界のさまざまな国の食材についても考察します。

　第3部は「魔法の食事のレシピ本」と言ってもいいかもしれません。11の章を通して、15種類の食事について述べていきます。おのおのの食事は、その食事をする人の生活に多彩な変化——加護、愛、お金、霊的自覚^{サイキック・アウェアネス}、健康、魔法の減量など——をもたらすことを意図したものです。

　第5部では、第2部に記した情報を一覧にして掲載し、簡単に参照できるようにしました。星座ごとに決まっている適した食べ物や、魔術性を秘めたファストフードも掲載することで、完璧な項にしてあります。

そして最後に、魔法のシンボルについて述べ、めずらしい食べ物やハーブ、スパイスを通信販売で購入する際の連絡先を付記しました。

　本書は、グルメ志向の方のための料理法を記したものとは違います。そもそも、料理本でもありません。私たちが口にする食べ物で、私たちの生活を変えていくための手引き書です。

編注：本書の情報から食物を選ばれる際は、必ず信頼できる文献を再度ご確認の上でご利用ください。
　　　本書の内容によって生じたトラブル等について、一切の責任を負いません。

注に関する注

　本書の注を、一般的な脚注とは違う形にしたのにはきちんとした理由があります。長々と脚注を付記して、貴重なページを浪費することなく、それでいて、読者の方が、必要な情報源を簡単に調べられるようにするためです。

　注のなかには、番号を振っていないものもあります。出典がわからなくなってしまったものや、私が長年続けてきた研究で知り得たものなどです。さらに、口頭で伝えられたものもあります。あるいは、私自身の経験に基づくものも。いずれの場合も、既刊の資料にあたっても確認できない記述です。

　本書内の記述に振られた番号は、参考図書リストに掲載した番号の作品に言及したものです。したがって、該当する記述内の情報源を知りたい場合は、参考図書リストの書籍番号を確認してください。

はじめに

　食べ物は魔法です。私たちに対するそのパワーは、否定のしようがありません。私たちを惹きつけてやまない焼きたての甘いブラウニーや、このうえなくおいしそうに蒸しあがったアーティチョークまで、食べ物はいつも私たちを魅了します。

　食べ物は命です。その魔法なしに、私たちは生きていくことができません。しかも、食べ物にはエネルギーも秘められています。食べ物を口にすることで、私たちの体は食べ物のエネルギーをとりこみます。ビタミンやミネラル、アミノ酸、炭水化物をはじめとする、さまざまな栄養素をとりこむのと同じです。食べ物には、食欲を満たす働きしかない、と思っているかもしれませんが、実は食べ物は、私たちを巧みに変えているのです。

　食べ物が過剰にある時代はもちろん、不足していた時代にも、人々は食べ物に宗教的な敬意を表してきました。アジアのお米、ヨーロッパの果物、アフリカの穀類、中近東のざくろとビール、アメリカ南西部のどんぐりと松の実、太平洋沿岸地域のバナナとココナッツ、熱帯アメリカの野菜……。いずれも、宗教的な儀式や魔法の儀式において重要な役割を果たしています。

　聖なる食事は、女神や男神（あるいは女司祭長や司祭長）とともにいただきます。誰かと一緒に食事をすることは、エネルギーを共有し、絆を結び、信頼しあう行為であり、今日でも変わりません。

　獲物や農作物を供物や食事にとり入れる神聖な行為に秘められた魔法を今でも覚えている単一民族は、数は少ないものの存在します。けれども現在、私たちの多くは、あらかじめスライスされたパンを買い、果物や野菜はピカピカのカウンターや冷蔵ケースに並んでいるものを選んでいます。

　私たちは、古い魔法の知識を失ってしまうとともに、食べ物にまつわる神秘的な言い伝えも忘れてしまったのです。けれども時代を超える食べ物のエネルギーは、今も変わらず私たちの日々の食事のなかで振動しています。そして、私

11

たちがその存在に気づき、活用するのを待っているのです。

　食べ物の効果を高めるのに、長々とした魔法の呪文は必要ありませんが、シンプルな儀式は必要です。魔法の知識がほとんどない場合は、本書の指示にしたがってください。すぐにその力に気づくでしょう*。

　実践的な食べ物の魔法についての本書は、万人に向けて書いたつもりです。ベジタリアンのためだけに書いたわけでもなく、体にいい食べ物や、オーガニックの食べ物しかとりあげていないわけでもありません。本書を読んでいただければ、海藻やにんじん、豆腐はもとより、ワインや砂糖、十字模様の入った甘いホットクロスパンの持つ魔法についても知ることができるでしょう。これは、すべての人のための本です。

　食べることは、地球と同化することであり、人生を肯定する行為です。儀式にしたがって準備をし、特定の食べ物を食べるのは、私たちの生活を高め、改善する効果的な方法です。

　同時に、楽しいことでもあります。魔法のプレッツェル？　聖なるチョコレート？　情熱的なピクルス？　いずれも、魔法の食べ物です。そして、それを生み出す魔法は、あなたのキッチンから始まります。

---

*魔法は、具体的で好意的な技術です。超常現象でもなければ、悪意に満ちたものでも、危険なものでもありません。詳細は2章をご覧ください。

第1部　あなたのキッチンにある魔法

the magic in your kichen

1．食べ物のパワー！

　女性が石炉にかがみこみ、薪の台の奥で赤く輝く残り火に、ねじまがった枝をくべました。火が一気に勢いを増すと、女性は外に出て、古い鉄鍋に水を汲みます。
　家に戻ると、その重い大釜を直接火にかけました。大釜の長い3本の脚のちょうどまんなかに炎がくるように気をつけて。
　水が少しずつ温まってくると、女性は蜜蝋キャンドルに小さなハートを彫り、キッチンのテーブルにおいた錫製の容れ物に入れて、芯に火をつけました。次に、その日の朝に摘んだ苺を入れたバスケットの蓋を開けました。苺を1粒とり出して、まな板にのせます。
「どうか……私に……愛を」と、女性はつぶやきました。
　ゆっくりと、慎重に、女性は甘い香りのする果物をバスケットからまな板へと移しながら、模様を描いていきます。やがて、苺が形づくる小さなハートが完成しました。
　続いて女性は、摘んできた苺がなくなるまで、最初のハートの周りに次から次へとハートをつくっていきました。つくり終えると、微笑みながら苺を切っていきました。運命の男性に出会ったあとの自分の人生を想像しながら。
　大釜の湯が煮え立ってくるのを待つあいだ、女性は天井から吊るした紐に結んであったりんごを1つとりました。そして、白い柄のナイフでりんごの皮にハートを刻みながら、言いました。
「どうか私に愛を！」
　女性はりんごをじっと見つめると、微笑んでから、かじりました。その甘さに、気分もすっきりしました。女性はゆっくりとりんごを食べていきました。最初に口をつけたところから、時計回りにかじっていき、少しずつ、刻んだハー

トを食べていったのです。

りんごを回しながら食べ終えると、女性は大釜のお湯の様子を確かめました。もう沸騰寸前です。女性は、大釜の前まで、まな板を持っていきました。そして、白い柄のナイフを使い、さっき切った苺を、煮立っているお湯のなかに滑り落としていったのです。苺が大釜に落ちていくとき、女性は言いました。

「どうか私に愛を！」

さあ、3カ月間、陶製の容器に入れて大事にしまっておいた砂糖の出番です。女性は砂糖をそっと、苺がたっぷり入った大釜に加えました。砂糖はあっというまに溶けました。

女性は火のかたわらに座り、桜の木でつくった大きなスプーンを手にすると、スプーンを太陽の方角に動かしながら、ゆっくりと大釜の中身をかき回していきます。女性は苺のジャムをつくっているのでした。ジャムを煮ながら、火にくべた枝のパチパチと燃える音や、大釜がグツグツと煮立つ音のなか、かろうじて聞こえる声で、女性は何度も何度も言いました。

「どうか私に愛を！」

民間魔術*では、さまざまなツールを利用することで、シンプルな儀式がおこなえます。ツールには、視覚化、キャンドル、色、言葉、自分に向けた肯定的な宣言、ハーブ、エッセンシャル・オイル、石、金属などがあります。自分たちの手でつくり出したツールも利用できますが、それらはパワーの誘導物にすぎず、魔女（魔法使い・魔術師）によって与えられるエネルギーはほとんど蓄積されていません。

私たちの生活に大きな変化をもたらすほどの特別なエネルギーを秘めていて、なおかつ私たちが自由に使える魔法のツールは、実は身の周りのいたるところにあり、それを日々目にしていますが、そのなかに秘められた変化の可能性には気づいていないのです。2、3のシンプルな行動や、1つか2つの視覚化で、このツールは最も希少な石や高価な剣に劣らないパワーを発揮できるようになるのに、そのことを知らないのです。

そんな未知のパワーの源とはなんでしょう？

「食べ物」です。

そう、食べ物なのです。あなたが今朝食べたオートミールや、海鮮サラダの
ランチ、さらには夕飯の最後に食べたチョコレートアイスクリームまで。すべ
てが、強力な魔法のツールなのです。

　これは、新たな考えではありません。はるかな昔から人間は、すべての命を
維持するもの、神々からのありがたい贈り物として、食べ物を大切にしてきま
した。食べ物は、最も初期の文明においても、宗教的な儀式で重要な役割を果
たしました。その本質<ruby>本質<rt>エッセンス</rt></ruby>は、天空から人間を見守る神々に捧げられ、物理的な部
分は、焼かれてしまわなければ、女司祭長<ruby>女司祭長<rt>プリースティス</rt></ruby>や司祭長<ruby>司祭長<rt>プリースト</rt></ruby>によって、均等にわけ与え
られました。やがて食べ物は、通過儀礼とつながりを持つようになります。誕
生、子どもから大人への過渡期、神秘的で社会的な集団への仲間入り、結婚、出
産、還暦、そして臨終などの儀式です。

　食べ物は、すべての原始の宗教と結びついていただけではなく、非物質的な
エネルギーを持っているとも考えられていたのです。食べ物の種類に応じて、含
まれるエネルギーの種類も異なると言われていました。体力をつけるためだっ
たり、戦いで勝利を手にするためだったり、安産、健康、性欲、繁栄、豊穣を
目的に口にされる食べ物もありました。

　食べ物の魔法はごく早い時代に誕生しましたが、廃れることはありませんで
した。今も洋の東西を問わず魔法に用いられていますが、食べ物を使う根拠は
変わってきているかもしれません。バースデーケーキを例に考えてみましょう。
たいていのバースデーケーキには、幸運を祈る言葉がアイシングで書かれてい
ます。私たちはなぜ、言葉を食べるのでしょうか。そもそも言葉は、それと関
係のあるエネルギーを有していると考えられていました。誕生日の祝福を受け
る者は、ケーキとともに言葉のエネルギーも堪能したのでしょう。バースデー
ケーキは、現代に存在する食べ物の魔法なのです。この儀式を伝えている人々
が、そのことに気づいているかどうかに関係なく。

　食べ物の魔法は（宗教的な結びつきを別にすれば）西洋世界の大半で軽視さ
れていますが、他の多くの地では、いまだに自己変革のツールとみなされてい
るのです。日本や中国では、長寿や健康、愛のため、さらには試験の合格を期
して、特別な食べ物が口にされます。こうした儀式には2000〜3000年の歴史が
ありますが、それもひとえに、儀式の効果が認められているからなのです。

20年間、魔法の世界を探求してきた私は悟りました、私たちの生活は余すところなく、魔法のパワーと結びついているのだと。そして17年ほど前から、食べ物の魔術的な活用について研究を始めました。食べ物もまた魔法のツールであり、前向きで必要な変化をもたらすために用いることができると気づいたからでした。

　私が初めて、本書の基本的な考え方を説明したとき、友人の多くは信じてくれませんでした。みんな、魔法に対する固定観念にとらわれていて、食べ物そのものに魔術的な変化をもたらす力が秘められているというシンプルな考えが理解できなかったのです。ただ、ほとんどの友人が、ハーブはエネルギーを持っている、とは認めていました。「そのとおりだ」と私は言いました。「適切なハーブを選んで用いれば、魔女はハーブの持つ力を解放することで、具体的な変化をもたらすことができる。そうだろう？」「もちろんだ」と友人たちは答えました。ハーブは植物です。そして植物は食べ物です。それなら、適切な食べ物を選んで用いれば、魔女は魔術的な目的のために、食べ物の持つ力を解放することができるのではないでしょうか。

　もちろん、できます。そして実際にそうしているのです。愛の儀式の際に魔女が燃やすローズマリーを、他の魔法——そう、たとえば料理に使ってもいいのではないでしょうか。何世紀にもわたって、儀式の浄化に用いられているレモンを使って、レモンパイを焼き、レモンの持つ浄化のエネルギーを体内にとりいれてもかまわないのではないでしょうか。

　これこそが、食べ物の魔法なのです。

　本書には、よく知っている料理も、めずらしい料理も登場します。それぞれに秘められた魔法のエネルギーも、具体的に記してあります。必要に応じて、用意すべきものも挙げました。レシピも掲載しています。大半は、おそらくみなさんがもうつくったことがあるか、少なくとも食べたことはあるものだと思いますが、いずれも、私が載せた方がいいと思ったレシピです。

　おやつも含めたすべての食事が、自分自身と自分の世界を変える機会を私たちに与えてくれます。食べ物のエネルギーを利用して、よりよい人生を歩んでいくことができるのです。知識を持ち、いくつかちょっとした儀式をおこなうことで、私たちも、食べ物に本来備わっているパワーを引き出せます。魔女が

使う石や木や金属の代わりとして、食べ物を口にすることができるのです。

　生きるためには食べなければなりません。同じように、本当に幸せになるためには、日々の生活を自制しなければなりません。そのためのツールが、あなたの食器棚や冷蔵庫、そしてキッチンのテーブルにあるのです。

　さあ、ページをめくって、あなたを待っている魔法を見つけてください！

＊なじみのない言葉は、用語解説を参照してください。

2. 魔法

　本書でとりあげている魔法を実際に用いるために、避けて通れない言葉がいくつかあります。これから述べることは、食べ物の魔法を正しく用いる際にとても大事なことです。

「魔法は超自然現象」
「魔法は邪悪」
「魔法は危険」
「魔法は錯覚」

　いずれも間違った言葉ですが、かつての世代の、魔法を用いない人々によって伝えられてきました。魔法が邪悪だ、などと信じているのは、魔法を用いない人たちだけです。前述したような言葉はかつて、数学や化学、心理学、心霊学、天文学、外科医学など、魔法以外のさまざまなものに対しても言われたことです。けれど数学などの学問や、その他の多くの芸術や科学は、「危険」などの言葉の影に潜む闇から、光のなかへと押し出されていきました。もう、神秘的だとか、邪悪だ、危険すぎる、錯覚だ、などとは考えられていないのです。
　尊重される学問や芸術の分野に依然として入れてもらえないものが、私たちの生活には少なくとも２つあります。魔法と宗教体験です。筋金入りの科学者やその世界観を支持する人たちは、魔法と宗教体験をひとまとめにして考えています。彼らにとっては、魔法も宗教体験も、現実的な根拠のない幻想だからです。彼らにとって魔法は、まるで効果のないもの。なぜなら、魔法が効く仕組みを説明するための真っ当な法則がなく、魔法を公に認める真っ当な力もないからです。彼らは魔法と同じく宗教体験も、往々にして興味本位と軽蔑の混

ざった目で見ています。

　残念なことに（もちろんこれは、魔法や宗教体験をバカにする人たちにとってです）、魔法にはきちんとした効果があり、宗教体験は確かに存在します。神と個人的な関係を築いている人に、神は存在しないなどと言えば、どうなるかは目に見えているでしょう。同じことが魔女にも言えます。彼女たちは、魔法に効果があればいいのに、などとは思っていません。効果があることを知っているのです。

　魔法の基本はパワーです。魔女は、何千年ものあいだパワーを活用していますが、私たちは「パワー」がどんなものか、いまだ正確にはわかりません。けれども使い方はわかります。

　魔法は、必要な変化をもたらすための、自然だけれどごく微かなエネルギーの動きです。このエネルギーは、私たち自身のなかにも、私たちの世界にも、そこに存在するすべての自然の産物のなかにも存在します。アボカドのなかにあるものであれ、私たちの体のなかにあるものであれ、現れ方はそれぞれまったく違うにしても、源は同じです。では、この同じ源とは何でしょう。その呼称は、宗教によって異なります。

　魔法で用いられるエネルギーには３つのタイプがあります。私たちの体に秘められたエネルギーである個人のパワーと、私たちのいる惑星や、植物や石、水、火、空気、そして動物のなかにある大地のパワー、さらに、まだ具体的な形ではこの地上にもたらされていない、神のパワーです。

　魔法はつねに、個人のパワーを活用します。民間魔術では、大地のパワーも用いられます。魔女は、視覚化か身体活動によって自分のパワーを高め（あるいは目覚めさせ）ます。（自然の産物のなかに存在するエネルギーの）大地のパワーを目覚めさせるのは、視覚化です。視覚化（頭のなかでイメージをしていく過程）は、エネルギーを安定させ、特別な目的のために役に立つように変えていきます。エネルギーを安定させたら（これはとても簡単にできます）、魔女は２つのタイプのエネルギーを混ぜ合わせます。通常は視覚化を介しておこなわれますが、方法は他にもあります。食べ物の魔法が独特なのは、２つのエネルギーを結びつける際の方法が非常に自然だからです。

　例を挙げましょう。マージョリーは収入を増やしたいと思っています。一生

懸命仕事をし、毎月決まった給料ももらっていますが、少しも生活に余裕がないようです。彼女は、なんとかしてもっとお金がほしくてたまりません。

　マージョリーは食べ物の魔法をよく知っていたので、３度３度の食事に、お金を呼びこむ食べ物を加えることにします。本書の第３部を見て、最初の日の食事に加える３つの食べ物を決め、朝食にオートミール、昼食にはピーナッツバターとグレープジェリーのサンドイッチ、夕食に新鮮なトマトを食べます。もちろん、これだけしか食べないわけではありません。単に、お金を呼びこむ食べ物を、ふだんの食事に加えるだけです。

　翌朝は、キッチンで緑色のキャンドルを灯します。芯に火がつき、炎があがると、マージョリーは、経済的な負担から解き放たれる自分を想像します。期限までに支払いをすませ、残ったお金を使って楽しむ自分の姿を視覚化^{ビジュアライズ}します。そうなることを期待してはいません――もう実際にそうなっているところを想像しているのです。

　彼女は視覚化^{ビジュアライゼーション}を続けながら、ガラス鍋に水を注ぎ、オートミールを量ります。計量カップいっぱいにオートミールを入れると、カップをキッチンのカウンターにおき、カップを包みこむように両手を添えて、できるだけはっきりと視覚化^{ビジュアライゼーション}をおこないます。それからオートミールをガラス鍋に入れ、いつものように調理します。

　オートミールが煮えるのを待ちながらグレープフルーツを切りわけ、低脂肪牛乳をグラスに注ぎます。グレープフルーツも低脂肪牛乳も、マージョリーの魔法には必要ありません。単に栄養をとるためのものです。

　オートミールができあがると、緑色のキャンドルをキッチンのテーブルへ持っていき、できあがったオートミールをスプーンですくってボウルに移し、メープルシロップを少量回しかけ（これもお金にまつわる食べ物だと彼女は本書で読みました）、オートミールをじっと見つめます。食べる前に次の言葉を言ってもいいでしょう。

「*富と報酬のオーツ麦が*
　私の経済的な苦痛をとり払いますように。
　私は富に満ちている。

2. 魔法

これは私の意志。そうあれかし！」

　何も言わない場合もあるでしょう。けれども、視覚化^{ビジュアライゼーション}だけはまたおこないます。それが終わってからようやく、オートミールをいただきます。熱々のオートミールを口にするたびに、お金のエネルギーが体に入っていくのを感じます。同時に、栄養たっぷりの食べ物と、富をもたらすエネルギーを両方とも、体が喜んで受け入れているのもわかります。

　マージョリーはキャンドルの芯を指でつまんで火を消し、残った細長いキャンドルは、次の魔法の食事までキッチンの引き出しに戻しておきます。この儀式を、１回の食事につき最低１種類の食べ物に対して繰り返しおこないます。ピーナッツバターとグレープジェリーのサンドイッチは職場で食べますが、それでも、同じように集中して視覚化^{ビジュアライゼーション}をしながらつくり、お昼休みに、同じようにいただくのです。

　食べ終わって口を拭きながら、マージョリーは考えます。魔法が効果を発揮するまでの時間を踏まえて、少なくとも１週間は、お金にまつわる食べ物を食事に加えようと。

　さあ、今の例から、マージョリーがしたことをよく考えてみましょう。

　——彼女は、自分が問題を抱えていることを認識しました。
　——その問題を解決するのに役立つツール（食べ物）を見つけました。
　——視覚化^{ビジュアライゼーション}をすることで、自分の個人のパワーと、豊かになった自分の姿を調和させました。
　——視覚化^{ビジュアライゼーション}を利用して、オーツ麦に存在する大地のパワーも合わせました。
　——短い祈りの言葉を唱えて、自身の決意と視覚化^{ビジュアライゼーション}をさらに強めました。
　——オートミールを食べることで、オーツ麦に秘められた富をもたらすエネルギーを、自分の体にとりこみました。

　マージョリーが灯した緑色のキャンドルは、彼女が起こしたいと願った変化の物理的な発現です。緑は昔から、成長、繁栄、そして豊かさのシンボルと言われています。私たちの暮らす現代の世界でも、お金や、お金がもたらしてく

れるものを象徴する色です。

民間の魔女たちによると、キャンドルを灯すのは、周囲にエネルギーを解放することだそうです。エネルギーのタイプは、キャンドルの色によって決まっています。緑色のキャンドルを灯すことでマージョリーは、お金を引き寄せる儀式に、さらなるエネルギーを加えました。キャンドルは絶対になければいけないものではありませんが、使いたければ使ってかまいません。

視覚化は、どんなタイプの魔法の場合にも重要です。ほとんどの人は、すでに自分たちがよく見てきたものを視覚化することができます。1、2分、目を閉じて、お気に入りの食べ物やペット、隣人の顔を心の目で見てください。考えるのではなく、実際に見ているかのように見る努力をしましょう。

魔法では、視覚化を用いて、私たちが変わりたいと決めたイメージをつくりだします。したがって、マージョリーが、山のような未払いの請求書を視覚化したり、財布をひっくり返して最後の数ペニーをかき集める自分の姿を想像したり、アパートを追い出されるところを思い描くことはできません。これらはあくまでも、彼女の抱える問題の現れであり、問題は決して視覚化できないからです。

視覚化をするのは、問題の解決法と魔法の儀式をおこなった結果です。だからマージョリーは、きちんと支払いをすませ、残ったお金を使って楽しむ自分の姿を思い描いたのです。これは、「前向きに考える」ということではありません。もちろんそういう考え方も役には立ちますが、魔術の視覚化はむしろ、前向きな「イメージ」をつくることなのです。

私たちの心のなかで創造され、維持されるイメージは、私たちの周囲にあるさまざまなものに対するのと同様、私たち自身にもかすかながら（けれど具体的な）変化をもたらします。視覚化をおこなうなかで、マージョリーは自分のエネルギーとオーツ麦のエネルギーの両方を揺り動かし、目的を与えました。そして最終的に、両方のエネルギーを自分の体にとりこんだのです。彼女はそれを、朝食にオートミールを食べることで成し遂げたのでした。

視覚化は、食べ物の魔法を効果的に用いるために必要な、最も洗練された魔法の技術です。この技術について書かれた多くの良書が入手可能です。視覚化についてもっとよく知りたい場合は、そういった本を読むか*近くで

2. 魔法

23

開かれる講座に参加するといいでしょう。

　本書は食べ物の魔法についての本です。目的を持った食べ物の選び方、調理や準備の仕方、食べることについて書いてあります。人は誰しも、生きていくために食べなければなりません。ならば日々の食事を、単に栄養素を摂取する習慣以上のものにしてもいいのではないでしょうか。

　本章の冒頭で挙げた４つの言葉について、もう一度考えてみましょう。私が提示した例からもおわかりのように、魔法に秘められたエネルギーが超自然現象でないことは明らかです。食べ物や私たち自身の体に存在するエネルギーであり、命そのものにあるエネルギーなのです。

　魔法はまた邪悪でもありません。例外は、宗教上の理由からそう断じている少数民族にとってだけです。こうした少数民族は、鍛錬や心理分析、自己改善といった、個人的な成長におけるさまざまなことをも邪悪とみなすことがままあります。明らかに偏見ではありますが、彼らと同じ宗教的見解を持っていない人にとっては、意味をなさない考え方です。

　では、魔法は危険でしょうか。もちろん危険ではありません。シャワーを浴びたり、梯子を使ったりといったような、日常生活の他のいろいろなことと同じです。この古くからある行為を危険とみなす考えは、「魔法は邪悪」という発想がもとになっています。魔女たちは、残忍なエネルギーと接触することもなければ、生け贄を捧げることも、堕天使を崇拝することもないのです（22章を参照）。

　そして４番目の言葉、「魔法は錯覚」というのも間違いです。この考えを支持している人の多くは、魔法を使ったこともなく、原理主義的な宗教団体にも属していません。彼らのような懐疑的な人たちに、魔法にはきちんとした効果があることを証明するのは難しく、不可能といってもいいでしょう。なぜなら魔法で用いるのは、懐疑的な人たちがまだ十分に研究していないエネルギーだからです。

　それでも、魔法の効果は目で見ることができます。魔法は奇跡をもたらすのではありません。魔法がもたらすのは、必要な変化です。魔法を信じない人たちはいつも、魔法の成果を偶然の産物や、幸運、純粋に心理的なもの、などといって、まともにとり合いません。この３つはいずれも、都合のいい説明です

が、魔法が望みどおりの結果を何度ももたらし、魔法を実践する人たちが、その簡単なやり方のなかで、自分たちの生活をよりよいものにしていく方法を見つけているなら、たとえ他の人たちが何と言おうが、魔法は錯覚ではありません。

　それをあなたが確かめるには、実際に魔法を使ってみるしかないでしょう。魔法なんか効くわけがない。そう思っていてかまいません。試してみれば、本当のことがわかるのですから。

＊一番のおすすめは、メリタ・デニングとオズボーン・フィリップスの共著『Practical Guide to Creative Visualization』です。

3. 食べ物の魔法と魔法の料理に用いる道具

食べ物の魔法は、直接、そして簡単に自分を変えられます。この魔法で最も大事なツールは、食べ物と、魔法を使う人自身のパワーです。とはいえ、下ごしらえをして、より効果の高い料理をつくるには、他の道具も必要です。本章では、道具に秘められた魔術的な特性と、魔法の料理に欠かせない、基本的なコツをいくつかご紹介していきます。本書は、グルメ志向の料理本ではないので、変わった道具は必要ありません。自分の必要なものをキッチンに揃えておけば大丈夫です*。

カップ、ボウル、壺

一番最初に生まれた「容器」は、カップのように丸めた両手だったに違いありません。その後、革が登場し、手の形を模したものがつくられ、液体や固形の食べ物を入れるのに使われました。カゴ細工の技術を使って、ボウルや収納用の容器をしっかりと編みあげた地域もありました。新鮮な葉で編んだカゴは、今でも熱帯地域ではよく目にします。

粘土でもボウルがつくられ、よく熱を加えてかたくし、長持ちするようにしました。何百年ものあいだ、世界じゅうで容器として用いられてきたのがヒョウタンです。また、木を彫ってつくったボウルも、ごく最近まで広く使われていました。

青銅器時代になると、金属加工の知識を持った人たちが、金属製のボウルをつくり出します。金や銀の器は、古代王家の人々の副葬品としてもよく知られていました。

カップ、ボウル、壺には間違いなく受容力があります。何かを「容れる」た

26　　　第1部　あなたのキッチンにある魔法

めのものですから。水のエレメントと月のエレメントと関係がある道具なので、愛のエネルギーを持っています。これで思い出すのが、「愛のカップ」とも称されるトロフィー——秀でた個人や団体に授与される優勝杯です。

　かつての文化では、壺を地母神のシンボルとみなしていました。これは、ほぼ世界共通の考えです[78]。丸い壺とボウルは、女神のエネルギーと関係があり、食べ物の下ごしらえにも用いられました。女神のシンボルは、物理的に人間に栄養を与えてきたのです。たとえば、アメリカ・インディアンのズニ族は、ボウルを大地の象徴と見て、「我らの母」と呼びました。そして、赤ん坊が母乳から栄養をとり入れるように、ボウルから食べ物や飲み物を体にとり入れていったのです。ボウルの縁は、地球のように丸くなっていました[21]。

　陶器を発明したのは女性であり、文化的に未発達だった原始の人々のあいだでは、つねに女性が器をつくっていたのです。「発達した」文化の特徴の1つは、こうした女性の芸術を強制的に男性のものに変えたことでした[78]。

　壺は世界じゅうで魔法に用いられています。パナマでは、加護を願って人型の壺を自宅の屋根の上におくことがありました。西アフリカでは、シャーマンが巨大なかめのなかに風や雨を閉じこめ[60]、ほぼ同じことを、太古のハワイの神々はヒョウタンを用いておこなったと言われています。

　中国の新年を祝う祭りではよく、粘土の壺に、前年の不幸や病気を表す石や鉄片を詰めました。壺には火薬も入れ、導火線を引きます。壺を埋め、導火線に火をつければ当然壺は爆発します。こうして前年の災いを一掃したのです[60]。北米のプエブロ・インディアンは、泉の近くで狩った動物を儀式用の壺に入れました。水が枯れないよう願ってのことでした。

　カップやボウルは、プラスチック、またはアルミニウム製以外であれば、どんなものでも魔法に使えます。容器として最も適しているのは、大地の色（茶、ベージュ、白）のものです。調理用の鍋はそれと同じ色のもので、できれば光沢のある陶磁器かガラス、ホーロー、ステンレス製を選びましょう。

　魔法の調理をする際には、アルミニウム製の道具の使用は避けてください。

＊エレメントや影響を受ける惑星についての情報は第4部を見てください。

3．食べ物の魔法と魔法の料理に用いる道具　　27

オーブン

オーブンも神のシンボルです[29]。庫内に食材を閉じこめて、変化を加える（調理する）もので、温かみのある、すばらしい道具です。中東の日干しれんが造りのオーブンから、北米やポリネシアで用いられた陶製のオーブンまで、人間はさまざまなタイプのオーブンを使ってきました。オーブンを女神として敬う文化もありました。たとえば古代ローマでは、パンを焼く窯の神フォルナクスのためにフォルナカリアという祭礼がおこなわれていました[29]。また、太陽を思わせる温かさから、中国のように男神とみなす文化もあります。ヨーロッパでは、オーブンが普及したのは18世紀以降です。それまでは、いわば持ち運び可能なオーブンとも言える大釜が代わりに使われていました[71]。

オーブンは、燃料の熱だけを保持し、それぞれの調理に必要な適切な温度を均等に供するのが目的です。魔法の調理には、ガスまたは電気オーブンが適しています。現在使われている電子レンジは、食べ物を加熱する仕組みがまったく異なります。食べ物の魔法は昔ながらの行為ですから、下ごしらえの際には電子レンジの使用は避け、昔からある伝統的な道具を使うのが一番です。

大釜
コルドロン

昔から一般的なイメージとして、魔女とは切っても切れない関係にある大釜は、かつてヨーロッパ全土で調理用の鍋として広く用いられました。鉄製で、計量用に畝のような模様が刻まれていて、3本の長い脚があります。数え切れないほどの大釜が、炉床の上に下げられたり、じかにおかれたりして、家族の食事がつくられてきたのです[104]。現在の調理で広く用いられている深鍋も、そもそもはこの大釜から発展してきました。大釜と魔女との関わりは、シェイクスピアの戯曲『マクベス』に描かれる悪名高い場面「3人の魔女」に由来します。（お茶などを）煎じたり、調理したりするときに鉄釜を使うのは、16世紀にはめずらしいことでありませんでした。めずらしかったのは、そして人々の関心を引いたのは、この3人の魔女が秘薬の調合に使った「材料」だったのです。

現代のウイッカンのあいだでは、ボウルや瓶、壺と同じように、大釜も地母

神のシンボルとして敬われています。鉄製の3本足の鍋は、今でも装飾用として、また魔術的な使用のためにつくられてはいます。大釜で調理してみたいと思うかもしれませんが、広々とした炉床も時間的な余裕もないなら、おすすめはしません。鉄製の大釜は、お湯を沸かすだけでもとても時間がかかるのです。

お皿類

　お皿はおそらく、ボウルよりも先に用いられました。人類にとって最初のお皿は平らな木片かかたい葉で、食べる前の料理をおいたり、少し冷ましたりするのに便利でした。

　お皿は、太陽の影響を受ける、大地のエレメントです。一般的に、物質界やお金、豊かさを表すと言われています。自然な素材でつくられたお皿なら何でも魔法に使えます。

すり鉢とすりこぎ

　かつてブレンダーやフードプロセッサーとして使われたすり鉢とすりこぎは、ハーブやナッツを砕いたりすりつぶしたりするのに、今でも利用されることがあります。先史時代のすり鉢が、新石器時代にまで 遡 る多くの遺跡のなかから発見されています[104]。スペインに征服される前にメキシコの人々が使っていたのとまったく同じすり鉢が、現代のメキシコでも依然として使われています。

　南カリフォルニアにいる多くのインディアンの部族は、大きな岩に穴を開けて、すり鉢をつくりました。すりこぎに用いたのは丸い石です。私は子どものころ、サンディエゴの近くにあるラグーナ山地の「すり鉢」によくどんぐりを投げ入れ、ディエゲノ・インディアンのまねをしてすりつぶしてみようとしました。

　フードプロセッサーは、私たちの多くにとってなくてはならない道具ですし、これがあれば時間も節約できます。あなたが使いたければ、フードプロセッサーを使っても、すり鉢とすりこぎでもかまいません。カップ2杯分のアーモンドをすり鉢とすりこぎで粉末状にするのは、恐ろしく時間のかかる作業です。け

3. 食べ物の魔法と魔法の料理に用いる道具　　29

れどそのあいだに、私たち自身のパワーを食べ物に注ぎ、食べ物がもたらして
くれる最終的な効果に考えを巡らすこともできます。

食糧貯蔵室
（パントリー）

　パントリーはかつて、どの家庭にもありました。けれど今日では、ほとんど
の人が必需食品や缶詰を「食器棚」に詰めこんでいます。パントリーは、大地
の影響を受ける、月のエレメントです。食べ物を受け入れる容器であり、地母
神と密接なつながりがあります。私たちの目的のためにも、あなたの食器棚を
パントリーとみなしましょう。

　魔法の調理では、基本的な食材を常備する必要があります。塩、砂糖（使う
なら、ですが）、蜂蜜、メープルシロップ、ハーブとスパイス、全粒粉、あらゆ
る種類の小麦粉、コーンミール、ビネガー、ベジタブルオイル、さらにはこう
いったものに類する食材を、密閉式の容器に入れて、つねにおいておきましょ
う。

　食材を保存する場所として、パントリーは大切に守らなければなりません。そ
のためには、にんにくか唐辛子を編みこんだ紐をパントリーにかけるかおいて
おくといいでしょう。紐をかけながら、野菜の強力なエネルギーが食べ物に悪
い影響をおよぼすあらゆるものを追い払うところを視覚化してください。
（ビジュアライズ）

スプーンとしゃもじ

　柄のついた小さなボウルがスプーンです。したがって、月や水のエレメント
と関係があります。

　スプーンは何千年も前から使われてきました。つい最近まで日本では、しゃ
もじに魔力があると考えられていました。小さなしゃもじを玄関先に留めてい
たのです。護符として、また、お米が不足して家人がひもじい思いをしないよ
うにとの願いもこめられていました[54]。

30　　　　　第1部　あなたのキッチンにある魔法

フォーク

　フォークは今日、ヨーロッパのテーブルにはごくふつうに並んでいますが、かつてはもっぱら食事以外の目的で使われていました。魚を突いたり、干し草をすくったり、穴を掘ったりなどです。最初のフォークはおそらく、二股の棒でしょう。17世紀後半まで、ほとんどの西洋人は手で食べていました。フォークがヨーロッパでとり入れられたのは11世紀ですが、広く使われるようになるには、さらに500年を要しました[69]。

　フォークは火星の影響を受ける、火のエレメントです。食器としてとても大事なものとみなされていました。ヨーロッパでは加護の儀式に曲がったフォークが用いられ、よからぬことを追い払うために、庭に埋めたり壁の内側においたりしました。

ナイフ

　火打ち石や碧玉などの潜晶質石英を薄く剥がして、非常に鋭利な道具にしたのが、ナイフの始まりでした。ナイフは、火星の影響を受ける、火のエレメントです。命を維持する（調理する）だけでなく、命を脅かす（突き刺す）ためにも用いられてきました。ちなみに、食べるために使われた最初の道具がナイフです。食べ物を切るのはもちろん、食べ物を口に運ぶこともできたからです。

魔法の調理に関する注意事項

　――特定の魔法を用いるために食べ物を調理するときは、目的を持ち、丁寧におこなってください。つねに、自分が目指すゴールを念頭においておきます。あなたが必要とするエネルギーが、食べ物のなかにあることを忘れないようにしましょう。

　――かき混ぜるときは、必ず時計回りに。時計回りは、太陽が空を通る動き

3．食べ物の魔法と魔法の料理に用いる道具　　31

と一致していると考えられていて、昔から、命、健康、成功と関係があります。

——食材は、魔法で叶えたいことを象徴する形に切りましょう。つまり、ハートや星型、円などです（それぞれの願いに応じた形は、21～31章を参照してください）。

——あなただけではなく、他の人にも食べてもらう料理をつくっているときには、すべてのお皿にエネルギーを注ぎこまないようにしましょう。調理はいつもどおりにします。その後、食べる直前に、自分の料理に対してだけ視覚化^{ビジュアライゼーション}をおこなってください。あなたの魔力を注ぐ料理を他の料理ときちんとわけないと、その魔法で他の人を操ってしまう危険な状況になりかねません。

——愛をこめて調理をしましょう。

4. 食べる儀式

　食べるのは、単純な行為です。食べ物を口に入れ、かんで、飲みこむ。神秘的なことは何もありません。そうでしょう？

　けれど、おそらく違います。そもそも食べ物は、重要であるがゆえに、政治や社会構造、法律制度、健康維持、魔法、そして、そうそう、宗教とも深い結びつきがありました。

　私たちの生活には依然として、そんな初期の行為の名残があります。食事の前の祈祷（あるいは「感謝の祈りを捧げる」）は、その最たるものでしょう。これは、キリスト教にかぎらず、他の多くの宗教でもよくあることです。いただく前に食べるものに感謝したいという思いは、古代エジプトやシュメール、ギリシャ、ローマ、その他多くの文化に共通して見られる異教徒の儀式に由来します。食べ物の一部は、火を通すか、供物用のボウルに入れられました[注1]。

　今日の考え方も同じです。食べ物は言語的あるいは心理的に神とつながっています。かつて人々は、大半の時間を費やして、食べ物を確実に安定供給できるよう努めました。火事で作物が全焼したり、日照りや虫の繁殖、豪雨、嵐、季節外れの寒波などに見舞われたりすることがあったからです。ただ、大規模な自然災害は物理的に防ぐことは難しく、そこで人々はおのずと神々の加護を求めるようになりました。

　収穫が無事に終わると、私たちの祖先は、神々に食べ物を供えて感謝しました。食べ物を埋めたり、空に向かって投げたり、火にくべたりしたかもしれません。神々のための食べ物には、人間は手をつけませんでした。

　今日、世界のほとんどの地域で農業に携わる人たちは、植物に関する膨大な知識を有し、世界規模の天気予報も駆使していますが、それでもやはり、自然の力に翻弄されています。活用できる知識やツールがどんなに増えても、彼ら

の作物を根こそぎにする自然災害を止めることはできないのです。

　食糧不足に悩む世界の多くの地では、食べ物が政治の道具になっています。すべての大陸で、飢えて亡くなる方が「今も」います。私たちの国も例外ではありません。飢えた人たちのための緊急用の食糧の供給が、政府の介入で滞ったり、権力者のもとに集中したりすることはままあります。

　こうした2つの要因——世界各地で見られる不安定な食糧供給と食糧不足——が、食べ物への感謝の思いを深めているのでしょう。

　私たちの祖先(注2)は、神々からの贈り物として食べ物を尊びました。食べ物の魔法を用いる人たちは、食べ物を崇め奉りはしませんが、大地のエネルギーを持った、命を維持するものとして大事にします。食べ物は、私たちが生きていくうえでとても重要な神のエネルギーの顕現(けんげん)と考えます。こうした考え方で食べ物と向き合えば、食べ物を自己変革のツールとして活用することが、より簡単にできるようになるでしょう。

　祈りについて。特定の宗教を信仰していなかったり、これまでは食事の前に祈る習慣がなかったからといって、これから祈ってはいけない理由などありません。食べる前に、食べ物と調和すればいいだけです（魔法目的で食べるものだけではなく、すべての食べ物と調和しましょう）。やり方は簡単です。食べる前に、自分がいただく料理の両側に手をおきます。そのまま数秒、食べ物のエネルギーを感じてください。何も言う必要はありません。さりげない行為なので、あなたが魔法の勉強をしていることを知らない人たちの前でも問題なくおこなえます。そして、体が食べ物を受け入れる準備をするのです。パワーの顕現である食べ物そのものを体にとりこむ前に、エッセンス（パワー）をとりこみましょう。

　食前に祈る習慣がある人は、そのまま続けてください。宗教と魔法にはつねに、深いつながりがあります——宗教は、あらゆるものを生み出したエネルギーを崇拝します。魔法は、生み出されたものの持つエネルギーを活用します。

　食事をしながらあなたの神に祈ったり、魔法の練習をしたり食べ物をいただいたりしながら、自分が思い描く神に語りかけるのもいいでしょう。これは新しい思いつきのように感じるかもしれませんが、そんなことはありません。世界じゅうで、とてもたくさんの人たち——キリスト教徒以外の人や、西洋人以

外の人たちもおこなっていることです。

　食べること（それから消化をすること）は変換することです。私たちの体は、食べ物を、自分たちの物理的存在を維持するために必要なエネルギーに変えます。食べ物をいただくたびに、食べ物が有する、より崇高な面も意識してください。

（注1）世界じゅうのさまざまな宗教が、今でも神々に食べ物を捧げています。特に顕著なのが宗教上の祝日です。これは、複数のキリスト教の宗派のなかにも見られます。

（注2）すべての人の祖先のことを言っています。アフリカ系アメリカ人にアジア人、アメリカ・インディアン、アラブ人、太平洋諸島の人々、白人——すべての人の祖先です！

5. 菜食主義

　多くの魔女が、厳格なベジタリアンです。肉も魚も口にしません。なかには、卵や乳製品まで避ける人もいます。スピリチュアルな進化を遂げたり、魔法の能力を得るには、そのような食事でなければダメだと、少なからず信じているのです。

　ベジタリアンにはさまざまなタイプがあります。マクロビオティックの食事を忠実に実践している人は、ほぼ穀類しか食べません。もう少し一般的なタイプ、通常「ビーガン」と呼ばれる人たちは、マクロビオティックの食事に果物、野菜、ナッツ類を加えます。より緩やかなベジタリアンになると、ミルク（ふつうはヤギのミルクです）やチーズ、ときには卵までいただきます。数は少ないながら存在するのが、ときどき魚介類も食べる「ベジタリアン」です。彼らは鳥肉すら食べることもありますが、赤身肉は決して口にしません。

　大半のベジタリアンは、とてつもなく誘惑の多い状況をものともせず、自分たちの食事を厳格に守っています。どの程度厳格に守るかは、それぞれがベジタリアンの食事をとり入れようと決めた理由に応じて異なるのがつねです。ベジタリアンの多くが、命あるものを自分たちのきょうだい（姿かたちは違っても同じ出自）だと考えています。つまり、自分たちのきょうだいを口にしないと誓いを立てているのです。

　菜食主義の理由には、肉は毒だ、というものもあるようです。確かに、今日アメリカで食べられている肉の多くには成長ホルモン剤が投与され、脂肪過多でもあり、そんな肉を摂取しつつ健康を維持するのは難しいことではあります。けれども、肉は毒ではありません。毒なら、すでに何千年も前に、世界じゅうの人が命を落としているでしょう。非常に豊かな社会の一員である私たちの多くは、肉を過剰に食べます。しかし食事上のバランスの悪さであれば、すぐに

改めることができますし、すべての肉の摂取をやめる必要はないのです。

　厳格なベジタリアンの食事を続けるもう１つの大きな理由は、精神性です。肉を食べれば、同じように肉を食べる動物と同化してしまうと信じる人たちがいます。それでは、霊的な能力を活性化することは決してできないと思っているのです。また、肉食を禁じるスピリチュアルな教えや宗教にしたがっているベジタリアンも大勢います。

　これは、多くの人にとって神聖な問題です。それでも、魔法の食べ物を扱う本では、避けては通れません。私は、誰のことも――ビーガンであってもそうでなくても――傷つけるつもりはありません。ですので、以下の言葉を読んでも、どうか気を悪くしないでください。

　私たちはみんな、１人１人異なる、独立した人間です。他の人たちとも、万物ともつながってはいても、別々の存在です。したがって、万人に適した食事などはありません。すべての人に似合う髪型や、すべての人のためになる食べ物、すべての人にふさわしい宗教がないのと同じです。

　意見はわかれるでしょうが、ほとんどの初期の文化では、人々は肉を食べたようです。ある食物学者[29]は、ベジタリアンだけからなる社会はいまだ発見されていないと言っています。コミュニティのなかに肉食を避ける人たちもある程度はいたかもしれませんが、彼らの食事は、コミュニティ内での一般的な食事ではありませんでした。おそらく厳格なベジタリアンは、何らかの形跡を残せる時間もないままに没してしまったのでしょう。

　西洋人の多くは、牛肉の摂取を禁じる現代のインドを、ベジタリアン社会の例として挙げます。この禁忌が定められたのは、何千年も昔に遡ると言われています。だとしても、インド人が牛肉を口にしなくなるまでには、波乱万丈の歴史があったことを忘れないでください。

　インドのカーストの最上位であるバラモンの人々も、西暦紀元前1000年＊ごろには、牛肉を食べました。インドで牛を宗教的に崇拝するようになったのは2000年ほど前からですが、牛の屠殺禁止令が制定されたのは、1949年にインドが独立してからでした。仏教徒の菜食主義も、世界的によく見られます。

　ベジタリアンはつねに存在しますし、肉も魚も何でも食べる人たちもつねにいます（ただし、最も初期の文化では、今日の私たちよりはるかに少量の肉

しか食べませんでした）。多くの人から異を唱えられそうではありますが、どちらの方が「正しい」とか「歴史がある」、紛れもなくスピリチュアルだ、などということはないのです。

　菜食主義が魔法やスピリチュアルな行為に必要だとの考え方自体は間違っていません。彼らが自分で菜食主義の誓いを立てたのなら、誓いを守るのが一番です。けれども、他の人のために誓いを立てることは誰にもできませんし、すべての人が満足できる方法もないのです。

　命あるものは、他の命あるものを食べます。私たちが自分の体を保ち、命を維持していくには、他の命あるもの——たとえそれがプランクトンや大豆、あるいは鶏であっても——の存在を犠牲にせざるを得ないのです。ひどいと思うかもしれませんが、そうではありません。これが、物理的な存在の現実なのです。

　何を食べ、何を食べないかを決めることより、なぜ食べるのか、または食べないのか、という「理由」の方が大事です。あなたがベジタリアンなのは、肉類などを避けることでしか精神的な悟りに達することはできないと考えるから、というならかまわないでしょう。あなたがベジタリアンなのは、肉を口にすれば魔法をおこなえないと判断したから、でもかまいません。けれども、あなたとは違う決断をし、精神的な悟りに達するために、そして、さらに巧みに魔法をおこなうために、いろいろなものをまんべんなく食べると決める人もいるでしょう。菜食主義にしてもなんでも食べる主義にしても、繰り返しますが、すべての人にとって正しいものではないのです。

　私個人の場合、食べ物に関しては、いろいろなものをとり合わせるのがいいようで——さまざまな種類をおいしくいただきます。友人の多くがベジタリアンですが、私は違います。だからと言って、定期的にキッチンに走ってステーキを焼くこともなければ、肉を食べないと精神的におかしくなるわけでもありません。これは単に私が、肉を食べない誓いを立てていないというだけの話です。

　かくいう私も実は一度、厳格なベジタリアンの食事に挑戦したことがあります。指導をしてくれたのは、もう長きにわたって菜食主義を実践している儀式魔術師です。彼は、私が栄養不足にならないよう、たんぱく質も一緒に摂取す

る方法を教えてくれました。すべての動物性たんぱく質と脂肪を避けるのは（クッキーの「オレオ」の原料にラードが使われていたことをご存知でしたか？）、なかなか興味深い経験でしたが、すぐに、この方法は私には合わないと悟りました。実は、ベジタリアンの食事を始めてから2週間目までは、つねにイライラしていました。それが次第に、歩くことを神秘的だと感じるようになったのです。色も鮮やかに見えて、体も軽くなった気がしました。そして、超能力が覚醒し、いつもそれを自覚できるようになったのです。思いがけないことに驚きました。けれどもすぐに、そんな気持ちを変える経験をしたのです。

　ある晩私は、友人が営むオカルトショップにいました。日が落ちた直後のことで、友人は店じまいをしていました。私がショップの壁にかかった絵を見ていたとき、彼女が明かりを消しました。すると、窓からはまだ残照がたっぷり差しこんでいたにもかかわらず、私が見つめていた絵は闇に溶けこんでしまったのです。そして、それまで絵があったはずのところに、私はなんとも表現しようのないものを見ました。恐ろしさに、全身から鳥肌が立ちました。

　友人の店は、となりの部屋で活動する福音派原理主義者からなるキリスト教の組織から、物理的および精神的な攻撃を受けていました。最近も、誰かに店の窓からレンガを投げこまれたそうで、私は、暗闇に沈んだ絵があった場所に、彼女のもとに送られる、ありとあらゆる憎しみのイメージを見たのでした。（厳格なベジタリアンの食事がもたらした必然的な結果として）精神状態が完全に覚醒した私にとって、このネガティブなエネルギーの顕現にショックが大きすぎました。私はできるだけ急いで店の外に出ると、ネガティブなエネルギーを振り払って、心を落ち着け、自分のすべきことをしました。

　つまりその後すぐに、以前の食事に戻したのです。適切な量のたんぱく質を摂取していたとしても、ビタミンやミネラルのサプリメントを飲んでいたとしても、同様の食事療法を15年以上にわたって続けているベジタリアンに私の食事内容をきちんとチェックしてもらっていたとしても、菜食主義のせいであれほどまでに霊的にも精神的にも覚醒してしまうと、私にはとても対処できないからでした。

　生まれながら精神の感応力が強い多くの人が、これと同じ問題に苦しんでいます。そして何年もかけて、自分の身を守る方法を学んでいるのです。ところ

が驚いたことに私は、ほぼ15秒でその方法がわかったのでした。

　私自身がそんなつらい菜食主義の経験をしたにもかかわらず、本書が主にとりあげるのは、穀類と野菜と果物です。ベジタリアンの方は、ここに記すさまざまな情報を効果的に活用してください。魚を食べない人は、同じようなエネルギーを持つ他の食材を選ぶといいでしょう。乳製品を避けている人も同様にしてください。

　本書では肉についてほとんど言及していませんが、理由は3つあります。まず、肉は昔も今も、世界の多くの地域で十分に入手できません。かつては、ほとんどの人の日々の食事の中心は、乳製品と穀類、果物、そして野菜でした。肉は通常、特別な場合のためにとっておかれ、ふだんの食事に供されることはなかったのです。

　第2に、肉に関しては、儀式的および魔術的な情報が他の食材ほどはありません。この手の本を調べてみたところ、トウモロコシやお米、ビール、りんごをはじめとする多くの食べ物については、何百もの言及がありましたが、肉にまつわるものはわずかしかありませんでした。

　また、魔法に関心のある人の多くがベジタリアンであり、私としてはそんなみなさんに本書を活用していただきたいと思いました。そのため、2、3の独立した言及（第3部と4部内）をのぞいて、本書にはほぼ肉は登場しません。

　本章を終えるにあたり、出版社ルウェリン・ワールドワイドの代表カール・ウェシュキの自宅を訪ねた際に聞いた話をしましょう。あるとき、彼のオフィスに、とてもとり乱した女性から電話がかかってきたそうです。女性は、「霊的な攻撃」を受けていると叫びました。誰かに邪悪な魔法をかけられたと言うのです。眠れず、体重も減り、邪悪なエネルギーにとり囲まれているのを感じ、呪いのせいで、人生がすべてめちゃくちゃになってしまったと。精も根も尽き果て、どうやっても呪いを解くことができない。どうか助けてほしい、と訴えてきたのでした。

　カール・ウェシュキはその女性に、ベジタリアンかどうかをたずねました。彼女は驚きつつ、そうだと答えました。そこで彼はすぐさま、ハンバーガーを食べるよう伝えたのです。何が何でもこの攻撃を止めたかった女性は、ファストフード店へ行き、ハンバーガーを買って食べました。肉を食べたために胸はム

カムカしましたが、おかげで「霊的な攻撃」も止みました。その後彼女はすっかり元気になり、ごくふつうのベジタリアンの食事に戻したそうです。

　彼女の問題はおそらく、たんぱく質不足だったのでしょう。たんぱく質が不足すると、体本来の防衛力が減少してしまうことがあるのです。もしかしたら、物質的な世界とのつながりを完全に失っていたのかもしれませんし、想像力が豊かすぎただけだった可能性もあります。いずれにせよ、肉は彼女の精神を清めたのみならず、体に衝撃も与えたのでした。けれどもとにかく彼女の問題は──原因が何だったにせよ──きれいに消えてなくなったのです。

＊本書では、「キリスト紀元前〜年」という表記の代わりに「西暦紀元前〜年」を、また、「キリスト紀元〜年」の代わりに「西暦〜年」と表記します。いずれも、本質的に非宗教的な用語です。

6. 魔法の食べ物の用い方

　どんな技術もそうですが、食べ物の魔法を用いる際も、いくつかの基本的なルールを守らなければなりません。けれども私の食べ物の魔法のシステムには、かた苦しい決まりはありません。あなた自身のライフスタイルやさまざまな状況（たとえば、レストランで食べる場合や、他の人とテーブルを囲むとき、キャンプで食事をする場合など）に応じて、臨機応変に用いて大丈夫です。これから挙げる原則にしたがえば、最大限の結果を得られるでしょう。

　2章で述べたことと重複していると思われることもあるかもしれませんが、それだけ重要なことなので、ここで改めて詳しく説明すべきだと考えました。2章で述べたのは、食べ物を一例とした魔法の概論です。本章では、具体的な食べ物の魔法の用い方を解説します。また、こうした説明を1つの章にまとめることで、いざというときに、より簡単に読み直すことができるでしょう。

　では、食べ物の魔法の用い方を、順を追って見ていきましょう。

　──自分の何を変えたいのかを決めます。一時的な気分の落ちこみを解消したいといった、ちょっとしたことでもかまいません。その場合、一度魔法の食事をいただくだけで簡単に効果を得られることがあります。けれどももっと大きな変化を求めるなら、毎食魔法の食事をしっかりと実践すべきでしょう（詳細な情報は、第3部の手引きを参照してください）。あなたが望む大きな変化は、以下に挙げるなかに入っているかもしれません（もちろん、以下のリスト以外のこともあるでしょう）：

思考の明確化　　　　　性行為のさらなる充実
加護　　　　　　　　　さらなるエネルギー

お金	他者との愛情のある関係
浄化	自分自身との愛情のある関係
さらなる健康	平和と幸せ
魔術の強化	体力
精神性 ^{スピリチュアリティ}	依存症克服
妊娠	霊的自覚 ^{サイキック・アウェアネス}
美しさ	努力の成果を得る
減量	禁欲
分別	「幸運」

　ご覧のように、変わるのは大半が私たちです。他者に変化をもたらすものではありません。実際、食べ物の魔法は、「相手の許可なしに」相手に変化をもたらすために使っては決してなりません。相手の思いを無視してセックスをするために、あなたを信用している相手に欲情を催す食べ物を供するようなことはやめてください。ただ、そんなことをしたところで、おそらく効果はないでしょう。相手は、その食べ物のエネルギーを受け入れる準備ができていないからです。相手を操るやり方は、魔法の本質に反します。時間とエネルギーの無駄でしかありません。誘惑するなら、食べ物に頼らない、独自の魔法があります。

　変化をもたらすためにあなたにできることはたくさんあります。そもそも、魔法のワークは、あなたの意識的、身体的、精神的な努力がなければならないのです。あなたが口にするものに願いを告げて食べ、その食べ物にあなたの人生を変えてもらうことを望んでいるだけでは、十分ではありません。自分から変化の過程に積極的に関わっていかなれればならないのです。

　——あなたが望む変化に適したエネルギーを秘めている食べ物を探します。そのための項目が、本書にはたくさんあります。すぐに参照したいときは、21〜31章を見てください。他にも、8〜20章を読んだり、目的にかなった見出しの項をチェックしてみましょう。

　——あなたがおいしくいただける食べ物を選びます。魔術的な価値のため

とはいえ、苦手なものや、嫌いなものを無理して食べる必要はありません。ただし、バランスを考えて食べるべきです。体に栄養を与えるのがジャンクフードだけでは、効果的な魔法はおこなえません。

—— 視覚化 をおこないながら、食べ物の下ごしらえをします。下ごしらえといっても、単ににんじんの皮をむいたり、木から果物をもいでくるだけです。刻んだり、スライスしたり、加熱したり、といったことも含むかもしれませんが、いずれにせよ必ず 視覚化 をおこなって、あなた自身と食べ物のなかにある、必要なエネルギーを呼び起こしてください。あなたの心の力を介して、食べ物にあなたの目的を満たしてください。

——食べる前に、自分とすべての食べ物を調和させます。すると、目標とする変化に向けて、食べ物はもとより、あなたも心の準備ができます。調和は、祈りを唱えることでできますが、食べ物のエネルギーを認識するだけでも大丈夫です。

—— 視覚化 をおこないながら食べます。誰か他の人と会話をしながらであっても、自分が何をやり遂げようとしているのかはつねに心に留めておいてください。必要なら、自分の目標を小さな紙に書いておき、食事をしながらときどき見るといいでしょう。

——食べ物が与えてくれるエネルギーを受け入れます。食べ物のエネルギーを、自分の一部にしましょう。

——食べ物の効果が現れてくるまで、時間をかけて待ちます。私たちの抱える問題は、一晩で引き起こされたわけではありません。したがって、一晩ですべてきれいに解決できるなどと期待してはいけません。食べ物が効果を発揮するまで、最低でも1週間は、あなたが望む魔法の変化に関係のある食べ物をいただき続けましょう*。

このくらいでしょうか。すべての食事でいただくすべての食べ物を、あなたの魔法の目標に合わせたものにする必要はありません。目的意識をしっかりと持ち、視覚化（ビジュアライゼーション）をおこないながら食べてさえいれば、魔法はちゃんと効いてくるでしょう。

＊「どれくらい続けなければいけないのですか？」というのは、あらゆる魔法に関して私が受ける質問のなかでも、最もよく聞かれるものの1つです。けれども、決まった答えはありません。変化が現れるまで続けてください。ただそれだけです！

6. 魔法の食べ物の用い方　　45

7. 祝祭の食べ物

　食べ物は、人間のありとあらゆる祝祭において重要な役割を担っています。か
つて、大地と大地からもたらされる豊かな恵みは、女神と男神と結びついてい
ました。果物も種子も根も花も、すべてが神の顕現でした。

　西ヨーロッパのいたるところで、作物の植えつけ、開花、成長、収穫のそれ
ぞれの時期に、地域の人たちによって、肥沃な土地を祝うお祭りがおこなわれ
ました。そして食べ物は、特定の季節や日々と関連づけられるようになっていっ
たのです。こうした食べ物にまつわる古い言い伝えのなかには、適宜形を変え
ながらも、今日まで残っているものもいくつかあります*。

　人々の食事はかつて、単なる日課であり、面白みのないものでした。生き永
らえるために日々長時間働く人々の生活を支えたのは、さまざまな形に調理さ
れた穀物類でした。上流階級の人たちをのぞいて、肉は贅沢品だったのです。

　けれども年に何日かある特別な日には、たくさんのごちそうが用意されまし
た。食材という食材が集められて、ものすごい食事が供されるのです。それは、
次の祝日まで、人々の心にいつまでも残る食事でした。

　こうした祝日は、大半が天文現象と年間の農作業サイクルによって決められ
ました。この２つはかつても今も、密接に関係しています。作物の植えつけと
収穫は、四季の訪れと同様、人々をごちそうへと駆り立てました。大地と調和
して生きていた人々は、巡り来る季節を自然のカレンダーとして活用し、生活
を営んでいました。

　お祭りには、仕事が終わった後におなかいっぱい食べられること以上の意味
がありました。ごちそうをいただき、思う存分楽しむのは、本来世俗的なこと
でしたが、同時に宗教的なことでもあったのです。一心に調理したものをいた
だくことこそが、大地に恵みをもたらし、守ってくれる神秘的なパワーへの本

当の感謝の祈りだったのです。

　そんなスピリチュアルな日（と夜）にかぎり、人々は、食事を増やし、あらゆる種類の祝祭の食べ物を揃えました。自分たちが汗水たらして働いた成果である食べ物を心から楽しむことができたのは、このときだけなのでした。

　こうした祝日は、現在も残っています。かつてのペイガン（用語解説を参照）にとって神聖なものもあれば、宗教的なルーツはあるものの、いかにも世俗的な儀式といったものもあります。本章では、１年を通した食べ物の魔法を紹介し、祝祭の日に食べられる料理──大地のエネルギーと調和できる料理をご紹介していきます。

　このなかの料理をつくって食べる場合は、その祝日の意味をしっかりと心に留めておいてください。こうした食事が、尽きることなくもたらされる大地の恵みと私たちをつなげてくれることを忘れず、つねに意識しながら、心穏やかにいただきましょう。

　祝祭の大半は、実質的に祝祭日の前日の夜から始まりました。これは、太陰暦の時代に端を発します。たとえば、５月祭と言われるベルテーン祝祭は、前日の４月30日におこなわれ、祝祭日当日まで続けられます。太陰暦が用いられていたときが基準になっているからです。

　さあ、それではユールの祝祭から見ていきましょう。

＊本章で言及するお祭りの大半は、ヨーロッパ由来のものですが、その多くは、中東から始まりました。実質的に、すべての文化で同じようなお祝いをしていたのです。

ユール

（12月21日ごろ）

　ユール──冬至──は昔から伝わる太陽の儀式で、キリスト教徒たちがクリスマスを祝う祭りとして伝えられてきました。起源はとても古く、太陽の輝く地中海の島々で、冬至に、古代の太陽神ミトラの誕生を祝っていたことに由来します。のちにこの祝日がヨーロッパに持ちこまれ、あっというまにさまざまな民間の儀式と結びついていったのです。

　ユールは、冬の最中におこなわれます。豪雪や零下の気温など経験したこと

7.　祝祭の食べ物　　47

がない人もいるでしょうが、冬至のころというのは、まだ眠っている大地が、や
がて訪れる春に再び目覚めるのを待っている時期なのです。

　この祝日（聖日、神聖な日）は、天文学的には冬が終わるときと定められて
います。冬至を過ぎると、日照時間が日に日に伸びます。したがってユールは、
太陽の暖かさが戻って来る日として知られているのです。

　まだ大陸間での食べ物の運搬がおこなわれていなかったころ、ユールの時期
にはたいてい食べ物が不足していました。だからほとんどの食べ物が、日干し
にしたり、塩漬け、壺漬け、蜂蜜漬けにする、土中に埋める、カゴに入れて覆
いをしておく、天然の冷蔵庫である雪のなかに埋める、などして、あらかじめ
保存されていました。不足していたからこそ、食べ物は非常に神聖視されたの
でした。

　何世紀にもわたって、さまざまな国で、ユールには多種多彩な食べ物が登場
しています。ここではそのごく一部をご紹介しましょう。

　りんごは聖なる食べ物で、たくさんの古代の神々と関係があります（11章を
参照してください）。昔の人々は、大地の豊穣が続く象徴として、ユールツリー
（現代のクリスマスツリーの前身）にりんごを飾りました。熟したりんごを搾っ
たジュースは、ユールに炎を見つめながら少しずつ口に運ぶのにぴったりの飲
み物です。ワッセル酒（訳注：焼きりんごを入れたワインやビール）もそうですし、
りんごを使った料理なら何でも適しています。

　ジンジャーブレッドは、穀類と蜂蜜でつくった昔のケーキを現代風にしたも
のです。かつての穀類と蜂蜜のケーキは、ユールの際、供物として女神と男神
に捧げられました。また、魂が無事に天国へたどりつけるよう願いをこめて、死
者とともに埋められました。

　生姜は、アジアからヨーロッパに伝わるとすぐに、ユールの儀式で用いるケー
キにとり入れられました。これがジンジャーブレッドの起源です。以前はダイ
ヤモンドよりも高価な生姜でしたが、今は誰でも簡単に手が届くスパイスです。

　ユールの際に、ジンジャーブレッドハウス（お菓子の家）をつくる場合は、自
分の家をイメージしたものをつくるといいでしょう。それが難しいときは、材
料を混ぜて、焼き、パーツを組み立てて、家を飾りつけるあいだずっと、自分
の家を視覚化してください。温もりと愛と幸福で満たされた家庭を想像しましょ

う。すべては生姜と太陽からの贈り物です。ユールにジンジャーブレッドハウスを食べるときは、ともに暮らす人たちとわかち合い、ジンジャーブレッドハウスの持つ愛のエネルギーを体にとりこみます。

　ユールの食事によく登場するのがクッキーです。おなじみのシュガークッキーをつくりたいなら、生地は、ユールの季節に関係のある形に抜きましょう。丸（太陽のシンボル）、ベル（もともとは、キリスト教が伝来する以前の時代に、悪魔を追い払うために用いられていました）、星（ネガティブなことからの保護）、そしてもちろん、木（冬のあいだも変わることのない大地の豊穣を表します）などです。クッキーにまつわるさらなる言い伝えは、9章を参照してください。

　ユールに特別な形のデザートをつくり、いただくという発想は、新しいものではありません。北ヨーロッパの先史時代の墓には、神々や動物、太陽、星、月などの形を大まかにまねてつくったビスケットのようなものが埋葬されています。寒さ厳しいこの地方で、冬至の際に食べられていたものかもしれません。

新年

（1月1日）

　新年は多くの文化で祝われますが、必ずしも同じ日ではありません。たとえば中国では、新年を祝うお祭りは、（西洋のカレンダーで見ると）毎年違う日におこなわれます。ヨーロッパでも、キリスト教が伝来する以前の文化では、つねに1月1日に新年を祝っていたわけではありません。当時は11月1日とユールの夜に祝っていました。とはいえ、新しい年の初めにおこなわれる儀式の内容はほとんど変わることなく続いているので、いつ儀式をおこなうかは大した問題ではありません。

　新年はかつて、魔法が満ちるときでした。昔は、食べ物とその豊穣を祈るための習慣が多くを占めていました。また、それまでの心配事や悲しみを儀式にのっとって家のなかから一掃し、かわって、いいことを呼びこみました。1年の最初の日に起こることは何であれ、残りの364日を見通すものと考えられ、以後は万事それに応じて行動していたこともありました。

　アメリカでは、多くの人が新年にキャベツを食べます。キャベツを調理するときはたいてい、少量の銀貨をおいておきます。野菜の緑色に銀貨を添えるこ

7．祝祭の食べ物

とで、新しい1年が食べ物とお金に恵まれますように、との意味をこめているのです[46,66]。

黒目豆（ブラックアイドピーズ）も、新年に「幸運」を願ってよく食べられます。特に顕著なのがアメリカ南部です。にんじんも、すばらしい1年を期待して新年に食べます[46]。

古い儀式を1つご紹介しましょう。大晦日（おおみそか）の夜、パンを1個と銅貨を1枚、テーブルにおき、一晩中そのままにしておきます。これで新しい年には、食べるものに困らないでしょう。

この時期は必ず、食料をたっぷり蓄えておくようにしてください。

インボルク

（2月2日）

インボルクは古い祭りで、春の訪れが近づき、太陽の暖かさが増してくるのと関係があります。この日を、雪の下から勇気ある植物が顔を出す日としていたヨーロッパの地域もいくつかありました。インボルクそのものは、ごちそうをいただく日でした。

太陽はつねに、大地の恵みの源とみなされてきたので、インボルク（カトリックでは聖燭祭（キャンドルマス）として知られています）は太陽の祭りでした。キリスト教伝来以前の宗教を実践していた人々は、火を灯した松明を手に列をなして歩きながら、太陽の「復活」を願いました。

インボルクには、太陽にちなんで、スパイシーで温かい食べ物がふさわしいでしょう。にんにくや唐辛子を用いたものや、カレー粉で調理をした料理などがぴったりです。

オスタラ

（3月21日ごろ）

オスタラは春分で、天文学的には春の始まりとみなされています。長くつらかった冬の日々の終わりを告げる、喜びに満ちたお祝いのときでした。大地から一気に現れる植物は、私たちの祖先の目には奇跡のように映ったことでしょう。

植物の成長がめざましいとはいえ、いずれもまだ実をつけるには早いので、食

べるのに適しているのは新芽です。（松の実や胡麻の実、けしの実、ひまわり、パンプキンを含む）あらゆるタネと緑色の葉物野菜も、季節のエネルギーに身を震わせます。

花を使った料理も伝統的につくられています。薔薇（ローズ）、カラシナ、スカッシュ（かぼちゃの総称）の花、ナスタチウム（キンレンカ）、カーネーション──これらはいずれも、より儀式を重んじる料理に添えられ、食事に季節の香りとエネルギーをもたらすことができるものです。ただし、殺虫剤を散布された花は決して使わないでください。

この時期の食事に添える格好の食材といえば卵です。太陽に敬意を表して、卵を赤や黄色、金色に色づけしてもいいでしょう。健康にいいのは、セージで風味づけをした食べ物です。

ベルテーン

（5月1日）

私たちが今でも祝う五月祭は、かつてのヨーロッパでペイガンがおこなっていた宗教的な祝祭の現代版です。昔のベルテーンは、乳製品との結びつきが強かったので、アイスクリームやヨーグルト、チーズ、カスタード、キッシュをはじめとするあらゆる乳製品をいただくのがおすすめです。

オートミールクッキーとオートミールパンも、春の盛りのベルテーンの象徴としてふさわしい食べ物です。今では一般的なこの食べ物は、スコットランドに端を発しています。何世紀も前、バノックという名前で知られていたオートミールケーキを、スコットランドの人々が儀式に用いていました。

英語で「5月のワイン」と言われるモーゼルワインは、おいしい飲み物です。白ワインと新鮮なクルマバソウ、苺でつくります。

ミッドサマー

（6月21日ごろ）

夏至は、昔ながらの魔法にうってつけの日です。最も盛んになる太陽のパワーを祝って、丘の頂上で大きな火がたかれました。

新鮮な果物（秋が近づくにつれて、少しずつ手に入るようになってきます）

7. 祝祭の食べ物

51

はミッドサマーの食べ物にぴったりです。果物をメインの食材にした料理であれば、どんなものでもふさわしいでしょう。

　この祝日は、一日じゅう火を絶やさないので、火を通した食べ物も適しています。

ルーナサ

（8月1日）

　ルーナサは最初の収穫——春に植えた作物の実りがもたらされる日です。「パンの饗宴」と言われることもあるルーナサは、ふだんの食事に欠かすことのできないパンをこねて、焼いて、切って、食べる日です。ルーナサはもともと、かつてのヨーロッパの人々が最初の収穫を祝う日とみなされていて、特定の日にちを指すものではありませんでした。

　自分でパンを焼くなら、この日は全粒粉のパンを焼きましょう。もっと手軽に、それでいてエネルギーもずっと得ていたいなら、コーンブレッドがおすすめです。

　他にも伝統的な食べ物には、すべてのベリー類やクラブアップル（小さくて酸っぱいりんご）、穀類などがあります。大麦のスープやポップコーン、それにビール（原料のおかげです）もいいでしょう。

メイボン

（9月21日ごろ）

　メイボンは二度目の収穫とみなされます。自然の恵みは次第に少なくなっていきます。大地は地表から豊かさをはぎとり始めます。人間と野生動物はいずれも先を争って、来たるべき厳しい冬に備えてできるだけたくさん食べ物を集めます。

　メイボンにふさわしい食べ物は穀類——特にトウモロコシです。コーンチャウダーや茹でトウモロコシ、クリームコーンも、メイボンの象徴としてうってつけでしょう。

　豆類やウリ科の植物をはじめとするすべての秋野菜もぴったりです。

52　　　　　　　　第1部　あなたのキッチンにある魔法

サウィン

（11月1日）

　この古代ケルトのお祭りは、アメリカをはじめとするさまざまな国で、ハロウィンとして続いています。かつてのペイガンの祝日と、のちに形を変えたキリスト教の祝日——万聖節の双方が形骸化したものです。万聖節は英語で「オール・ハロウズ・イブ」と言いますが、「イブ」という言葉から、このお祭りが暦で示される日にちの前夜に始まることがわかります。

　サウィンは、その年の終わりを示します。空はまだ青いかもしれませんが、刺すように冷たい風が吹いています。りんごは熟しています。赤、黄色、オレンジ、金色、そして茶色と、色とりどりの葉が地面を舞います。ナッツ類も地面に落ちます。大地は冬に備えます。

　この夜は、死者の魂が地上を歩くと言われていました。サウィンでは、さまざまなすばらしい習慣や儀式がおこなわれました。なかには、現代まで続いているものもあります。多くの人が、死者の魂に食べてもらうために、食べ物の皿を家の外に出しておきます。

　サウィンにふさわしい食べ物には、じゃがいもやビート、かぶ、にんじんなどの根菜類があります。穀類やナッツ類、グリューワイン、りんご酒も、サウィンには適しています。

　アメリカでサウィンに最もよく登場する食べ物はパンプキンです。ウリ科の野菜で、ふつうはパイの形で供されますが、カスタードやスープなどのレシピも、多くの料理本に載っています。ローストしたパンプキンのタネも、サウィンの食事にはぴったりです。

　ざくろの実は、古典神話の冥界との関係から、サウィンとつながりのある食べ物です。そのまま食べても、さまざまなレシピに用いてもかまいません。りんごを使ったあらゆる料理——ケーキやパイ、サラダなど——も、サウィンの夜においしくいただくのにおすすめです。

7．祝祭の食べ物

第2部　食べ物の魔法

the magic of food

食べ物の魔法についての手引き

　第2部の各章では、食べ物をタイプ別に分類したうえで、それぞれについて述べています。ふだんは五十音順に挙げていく私がこの形式を用いるのは、食べ物は本来、きちんと分類されているからです。分類しづらいものに関しては、15章にまとめてあります。分類の方法以外は、他の拙著で用いているのと同じ形式を採用しています。概して、各項目に記載しているのは以下の情報です。

　一般名。通常は日本語と英語です。

　学名。ラテン語で記します。世界じゅうの学者が使う名称です。

　支配惑星。古代の人々が知っていた7つの「惑星」のなかのいずれか1つです。要するに、それぞれの惑星（と食べ物）は、天体に支配されるという考え方です。これはさまざまな魔法の目的と結びついた古代の考え方で、食べ物を分類する方法の1つです。食べ物各々の支配惑星がわかれば、その魔法の使用に関する情報が得られます。太陽、月、水星、金星、火星、木星、土星、個々のエネルギーについての詳細は、第4部を参照してください。ところで、太陽と月が惑星ではないことは私も承知しています。けれども、かつて空を見つめていた人たちは、それを知りませんでした。そのため太陽と月も、彼らがいうところの「さまよう星々」——惑星の仲間に入れられたのでした。

　支配元素。魔法で用いられるアイテムを分類するもう1つの方法にすぎません。元素のパワー——土、風、火、水——については、第4部で見ていきます。

　エネルギー。個々の食べ物の主要なエネルギーと、その魔法の目的です。

　豆知識。食べ物にまつわる、歴史的、神話的、文化的、儀式的、そして、魔術的な使い方の話です。この項に記載されている使い方は、必ずしもおすすめはしません。私が歴史的な話を少し書いたのは、あくまでもかつてその食べ物が貴重だったことを知ってもらいたいからです。

魔法の使い方。あるいは、それぞれの食べ物によってもたらされる特定の変化です。また、アドバイスも記してあります。

一言、言っておく必要があると思うのですが、食べ物の魔法は、あなた個人のセンスが問われるものです。第2部に登場しない食べ物があれば、第4部を見てください。または、常識と直感を駆使して、その食べ物に秘められた魔法の特性を見極めてください。

いくつかヒントを挙げておきましょう。

——その食べ物はスパイシーですか。ならばおそらく、加護のパワーを有します。

——その食べ物は柑橘類ですか。きっと、一番いい魔法の使い方は浄化でしょう。

——その食べ物は甘いですか。そのなかには愛のエネルギーが秘められているはずです。

魔女の視点で食べ物について考えるようになれば、食べ物それぞれの魔法の使い方を見極めていく習慣が、第二の天性になるでしょう。

いくつかの食べ物について、私の選択した支配惑星や元素が間違っていると難癖をつける魔女もいると思います。以前書いた本では違う選択をしていたではないかと指摘してくることすらあるでしょう。ですが、支配惑星や元素は、もう決まってしまっているのでしょうか。

そんなことはありません。20年にわたって研究と実践を続けてきた私ですが、いまだに日々学んでいます。そして、植物（特に食用）の活用法やそれを用いた料理について知れば知るほど、新たに得た知識に基づいて、いくつかの食べ物に関する情報を修正することがあるのです。

にんじんの支配惑星は金星だとか、ローリエがよりふさわしいのは火星だ、などと言っても間違いではありません。けれども私は、にんじんとローリエには、別の支配惑星を選んでいます。不正確に思われるかも知れませんが、慌てないでください。大した問題ではないのですから。まずは本書を読み、視覚化し、食

べて、食べ物の魔法がもたらしてくれる結果を楽しんでください*。

　16章のように、前述した形式にきちんとならっていない章もありますが、あまり堅苦しく考えないでいただければ幸いです。

*この問題について、たくさんの手紙を受けとっているため、改めて私の考えを述べるべきだと思いました。

8. パンと穀類

　人間は少なくとも8千年ものあいだパンを食べています[104]。丸、楕円、四角、三角、さまざまな形をつくってきました。パンケーキのように平たいものもあれば、大きなかたまりもあります。ねじって冬至のシンボルにしたり、辛みや甘み、にんにくの風味を効かせたり、新鮮な野菜を詰めたりもします。ありとあらゆる穀類でつくられますが、最初に人間と神の味覚を刺激したのは、小麦でつくられたものでした。

　パンは長いあいだ、「命の糧」として尊ばれてきました。けれども今日の西洋では、あらかじめスライスされ、栄養素もふすまも胚芽もとりさられてしまったものが、ビニール袋に入れられて店頭に並んでいるのがつねです。それでいて、政府規格を満たす十分なビタミンだけは「強化」されています。人工的な香料と保存料も付加されているかもしれません。けれども、私たちのパンが被っているであろう最大の侮辱は、空気をたっぷり入れて膨らませ、なかを空洞にされていることでしょう。こんなふうにしてつくられたものが、食料品業界では「バルーンブレッド」と称されています。

　つい最近までパンは、大地の女神や男神と直接関係がある神聖なものでした。そして、穀類と水だけで、心をこめてつくられていたのです。パン種を使っていない平たいパンが、数え切れないほどの人たちの命をつないできました。私たちの祖先にとって、パンはなくてはならないものだったため、誕生の祝いや精神性（スピリチュアリティ）、そして死においても、重要な役割を果たしました。

　農業が登場するまで、人間は野生の穀物を集め、狩りをしていました。そのため、小さな家族単位で遊牧生活をせざるを得なかったのです。けれどもついに、いつも穀物を集めていた女性たちが、田畑を耕すことを思いつきました。田畑で穀物を栽培し、人々は定住し始めます。生活も安定し、文明が始まりまし

た。やがて穀類——たいていはパンかペーストにして食べられました[104]——が、肉よりも大事なものになっていったのです。

　かつてのヨーロッパ文明では、穀物はそれぞれの国の神に捧げられました。シュメールのイナンナ、バビロンのイシュタル、エジプトのオシリス、インドのインドラ、ギリシャのパンと穀類と農業の女神であるデメテル、ローマのスペースとケレース（ちなみに、英語で「穀類の」を意味する "cereal" という単語はこのケレース "Ceres" からきています）、古代メキシコのシペとセンテオトルとマヤウェル。そしてアメリカのいたるところで崇拝されていた、さまざまな形の "トウモロコシの母"。

　穀類からつくられるもので最も基本的なパンも、神々に供されました。シュメールでは、イシュタル、シャマシュ、マルドゥックという神それぞれに、日に30個ものパンが捧げられました[24,51]。エジプトでは、ラー、アーメン、プタハ、ネヘベトが、均等にパンを供されました。ギリシャのデメテルもまた、同じように礼遇されました。フェニキア人は、パンを神聖視し、女神アシュタルテに捧げるパンに、（月と関係のある）ツノの印を刻みました[29]。

　ヘロドトスが「パンを食べる人々」と称した古代エジプト人たちが、発酵させて膨らませるパンを考案したのでしょう。そして玉ねぎ、ビールとともに、彼らの食事の基本をなすものとなりました[29,104]。彼らは神々や（猫を含む）聖なる動物たちにパンを捧げ、故人が将来食べるようにと、墓にも大量に収めました。形もさまざまな50種類ものパンを焼いたと言われています。特定の神々に身を捧げた司祭長や女司祭長は塩味のパンを避けましたが、なかにはとても辛みや塩気の強いものもありました[29]。

　貧しくて本物のブタを買えない人たちが、代わりにパン生地でブタをつくって捧げることもありました。古代のエジプトでは、パンのブタもきちんとした供物として認められていたのです[23]。

　やがて小麦（あるいは大麦）パンは、命そのものの象徴になりました。「誰かと食事をする」ことを英語で "breaking bread"（パンをちぎる）と言い、体内に栄養をとりこむ行為以上のものでした。ともにパンを食べたすべての人を結びつける食事となったのです。質素な食事をいただくのは、多くのペイガンの宗教の一環でした。そして、そのような儀式としての食事が聖体拝領の儀式に

変わり、のちにキリスト教の正式な儀式の一部となったのです。

　パンは昔から魔法にも用いられてきました。17世紀のイギリスでは、水面に
ひとかたまりのパンを浮かべて、溺死した人の遺体を探しました。助産師は、分
娩中の女性のベッドにパンをおき、母子がともに命をさらわれないようにしま
した[82]。

　現代のギリシャでは、兵役に就く男性にパンをいくつかわたすことがありま
す。パンを持っていれば、戦いで命を落とすことなく、勝利を手にできると考
えられているのです。また、ギリシャの野外で作業をする人たちは、お弁当と
一緒にパンを少し持ってくることがあります。けれどもそのパンは、お昼には
食べません。毎晩、無事に帰宅してはじめていただくのです。また、子どもが
眠っているあいだ、枕の下にこっそりパンを1かけおいておけば、パンが子ど
もたちを守ってくれます[29]。

　ヨーロッパの他の地域では、子どもがものごころつくとすぐに、パンが正式
に贈られます。これは、幼い子どもが生涯にわたって食べ物に恵まれますよう
に、という儀式です[68]。また、カルパチア山脈のジプシーたちは、旅のあいだ
ずっと、危険やトラブルを避けるために、ポケットにパンのかけらを忍ばせて
いました[14]。

　イギリスとアメリカの言い伝えではいまだに、パンには秘められた力がある
と言われています。新居への引越しの際には、多くの人が、これからもずっと
食べ物と幸運に恵まれることを願って、一番先にパンと塩を運びこみます[46]。
他にも、パンを焼いたりスライスしたり食べたりすることにまつわる迷信が、科
学の発達した現代の私たちの生活のなかでも、いまだにしっかりと残っている
のです[46]。

　本章で述べるさまざまなノウハウや情報は、世界じゅうから、そしてまた、記
録に残っているすべての時代から集めたものです。ここでは、穀類はもとより、
それを原料とした製品についても見ていきます。

　人間はどんな形にせよ、少なくとも石器時代後期からずっとパンを食べてい
ると、研究家たちは考えています[71]。膨らんだ（イースト発酵させた）パンは
おそらく、西暦紀元前4000年ごろに初めて、エジプトでつくられたのでしょう[71]。
穀類の価値を改めて明らかにし、それを私たちの食事に加えることで、このシ

8.　パンと穀類　　61

ンプルな食料——天から私たちを見守る力が与えてくれる命の源として崇拝され
ていた食料——に秘められた不思議な力を、よりしっかりと知ることができ
ます。

大麦

Barley

(*Hordeum* spp.)

支配惑星　　金星
支配元素　　土
エネルギー　お金、豊穣、セックス（性）

◎豆知識

　大麦は古代エジプト人にとって大事な穀類でした。物々交換に用いたり、墓
にも収めたのです。特に有名なのがツタンカーメンの墓です。トトメス３世は、
新月の日と毎月６日はもとより、他の日も毎日、ラーに大麦を捧げました[23]。
あるエジプトの伝説によれば、大麦は男性から生じたそうです（小麦は女性で
す）。これはどうやら、古代エジプト語の言葉の性別に関係があったようです[23]。

　大麦を食事に欠かせないものにしたのはシュメール人でした。また、大麦を
原料に８種類の異なるビールがつくられました。このビールの製造を庇護した
のが女神ニンカシです[104]。

　古代インドで大麦を捧げたのは、「大麦を実らせる神」として有名なインドラ
でした。大麦は、出産や結婚にまつわる儀式に用いられ、葬儀でも重宝されま
した[120]。聖典ヴェーダには、大麦が新鮮な水とともに癒しの儀式にも用いられ
たと記されています[96]。

　バビロニア人は、西暦紀元前2800年には大麦でビールを醸造していました。ギ
リシャ人は、人間の多産を願いながら、デメテルを祀る寺院の周りに大麦を植
えました[29]。中国では、大麦は男性の性交能力の象徴です[120]。

◎魔法の使い方

体にいい食べ物として、大麦は現在、これまでにない人気を得ています。繁栄を約束する食事——必要なときに追加のお金をもたらしたり、概してあなたの財政状態を向上させることを目的とした食事に活用されます。大麦を用いた料理をつくり、食べているあいだ、視覚化をおこなうことで、この繁栄のエネルギーを呼び起こしてください。

生殖能力や男性の性交能力に問題があるなら、大麦を食事に加えましょう。

そば

Buckwheat

(*Fagopyrum esculentum*)

支配惑星　　木星
支配元素　　土
エネルギー　お金

◎豆知識

そば粉を使ってつくるパンケーキは、アメリカでは誰もが知っていますが、そばそのものにまつわる魔法の歴史を知る人は少ないようです。日本では、この穀物から「蕎麦」がつくられます。大晦日には蕎麦を食べる風習があるのですが、健康や長寿を願うという理由に加え、かつて金銀細工師が飛び散った金銀を集めるのにそば生地を使ったことから、「金が集まる」ということで新年の「金運」を願って食べる、とも言われています[120]。

蕎麦は、それ以外のおめでたい場合にも供されます。新居への引越しの際には、「向こう三軒両隣」に蕎麦を配ることがあります。幸運のおすそわけと、今後の親しいつき合いを願っての贈り物です[120]。

◎魔法の使い方

すべての穀類はなんらかの形（豊穣、お金、命）でつながっているので、そ

8. パンと穀類

ば粉のパンケーキを食べて、こうしたエネルギーを呼び寄せてください。お金のパワーがもっとほしいときには、メープルシロップを少したらすといいでしょう。

トウモロコシ

Corn

(*Zeamays*)

支配惑星　　太陽

支配元素　　火

エネルギー　加護、精神性(スピリチュアリティ)

◎豆知識

　トウモロコシは何千年ものあいだ、北および中央アメリカの宗教において、中心的な役割を担ってきました。グアテマラのキチェ・マヤ族とナバホ族は、最初の人間はトウモロコシからつくられたと信じていました[111]。マヤ族、インカ族、アステカ族をはじめ、ほぼすべてのアメリカ・インディアンの部族がトウモロコシを食べ、それぞれの信仰や儀式にとり入れました。"トウモロコシの母(コーン・マザー)"は、コロンブスが発見するよりも前のアメリカでおそらく最も広く崇拝された神だったでしょう[120]。命、豊穣、永遠、復活の象徴であるトウモロコシは、地母神への聖なる貢物でした。

　ズニ族にとって、トウモロコシの色は東西南北と関係がありました。

　　黄色いトウモロコシ——北

　　白いトウモロコシ———東

　　赤いトウモロコシ———南

　　青いトウモロコシ———西

青いトウモロコシは最も神聖なものとみなされることが多く、そのためスピリチュアルな儀式で一番たくさん用いられました[90]。

ホピ族は、ありとあらゆる宗教的な儀式のあいだ、"トウモロコシの母"への感謝をこめてコーンミールを捧げました[111]。トウモロコシを用いた占いは、アメリカとメキシコのいたるところで見られましたし、かつてのメキシコでおこなわれていたトウモロコシ占いの儀式は、今でも残っています。もともとは、疾患や病気の程度を診断するために用いられたこの儀式は、他のさまざまな問題に答えをもたらすためにおこなわれることもあります。

小さな器に、乾燥したトウモロコシの粒をきっちり30粒入れます。トウモロコシの色は何色でもかまいません。心を悩ませている問題に意識を集中したまま、器からトウモロコシの粒をひとつかみとります。とり出した粒を床（またはテーブル）におき、四等分します。4つにわけたそれぞれの粒の数が偶数で、残った粒も偶数なら、答えはあなたにとって都合のいいものです。けれども、4つにわけた粒の数も残った粒の数も奇数なら、答えは芳しいものではありません。最後に、4つにわけた粒は偶数で、残った粒が奇数なら、答えを得ることはできません[109]。

古代アステカ族の人たちも、トウモロコシを使った別の占いをしていたようです。重い病の人を治療するにあたり、女司祭長はまず、ケツァルコアトル神の彫像の前に、白い樹皮布を敷きます。それから布の前に、トウモロコシの粒を入れた器をおきます。神からの啓示を受けて、プリースティスはトウモロコシの粒をひとつかみし、布の上にふりまきます。粒が均等に散らばれば、患者はいずれ健康をとりもどします。けれども粒が2つのかたまりにわかれてしまえば、やがて病がその患者の命を奪うのです[10]。

トウモロコシは、アメリカから世界じゅうへわたった貴重な贈り物のひとつでした。けれども、他の国々に紹介されたことで、その神聖さは忘れられてしまったのです。とはいえ、今でも大勢の人たちに栄養を供しています。特にベジタリアンは、豆類にトウモロコシを合わせることで、完全なたんぱく質を摂取することができるのです。

また、いまだに魔法でも用いられています。オザーク族がおこなっている、しゃっくりを止める面白い儀式では、トウモロコシの粒3つにそれぞれ3人の

友人の名前をつけて、水の入った容器に入れ、その容器を頭上で持ちます[(87)]。

トウモロコシは神聖なものなので、粗末に扱えば貧乏になると今でも多くの人が考えています。これは、お米を粗末にすることを戒めるアジアの考え方に似ています。

◎魔法の使い方

青いトウモロコシを祭壇におくか、室内に吊るすかして、精神性（スピリチュアリティ）を高めます。また、屋外の儀式の場所の周りにコーンミールをまき散らせば、祝福とより高度な精神性（スピリチュアリティ）が得られます。

昨今、青いトウモロコシを使った製品が小売販売されているので、精神性（スピリチュアリティ）を引き出す食事にとり入れましょう。手に入れやすいものを2つ挙げるとすれば、青いポップコーンと青いコーンブレッドです（購入可能なところに関しては、「通信販売の情報」の項を参照してください）。

赤いトウモロコシを入れたカゴを床においておけば、家を守ってくれます。トウモロコシは、加護の食事にも加えられます。加護を求めてコーンブレッドをつくる際は、まだ焼いていない生地の上部に、ナイフで五芒星（ペンタグラム）の形を刻んでください*。その後、視覚化（ビジュアライゼーション）をおこないながら生地を焼いて、食べます。

「メイズ（ハイチやキューバでトウモロコシを意味する言葉からきています）」がトウモロコシとして通用するのはアメリカだけです。他の英語圏では、トウモロコシの意の英語 "corn" は、メイズ以外のあらゆる穀類を指します。メイズというのは、インディアンの言葉ではありません。

＊五芒星は星形五角形とも言われ、1つの先端が上を、2つの先端が下を向いています。昔の加護のシンボルであり、現代の胡散臭い悪魔崇拝で用いられているものとは何の関係もありません。

レンズ豆

Lentil

(*Lens culinaris*)

支配惑星　　月
支配元素　　水
エネルギー　平和

◎豆知識

　西暦紀元前1085年、エジプト人はレンズ豆を貴重なレバノンスギと交換しました。また、グレコローマン時代のあいだは、レンズ豆をハルポラテスに捧げました[23]。このすばらしい食べ物は、シュメール人も食べていました[104]。ローマの博物学者プリニウスは、情緒を安定させるためにレンズ豆のスープを飲むよう指示しました[86]。

◎魔法の使い方

　レンズ豆のスープは栄養たっぷりの温スープで、世界じゅうの多くの食事に欠かせません。平和を欲するときに飲んでください。レンズ豆は眠りを妨げるとローマ人は信じていました。したがって、レンズ豆は昼間いただく方がいいかもしれません。

きび

Millet

(*Panicum miliaceum*)

支配惑星　　木星
支配元素　　土
エネルギー　お金

◎豆知識

　古代中国では、穀物のきびが質量の単位として用いられていました。10粒の
きびを端から端まで並べた長さが１インチ（2.54センチ）で、100粒で１フィー
ト（30.48センチ）といった感じでした[76]。

◎魔法の使い方

　きびが苦手なら、ぎっしり詰まった、密度の濃いお金のエネルギーとして
視覚化してからいただきましょう。

　古いドイツの習慣では、きびをその年の初めに食べると、人生に富がもたら
される、と言われていました[22]。

オーツ麦

Oat

（*Avena sativa*）

支配惑星	金星
支配元素	土
エネルギー	お金

◎豆知識

　スコットランドでは、バノックと言われるケーキを焼いて、ベルテーン——
かつてペイガンが祝っていたメーデー——に食べました。オーツ麦のケーキは、
現代のウイッカンの儀式でも食べられることがあります。

◎魔法の使い方

　使うのは、全粒のオーツ麦だけです。

　２章に出てきたマージョリーを覚えていますか。私たちも、人生にお金と繁
栄をもたらしたいなら、朝は何をおいても、まずオートミールをつくって食べ
ましょう。オートクッキーやオートブレッドにも、魔法の可能性が秘められて

います。

プレッツェル

Pretzel

支配惑星	太陽
支配元素	火
エネルギー	加護

◎豆知識

　この食べ物がリストに入っているのを見て、びっくりされたかもしれませんが、プレッツェルには長い魔法の歴史があるのです。

　伝説によれば、中世のヨーロッパでは、冬至の際に特別なパンが見られたと言います。このパンは、太陽に敬意を表して丸い形をしていたのに、四季を象徴する正十字をつくるために、わざわざ中央でひねってあったのです。これが「ブレッゼル」あるいは「プレッツェル」と言われました。ヨーロッパの民間信仰で太陽の再生を意味するお祭りの日に、よく見る食べ物でした。

　こうしたかつてのパンがそのまま伝わってきたのが、現在私たちの食べているプレッツェルです。わずかに細くなったものの、以前ペイガンが食べていた本来の形をうかがい知ることはできます。ちなみに塩味は、後年つけられたようです[29]。

◎魔法の使い方

　いつでもおいしくいただけるプレッツェルですが、太陽に敬意を表して、冬至のときに食べましょう。また、その支配惑星と、塩味、そしてねじられた形から、加護を求めたいときにいただくのにぴったりです。

8.　パンと穀類

お米

Rice

(*Oryza sativa*)

支配惑星　　太陽
支配元素　　風
エネルギー　お金、セックス（性）、豊穣、加護

◎豆知識

　アジア人にとってのお米は、アメリカ人にとってのトウモロコシと同じです。東洋では何千年ものあいだ、大事に栽培されて、食べられています。神とも関係があり、毎食供される収穫されたお米は今でも、多くの人にとって、欠かすことのできない主食です。

　世界の人口の半分以上が、お米を習慣的に食べています。中国、日本、そして太平洋地域のいたるところで、最も重要な食べ物であり、お米にまつわる儀式や習慣がたくさんあります。

　男女が1つの器からお米を食べたら、それは2人が必ず結婚することを宣言したことになる、という民族もあります[31]。中国では、幸運と子宝に恵まれるようにと、新婚夫婦にお米を投げます。私たちにも似たような習慣がありますが、その起源は中国のこの風習です[3]。

　今でもお米を大切にしている日本人は、幸運を願って、赤い豆（小豆）と一緒に食べます。非常に面白いことに、この同じ豆が、ハワイでおいしくいただくかき氷にも添えられているのです。また、この赤い豆とお米は、ルイジアナ州に古くから暮らすケイジャン人たちの幸運の食べ物でもあります。日本ではかつて、小豆と一緒に炊く特別なご飯、赤飯が、誕生日やお祝いの日と同様、幸運を祈って毎月1日と15日にも食べられていました。赤は喜びの色です[54]。

　お米を粗末にすることは、日本人にとって許し難い行為です。封建時代には、給料や手当、報酬を払うためのお金として、お米が使われていました[120]。

　日本では、「悪霊」を驚かせて退散させるためにお米を使いました。昔は、とりわけある霊が、赤ん坊を不安にさせると信じられていました。だから赤ん坊

は、さしたる理由もなく夜泣きをしたのです。そのため、お米を入れた器をつねに幼い子どもの枕元においておきました。子どもがむずかり出すと、母親か父親が器からお米をひとつかみとって、床に投げました。これで霊はびっくりして逃げていき、子どもは一晩じゅうぐっすり眠れるのでした。

　昔の魔法は、お米と密接に結びついています。お米を炊いて、鍋の縁にきれいな輪の跡が残れば、鍋の持ち主は裕福になれます[22]。お米を炊く際、砂糖とシナモンを加えれば（よくあるごちそうです）、「男性が女性と上手につき合えるようになる」と言われています[59]。

◎**魔法の使い方**

　白米の方が玄米よりも人気がありますが、最高の栄養価と魔法の効果を望むのであれば、玄米を選びましょう。

　ライスパフを可愛い丸い形にかためたライスケーキは、あなたの生活にお米のエネルギーをとりこめる、簡単でおいしい方法です。プレーンタイプのライスケーキを１枚、手に持ち、お金、性的能力のアップ、豊穣、あるいは加護を視覚化します。そしてそのまま、視覚化をおこないながら、手にしたライスケーキを食べましょう。

　玄米を炊く前に（レトルトタイプは決して使わないでください）、使うお米の一部を、清潔で平らな面に薄く均等に広げます。視覚化をおこないつつ、あなたに必要な変化のイメージを、広げたお米の上に指で描いてください（幸運ならハート、お金ならドルの記号、などです）*。その後、このエネルギーのたっぷり入ったお米を炊いていただきます。

＊魔法のシンボルについては、371〜373ページの「シンボル」の項を参照してください。

ライ麦

Rye

(*Secale* spp.)

支配惑星　　金星
支配元素　　土
エネルギー　愛

◎魔法の使い方

　ライ麦パンのあのなじみのある味と香りは、ライ麦ではなく、パンをつくる際に用いられるキャラウェイシードからくるものです。けれどもライ麦は、愛を与え、受けとる能力を高めるための食事に、強力なパワーを付加してくれます。キャラウェイもそれをサポートしています。

タマル

Tamales

◎豆知識

　タマル（具と合わせたコーンミールを、トウモロコシの皮で包んで蒸したもの）は、ズニ族の癒しの儀式で用いられました。こうしたタマルは、儀式を執りおこなうシャーマンに貢物として供されました。祈りを捧げる人たちは、貢ぎ物のタマルを携えて行きました。タマルを受けとったシャーマンたちは、さらなる祈りで感謝の気持ちを返したのでした[111]。タマルは今も、メキシコに暮らす現代のウイチョル族によって、神々に捧げられています。

トルティーヤ

Tortilla

支配惑星	太陽
支配元素	火
エネルギー	精神性(スピリチュアリティ)、加護

◎豆知識

　トルティーヤは、メキシコではごく一般的な食べ物です。いまだに、アステカ時代と同じやり方でつくられています。聖なるトウモロコシを入れた丸い形のトルティーヤは、ラテンアメリカ人の食事には欠かせません。

　メキシコのウイチョル族も、神々にトルティーヤを捧げます。黄色いトウモロコシでつくるトルティーヤは、他の色のトウモロコシでつくるものよりも、体に与える満足感とエネルギーが大きいと信じられています[109]。

◎魔法の使い方

　トウモロコシでつくるトルティーヤが一番です。北メキシコで初めてつくられた小麦を原料とするトルティーヤには、トウモロコシのトルティーヤと同様の象徴性やエネルギーはまるでありません。

　できあいのトルティーヤを購入する場合は、ラベルをチェックし、人工保存料を使用していないものだけを選んでください。トルティーヤは自宅でつくれます（きちんとしたメキシコ料理の本にはいずれも、つくり方が載っています）。アメリカの多くの街では、トルティーヤを製造する工場で直接購入することもできます。

　バターやチーズを添えた温かいトルティーヤは、いつ食べてもおいしいですが、集中して魔法のワークをおこなったあとは特に絶品です。すぐに体に栄養を与えてくれるので、元気になります。

　丸いトルティーヤは、精神性(スピリチュアリティ)を求める食事にも加えられることがあります。ガーリックバターをたっぷり塗った温かい、トウモロコシでつくったトルティーヤは、加護の食事の一環として、おいしくいただけます。

8. パンと穀類

小麦

Wheat

(*Triticum* spp.)

支配惑星	金星
支配元素	土
エネルギー	さまざま（以下を参照）

◎豆知識

　小麦は昔から、人間の食事とは切っても切れない食べ物です。人間の食べ物としては、お米に次いで最もよく用いられる穀物で、新石器時代に初めて栽培されました[120]。

　エジプト人、シュメール人、バビロニア人、ヒッタイト人、ギリシャ人、ローマ人はいずれも、小麦と関係のある収穫の神々を崇拝しました。小麦は特に、地母神のシンボルです。地母神は、穀類を最初に植え、栽培した女性たちに、農業の秘訣を教えました。

　古代ギリシャでは、結婚したばかりの夫婦に向かって、砂糖菓子と小麦を投げる風習がありました[31]。ローマ人は、新郎新婦に、純潔と豊穣の象徴である小麦と百合でつくった花冠をかぶせました[75]。

◎魔法の使い方

　魔術的には（そして栄養的にも）全粒小麦が一番です。漂白小麦は、ビタミン、ミネラル、ふすまがとりのぞかれているだけではありません。魔法のエネルギーも失われているのです。ローマの上流階級の人々は白パンを食べましたが、霊的な効果はまったくありませんでした。

　小麦を主原料とした食べ物（パンをはじめとする、すべての生地製品）をいただけば、あなたの人生に繁栄とお金をもたらすことができるでしょう。

　パンを焼く前に、儀式として、あなたが自分の人生にもたらしたいと思うエネルギーのシンボルを鋭利なナイフで生地に刻みます。視覚化（ビジュアライゼーション）をおこないながらやりましょう。小麦を用いたパンは多種多彩であり、それが持つエネルギー

や魔法の使い方もさまざまです。以下にいくつか例を挙げます。

ツイストパン（どんなパンのレシピ本にもつくり方が載っています）は、加護の食事に加えるのにぴったりです。ねじればねじるほど、加護が得られます。生地をねじりながら、視覚化（ビジュアライゼーション）をおこなってください。

エッグブレッドは、視覚化（ビジュアライゼーション）をおこないながら焼いて食べれば、生殖能力を高めることができます。

サフランブレッドは精神性（スピリチュアリティ）を高めます。この力は、比較的小さいものの、すべての丸いパンが有しています。

発芽パンは、霊的自覚（サイキック・アウェアネス）の強化に秀でています。

ピタパン（「ポケットパン」とも言います）は、精神性（スピリチュアリティ）を高めるのにぴったりのパンです。

七穀パン（同種の八穀パンもあります）は、お金を引き寄せるのに適しています。

ディルパンは愛を高めます。

ガーリックトーストは、スライスしたパンにガーリック風味のバターをたっぷり塗って焼いたものですが、加護の食事においしさとパワーを付加してくれます。

ヨーロッパの大半の国では、春のお祭り（現在は、イースターのような後年のキリスト教の祭日と結びついています）のあいだにいただく甘いパンをつくります。なお、甘いパンについては9章で詳しく見ていきます。

9. ケーキ、甘いパン、クッキー、パイ

　人間は昔からずっと、甘いものを食べています。蜂蜜は、少なくとも西暦紀元前8000年から用いられています。蜂蜜を集める人間を描いた洞窟の壁画がこれを証明しています[71]。デーツやぶどうのシロップも、メソポタミアや地中海地域で、甘みをつけるためによく用いられていました[29]。ごく最近まで、インドとハワイだけは、主要な甘味料として砂糖を使っていました（甘味料に関する詳細は、13章を参照してください）。

　甘いパンやケーキはつねに、宗教や民間魔術と結びついています。こうした食べ物の歴史はまさに、世界じゅうのさまざまな文化や人々をめぐる旅と言えるでしょう。

　バビロニア人は、女神イシュタルのために男女の生殖器を模した形のケーキを焼き、多産を願う祭りの際に捧げました[12]。三日月型のケーキを供えて崇めたのは、月の女神セレネです。伝令の神ヘルメスに供えたのは、使者の杖を模したケーキでした[93]。新月をイメージした形を刻んだケーキは、アシュタルテに供しました[29]。ギリシャの女神アルテミスは、毎月、灯したキャンドルとともに丸いケーキを供えて崇めました[124]。

　中国で、中秋節を祝って焼かれるのが月餅です。庭が見えるところに三方をおき、その上に月餅や果物をたくさん載せます。そして、月を眺めながら、家族や親戚とそれを食べるのです[3]。

　ゲルマン時代のヨーロッパでは、人間や動物の形を模した甘いパンがつくられ、生身の生け贄の代わりに捧げられました。現在ドイツでつくられているツイストパンには、宗教的および魔術的な起源があります。女神ホーレを崇拝するものたちによってつくられ、女神に髪をくしゃくしゃにされないよう願って、供されました[93]。

セルビアのジプシーたちは、食べ物であるケーキのパワーを、その象徴であるいろいろな形に移し変えました。頭痛を治すために、ケーキや雄鶏、太陽、ナイフ、蛇、どんぐりが、頭痛を患っている人の衣服に刺繍されました。こうしたシンボルが、悪魔の目——かつてはこれが頭痛を引き起こすと信じられていたのです——を追い払いました[14]。

ケーキと甘いパンはすべて、支配惑星が金星で元素は水です。いずれも、愛のエネルギーに満ちています。そして今でも変わらず、世界じゅうの誕生日や結婚式、宗教的な祝祭において、象徴的な食べ物として重要な位置を占めています。では以下に、いくつか魔法を挙げましょう。

バースデーケーキ

誕生日を迎えた人に特別なケーキを用意する習慣の起源ははっきりしませんが、その人がこれからの1年、貧しさや飢えに苦しまないよう魔法で守る、という意味合いがあることはほぼ確かです。バースデーケーキはある意味、占星術とも関係があると言えるかもしれません。太陽は（明らかに）毎年、その人の誕生した日に同じ星座に位置しているからです。最初は、ケーキに小さなキャンドルを並べて、その人の星座を形づくったかもしれません。（穀類、バター、砂糖、卵という）聖なる食べ物からつくられるケーキは、神と一種特有の結びつきがあり、誕生日にうってつけの贈り物です。

なぜ私たちは、バースデーケーキのような、特別なときに贈るケーキに、文字を書くのでしょうか。言葉を食べるという行為（アイシングで描かれたものまで含めてです）は、言葉が表すエネルギーを、食べた人の体に送りこむ魔力を秘めている、との考えがあるからです。ケーキに心をこめて書かれた「お誕生日おめでとう」や「幸運でありますように」はもともと、優しい気持ち以上のものを示していました——つまり、儀式として書かれた言葉を保証するものだったのです。

キャンドルを飾る、現代の私たちのバースデーケーキは、かつてアルテミスのためにつくられたものと関係があると主張する学者たちがいます[124]。火を灯したキャンドルが、この女神の聖なる火を思い起こさせるからです。ドイツの

農民は、誕生日の朝子どもが目をさますと、運ばれてきたケーキのキャンドルに火をつけました。

キャンドルを吹き消して、「願いごとをする」のは明らかに、忘れられた魔法の習慣の名残です——かつてはおそらく、アルテミスの機嫌をとるためにおこなったのでしょう。今度、キャンドルの炎に照らされたケーキを贈られたら、火を吹き消すときに、自分の願いを視覚化（ビジュアライズ）しましょう。

キャンドルの色も重要です。白いキャンドルは、加護と純潔に用いられます。ピンクは特別な愛。赤は性的魅力。青は平和と癒し。紫は癒しと精神性（スピリチュアリティ）。緑は成長、富、お金。黄色は明確な思考。オレンジはエネルギーです。

丸いケーキは精神性（スピリチュアリティ）を表しますが、四角や長方形は繁栄を象徴します。友人のためにケーキをつくるときは、たくさんの愛と前向きなエネルギーをこめましょう。アイシングでシンボルや文字を描く際はつねに、視覚化（ビジュアライゼーション）をおこなうことを忘れずに。キャンドルは、ケーキには挿さず、テーブルにおいたケーキの周りに並べておきたければ、そうしてかまいません。

蜂蜜で甘みをつけ、蜂蜜のアイシングをかけ、全粒小麦をはじめとする自然の素材だけを使ったケーキなら、ジャンクフードを控えている人たちにも供することができます。新鮮な果物も、そこに秘められた魔法のエネルギーを意識しながら刻めば、このケーキに散りばめられます（11章を参照）。

ウェディングケーキ

ウェディングケーキには、とても長い歴史があります。結婚式の食べ物は、婚礼の際に新郎新婦が儀式として聖なる食べ物をいただいたかつての習慣に端を発します。男女が2人でともに食べたり飲んだりするだけで結婚したことになる、という時代や場所もありました。

ウェディングケーキのおおもとは、ローマでおこなわれていた「パン共用式婚姻」（コンファレレアティオ）で食べた「ファール」というパンに由来するようです。この特別なパンは、結婚の宴のときに、夫婦がともにあるあいだ、子宝と食べ物に恵まれることを願って、新婦の頭上で砕かれました[31]。パンはもちろん、蜂蜜で甘みがつけてありました。招待客は、パンのかけらを持ち帰りました。現代

の私たちが結婚式に招かれると、「幸運」のおすそわけとして、切りわけたケーキを持ち帰るのと同じです[46]。ビクトリア朝時代、未婚のイギリス人女性は、将来の夫の夢を見るために、ウェディングケーキを1かけ、枕の下に入れました[82]。

結婚を祝ってケーキをつくるアメリカ・インディアンの部族もいます。たとえばイロコイ族の花嫁は、コーンミールのケーキをつくって、それを新郎にわたしました。これは、結婚式の重要な一環でした[31]。

今日のウェディングケーキの飾りでよく目にする薔薇（ローズ）は、愛を願うシンボルです。かつては、完成したケーキに砂糖漬けにした薔薇（ローズ）の花びらやスミレを飾りましたが、昨今の飾りの薔薇（ローズ）は、おそらくそれを現代風にしたものでしょう。

大事な儀式の大事な一角を占めるウェディングケーキには、今でもたくさんの迷信が存在します。花嫁は、自分のウェディングケーキをつくってはいけません。新郎新婦は、適切なときまでウェディングケーキの味見をしてはいけません[46]。花嫁はできるだけ長いあいだウェディングケーキのかけらを大事にとっておくべきです（長くとっておけばおくほど、夫からの愛も続きます）。ウェディングケーキが辛いと、夫婦の関係も辛くなります。

1861年、アメリカの教育改革者で奴隷制度廃止論者だったホーレス・マンの妻は、『Christianity in the Kitchen』という本を書きました。不健康な食事は道徳の妨げとなる、との考えに基づいて収集した、興味深い情報を綴ったものです。彼女が下したビックリする結論のなかには、ウェディングケーキは消化によくないので、不道徳にして、キリスト教徒にあるまじき食べ物だ、といったものもありました[104]。

ウェディングケーキに趣を添えるために最もよく用いられる2つの材料、チョコレートとバニラがいずれも、愛情を刺激するパワーを秘めているのは、単なる偶然でしょうか。

甘いパン

ケーキと甘いパンの大きな違いは、後者には通常イーストが使われているこ

とです。ケーキにはイーストは用いません。イーストを入れて発酵させて膨らませるパンのつくり方が広まるとすぐに、いろいろな味を楽しむために、スパイスなどの材料とともに、蜂蜜やデーツのシロップが当たり前のように加えられるようになりました。

甘いパンは今でも、ヨーロッパやメキシコでは宗教上のお祭りの際に焼かれています（前者は特にイースター、後者は万霊節）。ハロウィンやクリスマスに焼かれる特別なパンは、スコットランドでは誰もが知っていますし、ドイツの「シュトレン」も有名です。紀元前のイギリスでは、春のお祭りにさまざまなパンを焼きました。そのうちの1つは、衛生的で食べやすい形になって、今日まで残っています。

ホットクロスパン

キリスト教が出現するはるか昔、ヨーロッパの人々は、来たるべき春を祝って、男神と女神のシンボルとみなした太陽と大地に儀式を捧げました。毎年、3月21日から24日のあいだに当たる春分は、凍てつく冬の日々が終わり、命が生まれる待ちに待った日でした[29,44,114]。

儀式のなかには、エオストラ（「イースター」という言葉はこの女神の名前に由来します）に捧げられるものもありました。大地の恵みが戻ってきたことを祝って、小さな甘いパンが焼かれ、食べられました。儀式用のパンは、大事に保存しておいた穀物と蜂蜜でつくられ、男根のシンボルが刻まれました。これは、太陽が大地と人間に与えてくれる豊かな恵みの力を視覚的に表現したものです[29,44,114]。

ヨーロッパにキリスト教が広まると、こうしたペイガンのパンは、新たな宗教によって異なる用いられ方をするようになりました。男根のシンボルは、不自然でおぞましいものとして、もっと「見た目のいい」十字模様に変えられました*[125]。そしてホットクロスパンはイースターの祝宴の一環となり、遅ればせながら、キリストの復活の物語に貢献したのです。ペイガンからキリスト教への転向は完璧で、ホットクロスパンは、イギリスの村々を旅する巡礼者たちにまで供されました[119]。

80　　　　　第2部　食べ物の魔法

まあ、当然と言えば当然かもしれませんが、ホットクロスパンには神秘的な力があると、多くの人は考えていました。そして、幸運な１年になるよう願って、聖金曜日に食べられたのです。ある種の病気を治すためにも用いられました。室内に吊るしておけば、火事やあらゆる悪魔から守ってくれました。また、永遠にカビは生えないとも言われていたのです（コーンウォールでは、ベーコンラックから吊るしてありました）[114]。船乗りたちは、このパンを持っていれば難破しないと信じていました。さらに、ネズミよけとして穀物倉庫にもおかれていたのです。現代のアメリカには、春分に食器棚にホットクロスパンをおけば、「長いこと飢えを知らずにすむ」という迷信があります[46]。

　シンプルなホットクロスパンが持つ魔法の特性は、パンがヨーロッパのかつてのペイガンの宗教と密接に結びついていた、はるかに興味深いシンボルだったころの記憶です。

＊十字模様そのものが男根のシンボルです。

死者のパン（パン・デ・ムエルト）

　11月２日の万霊節には、多くのメキシコ人が先祖の墓参りをし、西暦紀元前に根づいた儀式をおこないます。墓に持ってくるのは、オレンジ色のマリーゴールドと、この日のためだけに焼かれる特別な甘いパンです。

　墓参りは楽しく、死者を招く宴も催します。宴を催すことで、生きている人たちは死が避けられないものであることを認め、この世を去った人のすばらしさに改めて思いを馳せます。これはとても自然な儀式です[83]。

　アメリカでは、万霊節（カトリックの祝日）はハロウィンとして、仮装やパーティーや超自然現象といった話題を伴い、広く一般的に祝われます。ヨーロッパに根ざしたモチーフがいくつかメキシコにわたりましたが、死者を尊ぶ行為は、はるか昔、まだ征服される前の時代に端を発しています。

　10月下旬になると、メキシコとアメリカ南西部じゅうのパン屋に、「死者のパン（パン・デ・ムエルト）」が並びます。私はもうずいぶん前から、この特別な食べ物の独特な風味を堪能しています。あなたの住んでいるところにメキシコ

9．ケーキ、甘いパン、クッキー、パイ

のパン屋（パナデリア）があるなら、この時期になったらぜひ、死者のパンを探してみてください。見当たらなければ、お店の人に聞いてみましょう。それでもない場合は、次のハロウィンには自分でつくってみてください——そして、亡くなった方に敬意を表しましょう。

死者のパン

アニスシード………………………………………小さじ1
水……………………………………………………大さじ3
ドライイースト……………………………………1パック
温めた牛乳…………………………………………1／2カップ
ふるった中力粉……………………………………3と1／2カップ
塩……………………………………………………小さじ1
溶かしたバター……………………………………1カップ
軽く溶いた卵………………………………………6個分
オレンジフラワーウォーター……………………大さじ1
すりおろしたオレンジの皮………………………1個分
溶き卵………………………………………………1個分
ザラメ糖または赤糖（トッピング用）
（編注：アメリカの1カップは約240ミリリットルです）

　前夜、大さじ3の水を入れた鍋にアニスシードを入れます。それを火にかけ、沸騰したら火を止めて、そのまま一晩おいてください。翌日、アニスシードを濾して捨てます。温めた牛乳にイーストをふるい入れて、軽く混ぜたら、一晩おいておいた水を加えます。中力粉をたっぷり加えて、軽い生地をつくります。その生地をこねて、丸く成形してください。生地が2倍の大きさになるまで、そのまま暖かい場所においておきます（1時間くらいです）。残りの粉を、塩、砂糖とともにふるいにかけたら、溶かした（そして冷ました）バター、卵、オレンジフラワーウォーター、すりおろしたオレンジの皮を加えて、しっかりと混ぜてください。その後、軽く打ち粉をした板の上で、なめらかになるまでこね

ます。出来上がったら、寝かせておいた生地に加えます。なめらかになって、弾力が出てくるまで、よくこねてください。布で覆いをしたら、1時間半か、生地が2倍の大きさになるまで休ませましょう。

生地からクルミ大のかたまりを2つ、つまみとります（デコレーション用です）。残った生地を2つにわけ、それぞれを丸いパンの形に整形します。油を塗ったクッキングシートに並べます。とっておいた生地の一部をめん棒で伸ばし、長さ13センチほどの細いひもを4本つくってください。そのひもを伸ばし、それぞれの両端を平たくして、骨のようにしましょう。焼くと膨らむことを忘れずに。骨に見立てた2本のひもを、それぞれのパン生地の上に交差させて、（実際に骨が交差しているように見えるよう）溶き卵ではりつけます。残った生地でもう1本、細いひもをつくってください。それを小さく切りわけ、涙の滴のような形をつくって、骨と骨のあいだに溶き卵でつけていきます。

作業中はずっと、冬の深まりや、大地の豊穣のエネルギーの減少といった、季節を象徴するものに思いを馳せることを忘れないでください。亡くなった大好きな人や友人たちのことを、悲しみではなく、穏やかな気持ちで思い出してください。

布で軽く覆いをしたら、生地が2倍に膨らむまでおいておきます。膨らんだら、刷毛を使って、全体に軽く溶き卵を塗ってください。ザラメ糖（または赤糖）をふりかけます。甘くせず、そのままでもかまいません。190度に余熱しておいたオーブンで、30分ほど焼きます。これで、死者のパン2つの出来上がりです。

クッキー

新石器時代の先祖が供した、平らなパン。それと遠いながらも同じ系統にあり、甘みを加えたものがクッキーです。儀式や魔法の目的に用いられる際は必ず、特別な形のクッキーが焼かれます。

• シュガークッキー

ユールに、型抜きしたシュガークッキーを食べる人は多いでしょう。7章で

述べたように、ベルの形のクッキーはかつて、加護と悪魔を追い払うために食べられました。また、生け贄を表す動物の形のクッキーが、昔は女神と男神に捧げられました。

シンプルなシュガークッキーをつくるなら、あなたの魔法の目的にかなった形に抜きましょう。強力な魔法のツールになります。必ず視覚化をおこないながら、生地を混ぜ、型を抜き、オーブンに入れます（詳細は371ページの「シンボル」の項を参照してください）。

抜き型は、多種多彩なものが手に入ります。ユールとハロウィン専用の特別な抜き型があれば、さまざまな可能性が広がります。三日月、星、ほうき、魔女、太陽をはじめ、いろいろな形が楽しめるでしょう。想像力を駆使して（それでもダメなら、よく切れるナイフを使って）、あなたならではの魔法のシンボルをつくってください。

• フォーチュンクッキー

そう、あの古い中国の占い菓子です！　実はフォーチュンクッキーは、1920年代に、カリフォルニアの中華料理店の宣伝のためにつくられたのではないかと言われています。にもかかわらず、古代ローマの占いのやり方とよく似ています。粉占いと言われたそれは、小麦粉のペーストでつくったボールのなかに、メッセージの書かれた紙片が入っていました。そのボールを混ぜてからランダムに配ります。それぞれのボールのなかのメッセージが、受けとった人の未来を示していました。

現代版は、占いそのものはもとより、味も一段と楽しめるようになっています。自分でつくれば、まさにあなただけの未来を占う機会が得られますし、雨の午後を過ごすのにもぴったりです。ぜひつくってみてください──きっと、次のパーティーやディナー、儀式の集まりが盛りあがるでしょう。

清潔な白い大判の紙を1枚用意し、縦8センチ、横1.3センチ程度の大きさに切りわけます。紙片は全部で48枚つくります。

ペンを手に紙片の前に座り、目を閉じて、雑念を払います。霊的自覚を高めましょう。そのまま霊的自覚に、あなたの意識へとメッセージを送ってもらいます。

さあ、未来をおみくじに書いていきます。頭に浮かんだことを何でも書いてかまいません。丁寧に書いてください。何も浮かばなければ、以下の例を参照してください。あなたの想像力を刺激してくれるはずです。

——待ち人来らず

——幸運はすぐ近くにある

——見知らぬ人に話しかけない

——風が吹くのを待つ

——幸せは見いだすもの

——あなたは望まない

——愛は穏やか

——波打つ水が答えてくれる

——星々が頭上で輝く

——あなたは祝福されている

——富はあなたの前にある

——やってみよう！

私にもそういうところがあるのですが、もし未来を言葉で書くのが苦手なら、それぞれの紙片に1つずつ、魔法のシンボルを描くといいでしょう。

おみくじの用意ができたら、いよいよクッキーづくりです。「コツ」は、清潔で柔らかい綿素材の手袋を使うこと。（どうしても使いたくないなら仕方がありませんが）この手袋は、クッキーを折りたたむのに欠かせません。厚紙でできた卵パック（プラスチックはダメです）も絶対に必要です。では、つくり方をご紹介します。

フォーチュンクッキー

溶かしたバター……………………………………1／2カップ

卵白………………………………………………3個分

砂糖………………………………………………3／4カップ

塩‥‥‥‥‥‥‥‥‥‥‥‥‥‥‥‥‥‥‥‥	小さじ1／8
バニラエクストラクト‥‥‥‥‥‥‥‥‥‥‥	小さじ1／4
小麦粉‥‥‥‥‥‥‥‥‥‥‥‥‥‥‥‥‥‥	1カップ
インスタントの紅茶‥‥‥‥‥‥‥‥‥‥‥	小さじ1
水‥‥‥‥‥‥‥‥‥‥‥‥‥‥‥‥‥‥‥‥	大さじ2

おみくじ

　作業中は、青いキャンドルを灯してキッチンにおいておきましょう。ボウルに卵白、砂糖、塩を入れて混ぜます。バニラ、小麦粉、紅茶、水、溶かしたバターを順次混ぜ入れます。全体がよく混ざったら、少なくとも30分は生地を冷やします。そのあいだにオーブンを177度に温めておきましょう。

　冷やしておいた生地を小さじ山盛り1杯分とって、油を塗ったクッキングペーパーの上に落とします。スプーンの背を使って、落とした生地を薄く伸ばします。直径8センチ弱くらいの丸に成形しましょう。次いで、2つ目の生地を同じように成形します——ただし、同時に焼くのは2枚までにしてください。成形したら、3〜5分、または生地の縁がキツネ色になるまで焼きます。焼きあがる直前に、手袋をはめてください。オーブンからトレイを出します。スパチュラを使って、焼きあがったクッキーをシートからはがしたら、打ち粉をしていない、きれいな台の上においてください。すぐに、クッキーの中央におみくじをおきます。クッキーの一方の端を持ちあげてたたみ、半月形にしましょう。クッキーの端を持ったまま、折りたたんだ側の真ん中を、厚紙でできた卵パックの縁に乗せます。そのまま両端を折り曲げてください。その後、クッキーをパックの穴にそっと入れて冷まします。2枚目のクッキーも、急いで同じようにしてください。

　この一連の作業を、生地をすべて使い切るまで続けます。ただし、クッキーを焼くのは一度に2枚までです。さもないと、クッキーがかたくなって、折り曲げられなくなってしまいます。

パイ

　パイやタルトなどのペストリーの起源はおそらく、古代ギリシャでしょう[105]。その後、ギリシャを征服したローマ人がその製法を学び、帝国じゅうに広めました。ペストリーにはもちろん、甘いものしかないわけではありません。イギリスのペストリーや、魚を生地で包んだものが思い浮かぶのではないでしょうか。しかしながら、甘いパイにまつわる言い伝えは抗し難く、ここでは甘いパイに限定して述べていきたいと思います。

　パイはかつて、違法な存在でした。1600年代に、数え切れないほどのイギリスのパーティーをぶち壊してきた、頭の固いピューリタン革命の先導者オリバー・クロムウェルが、イギリス連邦におけるすべてのパイを禁止したのです。どうしてでしょう。パイを前にすると、人々が喜んだからです。そしてそれこそが、この専制的で、狂信的なまでのピューリタンが最も望まないことでした。幸い、1660年にチャールズ2世が王位に就くと、再び国じゅうでパイをおいしくいただけるようになりました。新たな国王は、滅多にないほど国民から歓迎されました[105]。

　ところで、アメリカのパイはなぜ四角ではなく丸いのでしょう。この風習は、アメリカが植民地支配されていたころに始まりました（思うにアメリカのピューリタンたちは、いろいろな楽しみを積極的に受け入れたのでしょう）。ヨーロッパで使われていた、深さのある四角または長方形のオーブン皿でパイを焼くと、貴重な果物をあまりにもたくさん使うので、四隅をなくした、浅いオーブン皿がつくられました。だから、アメリカのパイは丸いのです[105]。

　魔法的に言えば、丸いパイは精神性（スピリチュアリティ）を呼び起こし、四角いパイは繁栄をもたらします。上面に複雑に編みこんだ格子模様のあるパイは、加護の食事に効果的です。パイをつくるときには（たとえ市販品を購入する場合でも）、大事なのは、果物の選択です。それぞれの果物が持つ魔法のエネルギーに応じで選びましょう。よく食べられているパイと、それぞれの魔法の特性をいくつか、簡単に挙げておきます（果物については、11章でより詳しく見ていきます）。

9. ケーキ、甘いパン、クッキー、パイ　　87

りんご：愛、癒し、平和

杏：平和

バナナクリーム：お金

ブラックベリー：お金、セックス（性）

ブルーベリー：加護

チェス（カスタード）：精神性

チョコレートクリーム：お金、愛

ココナッツクリーム：精神性

さくらんぼ：愛

キーライム：愛、浄化

レモン：浄化、愛

ミンス：「幸運」、お金

桃：愛、健康、幸せ、叡智

ピーカン：お金

パイナップル：愛、癒し、お金、加護

パンプキン：お金、癒し

ラズベリー：幸せ、愛、加護

ルバーブ：加護、愛

苺：愛

　この魔法は、タルトパイやコブラーパイ、ターンオーバーパイとも関係があ
ります。視覚化をおこないながら、生地を混ぜ、焼いて、食べましょう！

　特別なときにいただくのがミンスパイです。イングランドとヨーロッパ全土
では、ミンスパイは大晦日に焼かれて供されます。真夜中を過ぎたらすぐに、願
いごとをしながら（視覚化もおこないながら）パイを食べましょう。このパ
イは、お金ももたらしてくれます。

　パイを焼くときは、上皮に軽く五芒星を刻みます（上皮がある場合です。な
ければ、焼く前に生地の底に刻みます）。五芒星が、焼いているあいだパイを
守ってくれます。あるいは、数箇所切りこみを入れてください。五芒星の代わ
りに、あなたの魔法の目的と関係のあるシンボルを、パイ皮に軽く描いてもい

いでしょう（371ページの「シンボル」の項を参照）。

　かつては、パイ皮に使わずに残った生地もそのまま焼いて、キッチンにおいておかれました。キッチンに住むと言われた妖精に捧げるためです。私の母は、残った生地を焼いて砂糖とシナモンをふりかけ、私たちに出してくれました。往々にして、パイそのものよりおいしい気がしました。

パンケーキ

　本章の最後に、パンケーキについてもちょっと見ておきましょう——気泡の多い、明るい茶色で、ホットプレートの上で軽々とひっくり返せるのに、食べればお腹にずっしりくる、あのパンケーキです。

　パンケーキは、世界じゅうで「幸運」の食べ物と言われています。イギリスでは、灰の水曜日と呼ばれる四旬節の初日がパンケーキ・デイとして有名です。この日にパンケーキをいただくと、お金と食べ物と幸運に恵まれた1年を過ごせます。この風習の起源は、キリスト教伝来以前にあります。

　民間の慣習が廃れてしまうまで、ロシアでは特別な儀式で春の訪れを祝っていました。バターの女神マースレニッツァを模した人形をソリに乗せて村じゅうを引いてまわり、歌ったりして楽しみました。その後、飾り立てられた人形は燃やされ（残念！）、このペイガンのお祭りの最後に、参列者たちは、ロシアの伝統的なパンケーキ「ブリヌイ」を食べたのです[79]。

　今日でも、このシンプルな料理のパワーを求めるグループはたくさんあります。資金を集める、「ファンドレイジングのためのパンケーキ・ブレックファスト」というイベントもあります。どことなく、かつての破天荒な宴を思わせるものです。

　パンケーキは、大地の恵みのなかでも最も重要な2つ、穀類とミルクと関係があります。だからこそ、昔から大事にされてきたのも当然でしょう。ではここで、私のパンケーキの魔法をいくつか挙げておきます。

9. ケーキ、甘いパン、クッキー、パイ

お金のため

　お金が足りない？　そんなときはそば粉のパンケーキをつくりましょう。ホットプレートの上に、生地でドル記号を描きます。視覚化（ビジュアライゼーション）をおこなってください。片面が焼けたらひっくり返し、出来上がったらメープルシロップ（これもお金を呼び寄せます）をかけていただきます。

万能のパンケーキのつくり方

　視覚化（ビジュアライゼーション）をおこないながら、パンケーキの生地でさっとホットプレートに、反転させた魔法のシンボル（五芒星など）を描きます。パンケーキの材料は問いません。焼けたらひっくり返し、出来上がったらいただきます。

パンケーキ占いのやり方

　数年前偶然知ったのが、大勢の友人と楽しめるシンプルでおいしいパンケーキ占いです。

　一から生地をつくります。あなたが占いたいことを視覚化（ビジュアライズ）しながら、時計回りに生地をかき混ぜていきましょう。特に占いたいことがない場合は、心をまっさらにするだけでかまいません。

　ホットプレートに生地を流します。まだ焼けていない生地の中央に、スプーンの先端を入れます。そして、占いたいことを問いかけながら、スプーンを適当に動かしてください。

　火が通ってきたら、スプーンをどかして生地をひっくり返します。焼けた面にシンボルが現れているでしょう。霊的自覚（サイキック・アウェアネス）を持って見つめます。それを読み解き、未来の明るい可能性を見出（みいだ）してください。

10. 野菜

「ちょっと待って！　他の食べ物に比べると、野菜にはあまり興味が……」と思っている人もいるのではないでしょうか。けれどもこの緑色（赤、紫、茶色、白、黄色、オレンジ色）の食べ物には、魔法のデザートに勝るとも劣らない価値があるのです。確かに世のなか全体が、甘い食べ物を欲し、野菜は無視する風潮にあります。ただ、そんな刹那的な望みとは裏腹に、甘いものだけを食べていればいいわけではありません。

ですから、どうか本章を読んで、野菜をおいしく食べてください。

アーティチョーク

Artichoke

(*Cynara scolymus*)

支配惑星　　火星
支配元素　　火
エネルギー　加護

◎豆知識

ギリシャの伝説では、もともとアーティチョークは美しい女性だったそうです。ある男神（どの男神かは、実のところ私にはわかりません）がその美しさに嫉妬して腹を立て、彼女をアーティチョークに変えたのでした[92]。

アーティチョークの起源は、地中海地域とカナリア諸島にあるようです。古代ローマでは、贅沢な食べ物として楽しまれてきました。ローマ人はこれを、塩

水か酢に漬けて保存しました（私たちがアーティチョークの「芯」をオイル漬けにするのと同じです）[53, 92]。

◎魔法の使い方

　アーティチョークは、言うまでもなくおいしい野菜です。アザミ科に属し、トゲがあることから、加護の食事の一環としていただきます。

　にんにくやローリエの風味を添えれば、加護のエネルギーは一段と高まります。

アスパラガス

Asparagus

(*Asparagus officianlis*)

支配惑星　　火星
支配元素　　火
エネルギー　セックス（性）

◎魔法の使い方

　アスパラガスは、焼いたり蒸したりしていただきますが、下ごしらえをしながら、セックスを楽しんでいる自分を視覚化してください。出来上がったら、そのパワーごと食べましょう。

竹（筍）

Bamboo

(*Bambusa* spp.)

支配惑星　　太陽
支配元素　　風

エネルギー　加護、霊的自覚（サイキック・アウェアネス）

◎豆知識

　竹は中国と日本では昔から、長寿のシンボルです[3]。家を守るために、その周辺にも植えられます。ハワイの宗教には、竹にまつわる言い伝えがたくさんあります[7]。

　生の筍にはアクがあります。けれど、調理の前に必ずアク抜きをすればおいしくいただけます[71]。

◎魔法の使い方

　筍は、加護の食事でいただきましょう。加護のエネルギーをさらに高めるには、筍1つ1つにナイフで小さな五芒星を刻んでから料理に加えてください。

　筍を食べれば、霊的自覚（サイキック・アウェアネス）も高まります。新鮮な芽キャベツと一緒にサラダでいただき、潜在意識を開きましょう。

豆

Bean

（*Phaseolus* spp.）

支配惑星　　水星
支配元素　　風
エネルギー　お金、セックス（性）

◎豆知識

　豆は、マヤやアステカをはじめとする多くのメソアメリカ文化において、食事の中心でした。ラテンアメリカではいまだにどこでも、大事な食べ物です。

　ギリシャ人の著述家プルタルコス曰く、豆は夏の第4月メソーレに、供物としてハルポクラテス（ギリシャ・ローマの神）に捧げられたそうです。同じくアポロにも捧げられました。エジプトの王ラムセス3世はあるとき、さやつき

の豆を入れた1万1,998もの壺を神々に供しました[23]。司祭長と女司祭長に豆を食べることを禁じた古代の宗教もいくつかありました。

ローマ人は、あるお祭りで豆を死者に捧げました。ギリシャ人とローマ人は、投票にも豆を用いました。白い豆は賛成、黒い豆は反対です。長いあいだ、豆を食べると、性欲が促進されると考えられていました。イギリスの有名な植物学者カルペパーは、性欲促進のために豆をすすめました。一方、四大ラテン教父の１人である聖ヒエロニムスは、「生殖器がムズムズする」ので、尼僧たちが豆を口にすることを禁じました[71]。

イングランドでは、精神が錯乱するのは、豆畑で一晩寝たからだと考えられていました[99]。けれども、豆の白い花は長いあいだ女神に捧げられ、多くの人から大事にされていたのです。

入植者たちは、アメリカ・インディアンからボストンベイクドビーンズのつくり方を学びました[29]。

◎魔法の使い方

富を増やす目的の食事に加えましょう。ベイクドビーンズを自分でつくるなら、生姜やメープルシロップなど、お金を引き寄せる食材を少々加えるといいでしょう。下準備や調理をしているあいだはずっと、視覚化（ビジュアライゼーション）をおこなってください。また、いただくときも適切な視覚化（ビジュアライゼーション）をおこなえば、性行為への気持ちを高めることができます。

ホットチリビーンズは加護の料理です。

ビート

Beet
(*Beta vulgaris*)

支配惑星	土星
支配元素	土
エネルギー	愛、美

◎豆知識

ビートは何世紀もののあいだ、長寿を願う人々が食べてきました。古代ギリシャの愛の女神アフロディーテは、ビートを用いて自らの美を保ち、磨きをかけたと言われています[56]。

赤い色ゆえに、ルーナサ（8月1日）やサウィン（11月1日）といった収穫や冬の宗教的な祝祭の期間に用いられます。

◎魔法の使い方

民間魔術では、男女が同じビートを食べれば、互いに恋に落ちると言われています。実際には難しいかもしれませんが（恋愛はもっと複雑です）、愛を引き寄せるための食事にはビートを加えるべきです。

またビートは、どんどん美しくなる自分の姿を視覚化しながら調理し、食べてください。ただし、美しさは外見だけの問題ではありません。内面も大事なことをくれぐれも忘れずに。

ブロッコリー

Broccoli

(*Brassica* spp.)

支配惑星	月
支配元素	水
エネルギー	加護

◎魔法の使い方

ブロッコリーは、加護の食事に加えるのにぴったりです。バジルやにんにく、マスタードシードで味つけすれば、パワーが増します。

芽キャベツ

Brussels Sprouts

(*Brassica* spp.)

支配惑星　　月
支配元素　　水
エネルギー　加護

◎豆知識

　伝説では、芽キャベツは、バビロンで育った野生のキャベツからつくられたそうです。バビロニアの王ネブカドネザル2世は、とてつもなく豪勢な宴に端を発する二日酔いの予防や治療には、何をおいてもキャベツを用いていました。そのためおのずと、冬は新鮮なキャベツが手に入らないことに不安を覚えたのです。

　この神話によると、王は庭を管理していた責任者のブリュッセルに、1年を通してキャベツを栽培する方法を考えるよう命じたと言います。交配を重ねて、ブリュッセルはやがて今日の芽キャベツの開発に成功しました。それはまさに、名前のとおりの小さいキャベツで、キャベツと同じ科にも属しています[56]。

◎魔法の使い方

　加護の食事の一環としていただきます。塩を少々加えるのもいいでしょう。塩も加護の食材だからです。ただし、何でも（特に塩は）多すぎれば健康を害します。すると、体が本来持っている霊的な保護の力が失われてしまいます。塩の代わりに使うなら、バジルやディルウィード、マスタードがおすすめです。いずれも、加護をもたらす香辛料です。

キャベツ

Cabbage

(*Brassica* spp.)

支配惑星	月
支配元素	水
エネルギー	加護、お金

◎豆知識

　かつて迷信深い人たちは、忌まわしい13日の金曜日には、額にキャベツの葉を乗せていました。悪魔はもとより、おそらくありとあらゆるものから我が身を守るために、です[56]。

　西暦紀元前621年ごろ、ギリシャの役人たちは、当時貴重だったキャベツを盗んだ者は死刑に処するという法律を可決しました[56]。またギリシャでは、毎日キャベツを数株ずつ食べれば、精神の異常や不安定な状態を治せるという嘆かわしい考えも広まっていました[56]。

◎魔法の使い方

　キャベツは、月の影響を受けているすばらしい食べ物です。魔法やスピリチュアルな儀式が終わったら、満月の光のもとで供します。

　芽キャベツやブロッコリーと同じで、キャベツも、食べれば加護を内在化できます。加護を願うのであれば、バジルやマスタードで風味をつけます。加護の効果がある、塩をきかせたザワークラウトを食べてもいいでしょう。

　緑のキャベツは、お金を引き寄せる食事に加えます。しっかりとお金を引き寄せられるよう、調理には頑丈な銀製の器具を使ってください。繁栄を呼びこみたいなら、ディルシードで風味を添えるといいでしょう。キャベツのスープは、あなたの人生にお金のエネルギーをもたらしてくれる、おいしい料理です。ローマの博物学者プリニウスは、寝る前にキャベツを食べるようすすめました。悪夢を見ないですむからです。

にんじん

Carrot

(*Daucus carota*)

支配惑星	火星
支配元素	火
エネルギー	セックス（性）

◎魔法の使い方

　にんじんは古代ギリシャの時代から、性的接触の欲望を高めるために食べられてきました。適切な視覚化（ビジュアライゼーション）をおこないながら調理して食べれば、心理的な要因による性的不能の改善に一役買ってくれます。

　パセリやキャラウェイと一緒に調理すれば、最高の結果が得られるでしょう。

カリフラワー

Cauliflower

(*Brassica* spp.)

支配惑星	月
支配元素	水
エネルギー	加護

◎魔法の使い方

　加護の食事の一環として、生または加熱したカリフラワーを食べます。効果を高めるなら、ディル、マスタードシード、あるいはローズマリーと調理してください。

セロリ

Celery

(*Apium graveolens*)

支配惑星　水星
支配元素　火
エネルギー　セックス（性）、平和、霊的自覚、減量

◎豆知識

　ローマの女性たちは、セロリを食べて性欲を高めました。

◎魔法の使い方

　セロリの催淫パワーは、昔から評判でした。ポンパドゥール夫人のお気に入りの料理の１つにセロリのスープがあったのは、この効果を期待してでした。面白いことに、加熱したセロリは、人間や動物が自然に分泌する化学物質の性誘引物質フェロモンの１種を出すようです。だからこそセロリは、２千年ものあいだ、こうした目的のために好んで用いられているのでしょう[52]。

　セロリのスープをつくるときは、視覚化をおこないながら調理してください。性的に刺激を与える食べ物は、当然のことですが、「あなたが」食べたときだけ効果が期待できます。他の人に供しても、ほとんど、あるいはまったく効果はないでしょう。

　他の視覚化をおこないながら、生または調理したセロリを食べれば、心が穏やかになり、平安がもたらされます。

　セロリシードを（調味料として）食べ物に加えれば、霊的自覚が強まります。セロリには、体重を減らす効果もあります。

チャービル

Chervil

(*Anthriscus cerefolium*)

支配惑星　　水星
支配元素　　風
エネルギー　減量

◎豆知識

　民間の魔女たちはかつて、チャービルをミント・ペニーロイヤル（メグサハッカ）と煮ました。そうやって煮出したものを飲めば、物が二重に見えると考えられていたのです[56]。ラテン語名の "cerefolium" は、この植物が、穀物と植物の女神セレスに捧げられた古代の祝祭で用いられたことに敬意を表したものです[94]。

　かつて、今よりも生きるのが大変だった時代、戦いで負った傷による感染症のせいで、多くの人が命を落としました。1500年代、負傷者たちに飲むようにとわたされたのが、チャービルを搾ったものでした。飲み切ることができれば、生きながらえられるだろうというのがチャービルの予言です。けれどもし「嘔吐」すれば、その傷は致命傷、ということでした[56]。

◎魔法の使い方

　チャービルは探すのが大変ですが、それだけの価値はあります。特に、体重を減らしたいときに役に立ちます。毎日チャービルを少量搾り、視覚化（ビジュアライゼーション）をおこなって飲めば、現状維持または理想の体型に戻れるでしょう。パワーを高めたいなら、ハコベと一緒にサラダで食べてください。

唐辛子

Chili

（*Capsicum* spp.）

支配惑星	火星
支配元素	火
エネルギー	加護

◎豆知識

　メキシコの洞窟で発見された考古学的資料によれば、唐辛子が初めて栽培されたのは9千年前のことのようです[29,90]。アステカ族は、悪霊にとりつかれた人から悪霊を追い払うための儀式で唐辛子を用いていたと言われています[100]。

　唐辛子は最近、ある州の刑務所での使用が禁止されました。唐辛子を燃やすことで、武器として使える可能性があるからです。非常に面白いことに、17世紀、南アメリカのいくつかの地域では、唐辛子を燃やした煙で、スペインからの侵略者たちを撃退したそうです[29]。現代のニューメキシコでは、悪霊が人間に害をおよぼさないようにと、いまだに金曜の夜には赤ピーマンの芯を燃やしています[80]。

◎魔法の使い方

　唐辛子の種類は豊富ですが、アメリカの市場で最もよく目にするのはハラペーニョ、カイエン、ピーマンです。このいずれかを、ネガティブなエネルギーから身を守るための食事に加えます。加護に効果のある料理を3つ挙げるとすれば、チリ・レジェーノ（訳注：唐辛子にチーズを詰めて揚げ、トマトソースで煮こむか、ソースをかけたもの）、肉詰め（ベジタリアンなら他のものでも可）ピーマン、ハラペーニョゼリーでしょう。

　ちなみに、すべての胡椒（黒胡椒をのぞく）も同じ香辛料の仲間です。辛みの強い唐辛子が苦手なら、加護の魔法の食事には、よりマイルドなペパロニ（イタリアレストランで供されるサラミです）や少量のカイエン、ピメント、甘くて肉づきのいいピーマンなどを用いるといいでしょう。

10. 野菜

チャイブ

Chives

(*Allium* spp.)

支配惑星	火星
支配元素	火
エネルギー	減量、加護

◎豆知識

　チャイブが初めて自生したのは現在のシベリア、世界で最も深い湖、バイカル湖の湖岸近くだったかもしれません[56]。チャイブは強力な催淫薬と考えられていました[56]。

◎魔法の使い方

　偉大な植物学者ジェラードは言いました、チャイブを食べれば確実に「痩せる、もしくは体がしまる」ので、日々減量にとり組んでいるなら、玉ねぎでやさしく風味づけしたチャイブは食べてみる価値がある、と。新鮮なものを食料品店で探すのは難しいですが、自宅で簡単に栽培できます。チャイブなら、コンテナでもしっかり育ちます。

　加護を求めるなら、結んだチャイブを1本食事に加えていただきましょう。もちろん視覚化も忘れずに！

　自分の嫌な癖を直したい、あるいは悩んでいる個人的な問題を解決したい、といった場合には、癖や問題をチャイブに結んで埋めましょう。一度埋めたら、決して掘り返してはいけません。

きゅうり

Cucumber

(*Cucumus sativus*)

支配惑星	月
支配元素	水
エネルギー	平和、癒し

◎豆知識

新鮮なきゅうりはその昔、気を失った女性の鼻の下におかれたことがありました。きゅうりの香りで、意識が戻ったそうです。

アフリカではヌエル族が、重要な儀式の際に、野生の小さなきゅうりを清めて、大事な雄牛の代わりに貢物として捧げることがあります[29]。

◎魔法の使い方

平和を望む食事にきゅうりを加えます。ストレスをすぐに軽減したいなら、生のきゅうりを1本丸ごと食べましょう。病気の回復期にきゅうりを食べれば、早く元気になれます。食べながら視覚化をおこなってください。

茄子

Eggplant

(*Solanum melogena* var. *esculentum*)

支配惑星	木星
支配元素	土
エネルギー	精神性、お金

◎魔法の使い方

中国産の茄子はもともと小さく、卵のような形をしていて白く、私たちが知る、大きくて紫色の種とは違いました。加熱した茄子を食べれば、精神性が増します。精神性には問題なし、という場合は、茄子をいただきながら、お金が増える様子を視覚化しましょう。

茄子の独特な味が苦手、という人は大勢います。あなたもそうなら、いいこ

とをお教えしましょう。この紫色の食べ物のエネルギーは、食べなくても得られます。あなたの人生にさらなるお金をもたらすには、まず茄子を二等分にします。次に、そのあいだに1ドル紙片を1枚入れてしっかりと挟み、それを土に埋めてください。一度埋めたら決して掘り返さないこと。こうすれば、お金があなたのもとにやってくるでしょう（ただし1ドルかかりますが）。

エンダイブ

Endive

(*Cichorium endivia*)

支配惑星　　木星
支配元素　　風
エネルギー　体力、セックス（性）

◎魔法の使い方

　エンダイブは今日、サラダ用の野菜としてはあまり知られていませんが、なんとも残念です。エンダイブをいただけば、体力を増強させることができるのですから（しかもステロイドより確実に安全です）。

　エンダイブはまた、性欲をもたらすと言われている数多い食べ物の1つでもあります。

緑黄色野菜

Greens

◎一般論

　緑黄色野菜は、スコットランドやアイルランドでは、妖精と関係があります。緑は不幸の色と長いあいだ考えられてきたのは、そのせいかもしれません。また、かつては緑黄色野菜を結婚式のごちそうや祝宴の席で目にすることがまず

なかったのも、同じ理由からでしょう——参列者たちは、妖精を怒らせたくなかったのです[35]。

　民間魔術では、あらゆる緑黄色野菜がお金のために食べられます。

リーキ

Leek

(*Allium* spp.)

支配惑星　　火星
支配元素　　火
エネルギー　加護、体力

◎豆知識

　リーキにまつわる神話や言い伝えはたくさんあります。12世紀のペルシャでは、左耳にリーキを挟んで酒酔い防止にしました。16世紀のイギリスに暮らした植物学者ジェラードは、リーキが悪夢を引き起こすと考えました。当時は、黒い布にリーキを1本包んでこっそり病人の枕の下に入れれば、治癒の効果があると言われていました[56]。またリーキは、火事や雷からもしっかり守ってくれるとみなされていたのです。

◎魔法の使い方

　リーキは、ご推察のとおりねぎと同じ科に属しているので、加護の力に秀でています。言い伝えによれば、ウェールズの兵士たちは、思う存分戦って勝利を手にできるよう、新鮮なリーキで体をこすったそうです。また、リーキの搾り汁には魔法の力があり、怪我をしないよう守ってくれるとも信じていました。リーキは今でもウェールズの国章です[114]。

10. 野菜　　　　105

レタス

Lettuce

(*Lactuca sativa*)

支配惑星　　月
支配元素　　水
エネルギー　平和、お金、禁欲

◎豆知識

　レタスは古代エジプトでミンという神に捧げられました。男根崇拝の神として露骨な姿で描かれているため、100年前まではわいせつなものとみなされていたミンですが、すべての植物を司る神でもあります[23]。

　レタスはミンのお気に入りだったようです。鮮やかな緑色と、芯の部分を強く押すと滲み出てくる乳白色の液体がおそらく性液を連想させたからでしょう。おのずとレタスは、加護や多産と結びついていきました。通常は、墓に収めて、ミンに捧げられました[23]。

　少なくともあるローマ皇帝は、レタスの持つ回復力に大いに心を惹かれました。そして、レタスの像を備えた、レタスのための祭壇をつくったのです[15]。

◎魔法の使い方

　あるメキシコの女性から聞いたのですが、小さい子どもが「赤ん坊のように」泣いたり、はしゃぎすぎたりしたときは、レタスの葉を浮かべた浴槽に入れるだけでいいそうです。そうすれば、子どもは落ち着くと言われました。

　ワイルドレタスには向精神作用が認められ、搾って飲めばたちまち自然な眠りがもたらされました。今日、食料品店でよく目にする玉レタスには向精神作用はほとんど認められませんが、平和や平穏を求めるのであれば、視覚化^{ビジュアライゼーション}をおこないながら食べてください。

　他のサラダ用の野菜と同じで、レタスもお金を引き寄せる食事に加えます。新鮮なディルウィードと一緒にサラダでいただけば、お金が増えるでしょう。

　レタスを食べれば、（他の大半の食べ物とは反対に）性欲が抑制でき、面白い

ことに船酔いも防げます。

きのこ
Mushroom

支配惑星	月
支配元素	土
エネルギー	霊的自覚 （サイキック・アウェアネス）

◎豆知識

古代エジプトできのこを食べたのはファラオたちだけで、一般の人は口にできませんでした。ローマでは、きのこを食べれば体力がつくと信じられていました[53]。

きのこはすべての菌類同様、長いあいだ気味悪がられてきました。たっぷり雨が降れば、たった一晩でいかにも奇跡のように生えてくるところや、驚くほどの繁殖力、そして、この世のものとも思えないその姿ゆえに、数え切れないほどの魔法の呪文の本やおとぎ話に登場しています。

とてもおいしく、何の心配もなく食べられるきのこもありますが、おいしくても命を落としかねないきのこもあります。素人が、食べてはいけない野生のきのこを間違ってとってしまい、それを大自然のなかでおいしくいただいていて亡くなってしまう事故が毎年後を絶ちません。

幻覚物質を含んだきのこはメキシコや南アメリカ、シベリアをはじめ、世界じゅうのさまざまな地域で儀式のために用いられていました[123]。アメリカの一部では、（違法な）薬物として、今でも広く知られています。

◎魔法の使い方

料理に使えるふつうのきのこを食事に加えれば、霊的自覚 （サイキック・アウェアネス） を高められます。

10. 野菜

107

オリーブ

Olive

(*Olea europaea*)

支配惑星　　太陽
支配元素　　風
エネルギー　　精神性（スピリチュアリティ）、健康、平和、セックス（性）

◎豆知識

　オリーブは古代エジプトでアテンに捧げられていました[69]。当時の世界でも絶大な需要があったオリーブオイルが、実はギリシャの没落を招きました。農夫たちは、食用の作物には目も向けず、ほぼオリーブだけを栽培しはじめたのです。その結果、ギリシャは食べ物を輸入に頼るようになり、輸入ラインが断絶すると、ギリシャは飢えに苦しんだのです[104]。

　オイルはさまざまな用途に用いられてきましたが、そこには必ず宗教がありました。宗教および魔術の儀式の両方で用いられる香油をつくるのに、なくてはならない存在だったのです。ギリシャでは、こうした儀式のための香油として最も人気があったのがオリーブオイルでした。

　ローマ人は、料理にバターを使うことを馬鹿にしていました。だからパンにも（私たちが使うバターと同じように）オリーブオイルを使い、食材もオイルで調理しました[104]。

◎魔法の使い方

　精神性（スピリチュアリティ）を高めるための食事に、オリーブかオリーブオイルを加えます。オリーブは、儀式の前にいただくごちそうにぴったりです。

　オリーブオイルを少量加えれば、健康的な食事になります。視覚化（ビジュアライゼーション）を忘れずに！

　オリーブは、平和やストレス発散のためにも食べられます。ちなみに、オリーブ（とオイル）は性欲を高めるのにも適しているそうです。

玉ねぎ

Onion

(*Allium cepa*)

支配惑星	火星
支配元素	火
エネルギー	加護、減量

◎豆知識

　すばらしい街シカゴの名前は、地元のインディアンの言葉で、その地域に自生していた野生の玉ねぎを指す言葉（chicago）からきています[56]。

　古代エジプトの魔法によれば、玉ねぎには、潜在的に危険な幽霊から子どもを守る力があったそうです[23]。エジプトの冬至の祭りに参加した人たちはみな、首から玉ねぎを下げていました[23]。玉ねぎは、ミイラ製作の過程でも役に立ちました[69]。ピラミッドは玉ねぎとにんにくを食べる労働者によってつくられた、と書かれていることがままありますが、当時は労働者にかぎらず、すべてのエジプト人が玉ねぎを食べたのです。古代エジプトの食事の基本は、玉ねぎとパンとビールでした[104]。

　かつてのローマでは、スピードと持久力のために、走者は日々玉ねぎを食べていたと、博物学者プリニウスは書いています[86]。1394年ごろ、アラブの作家がすすめていたのが、玉ねぎとグリーンピースを一緒に茹でて、カルダモン、シナモン、生姜で味つけした料理でした。曰く、これを食べれば性欲が高まったそうです[56]。

　それから300年後、イギリスの植物学者ジェラードが指示したのは、減量のための食事に玉ねぎを用いることでした。カロリーが低いので、減量にはぴったりです。しっかり茹でても、「減量」効果は失われないと、ジェラードは言っています[36]。

　現代のグアテマラでは、性的能力を維持し、子どもをつくるために、男性は高齢になっても玉ねぎを食べています。

10. 野菜

◎魔法の使い方

　独特なツンとするにおいの玉ねぎは昔から、魔法の儀式において大事に用いられてきました。概して玉ねぎを食べると、体から発されるエネルギー流によってつくられる防御の鎧が強化されます。この目的のためであれば、調理法や食べ方は問いません。玉ねぎの辛みが強ければ強いほど、効果も高くなります。玉ねぎは昔から、半分に切ってキッチンにおいておかれました。悪魔を捕まえるためです。

　また、ジェラードがすすめているように、体重を減らしたいなら、その一環として毎日玉ねぎを食べるといいでしょう。

えんどう豆

Pea

(*Psium sativum*)

支配惑星　　金星
支配元素　　水
エネルギー　愛

◎豆知識

　異端審問がおこなわれていたころ、えんどう豆は魔女がよく食べるものと考えられていました。今も昔も変わることなく、地母神に捧げられています。

◎魔法の使い方

　バジル、コリアンダー、ディル、あるいはマジョラムと一緒に調理します。調理の際はこのシンプルな食べ物を、強力に愛を引きつけるものとして、視覚化^{ビジュアライズ}してからいただきましょう。

洋種山ごぼう

Poke

(*Phytolacca americana*)

支配惑星　　火星
支配元素　　火
エネルギー　加護

◎魔法の使い方

　アメリカ原産の植物で、すべての部位にわたって毒があります。例外は若い芽だけです。この部分を調理して食べれば、加護が得られるでしょう。

（編注：必ず加熱し毒抜きをして、適切な調理を行ってください。また摂取量にご注意ください）

じゃがいも

Potato

(*Solanum tuberosum*)

支配惑星　　月
支配元素　　土
エネルギー　加護、慈愛

◎豆知識

　じゃがいもの原産地はペルーです。ペルーでは西暦紀元前3万4000年ごろにはすでに、初めての栽培がおこなわれていました[104]。スペイン（と、のちにヨーロッパ全土）に伝わったのは1534年です[120]。そしてすぐに言われるようになったのです、じゃがいもは性的不能に対して確実に効果がある、と。当時は500グラムのじゃがいもが、千ドルで売られていました[104]。

　ところがスコットランドでは、1728年に一気に需要がなくなりました。聖書に言及されていない、「汚れた」ナス科の有毒植物という理由で、栽培を禁止さ

れたからでした[120]。

アメリカの民間医療従事者たちは、リウマチの治療のため、ポケットにじゃがいもを入れていました[44]。イングランドでは、歯痛に苦しむ人たちが、痛みを和らげるためにじゃがいもを持ち歩きました（歯医者に通いながらであれば、かなり効果もあったでしょう）[35]。

また、新じゃがを食べる人は、願いが叶うと言われています[68]。

◎魔法の使い方

多くの根菜と同じで、じゃがいもも加護の食事に加えます。効果を最大限に高めるなら、玉ねぎ、チャイブ、ディルウィード、ローズマリー、あるいはパセリで味をつけてください。

さらに、支配惑星である月のおかげで、じゃがいもを食べれば慈愛を身につけていくことができるでしょう。

パンプキン

Pumpkin

(*Curcurbita* spp.)

支配惑星　　月
支配元素　　土
エネルギー　癒し、お金

◎豆知識

かつてアメリカには、半分に切ったパンプキンをキッチンに放置しておくと、ネガティブなエネルギーがやってきて、料理を台なしにする、という言い伝えがありました[22]。

10月最後の夜にパンプキンをくりぬいて顔を刻み、なかにキャンドルを灯すアメリカの風習は、子どもたちが同じようにしてつくったかぶを持って歩くイギリスの風習と関係があります。いずれも、悪魔を追い払うためにつくられる

ものです。

パンプキンは、大地の豊かな実りと、時の鎌をふるわれた神の死のシンボルとして、ウイッカンがおこなうサウィンという祝祭に登場することもあります。この丸いオレンジ色の野菜は、地母神のシンボルでもあります。

◎魔法の使い方

健康を願う食事にパンプキンを加えてください。乾燥させてローストしたタネや、おいしいパンプキンパイ、パンプキンパンを食べてもいいでしょう。

栄養のあるパンプキンは、お金も引き寄せます。パンプキンパイをつくったら、お金を引き寄せるエネルギーを持つシナモンや生姜、ナツメグなどを加えて、風味を添えましょう。

はつか大根

Radish

(*Raphanus sativus*)

支配惑星　　火星
支配元素　　火
エネルギー　加護

◎豆知識

かつては、朝食の前に野生のはつか大根を食べれば、その人はムチで打たれることもなく、どんな障害や敵にも打ち勝てると考えられていました。

◎魔法の使い方

加護を求めるなら、スライスして食べます。玉ねぎやピーマンといった、加護のエネルギーを有する他の食べ物と一緒にサラダでいただくのが特におすすめです。

10. 野菜

ルバーブ

Rhubarb

(*Rheum* spp.)

支配惑星　金星
支配元素　土
エネルギー　愛、加護

◎魔法の使い方

　原産地である中国では、今でも薬草として用いられています[(104)]。赤い茎以外すべての部位に毒があります。

　ルバーブは愛の食べ物です。視覚化をおこないながら調理をすれば、その刺激的な味が、刺激的でワクワクする関係を確実にもたらしてくれるでしょう。ルバーブパイや、ルバーブ・ストロベリーパイは究極の愛の食べ物です。砂糖を加えれば（ルバーブの酸味を楽しみたい場合に必要です）、金星の支配を受けたルバーブの愛の特質を閉じこめることができます。

　Ｖ字形に切ったルバーブパイ１切れは、すばらしい加護のデザートです。

海藻

Seaweed

支配惑星　月
支配元素　水
エネルギー　減量

◎豆知識

　海藻（より正確に言うなら海の野菜でしょう）は驚くほど栄養価の高い食べ物ですが、西洋の食事で目にすることは滅多にありません。加工された食品添加剤（海藻から抽出するカラギーナンなど）として用いられるくらいです。

コーンウォールでは、海辺の別荘を火事から守るために、「女性の巻き毛」とも言われる海藻を、煙突の近くの小さな台の上におく風習がありました[35]。

日本人は年間を通して海藻を食べます。また新年にも、幸運を願って昆布を供します[46]。

◎魔法の使い方

体重を減らしたいなら、食事に海藻を加えます。海藻は太古の昔から、この目的のために食べられてきました。昆布は、どこの健康食品店でも購入可能です。

大豆

Soy
(*Glycine max*)

支配惑星　　　月
支配元素　　　土
エネルギー　　加護、霊的自覚（サイキック・アウェアネス）、精神性（スピリチュアリティ）

◎豆知識

大豆と言えば、醤油と豆腐です。醤油は西洋では昔から、中華料理の調味料として人気がありますが、豆腐は、肉の代わりになる栄養豊富な食べ物として、最近やっと広まってきつつあります。ベジタリアンのあいだで特によく知られています。

中国人は大豆を少なくとも2千年にわたって、日本人は千年にわたって食べています[98]。いずれの国でも、たいていは豆腐として食べます。

日本では、各地に点在する農業の神を祀る神社に、「いなり」と言われる豆腐を揚げたものを供えることも認められています[54]。日本では旧暦の新年（節分）に、室内や寺院などで大豆をまきます。ついでこの「幸運の豆」を開け放った窓から外に向かって投げるのです。豆をまきながら、「鬼は外！　福は内！」

10. 野菜　　　115

と言います[54,60]。

　1600年代、仁徳天皇によって確立されたのが「針供養」の風習です。この儀式では、いつもの祭壇に豆腐がおかれます。そしてその豆腐に、女性は1年のあいだに曲がったり折れてしまった針をすべて刺します。これは、身を粉にして働いてくれた人たちの魂と見なす針に、ゆっくり休んでもらうための場所を提供する儀式です[54]。

◎魔法の使い方

　加護の食事に、醤油か豆腐を加えます。塩辛い醤油は、この目的にはぴったりです（もちろん度を超せば健康を害します）。豆腐を、玉ねぎなどの同じエネルギーを持つ野菜と炒めれば、加護が得られます。

　豆腐を食べることで、霊的自覚（サイキック・アウェアネス）が促されたり（肉の代替品を探している人は特に）、精神性（スピリチュアリティ）が高められたりもします。

ほうれん草

Spinach

(*Spinacea oleracea*)

支配惑星	木星
支配元素	土
エネルギー	お金

◎豆知識

　アメリカでは、ほうれん草と言えば、人気アニメの主人公の大好物です。ほうれん草のおかげで、主人公は超人的なパワーを得られます。この緑の葉物野菜は、15世紀にペルシャ（現在のイラン）からヨーロッパに伝えられたようです。そしてすぐに、断食の際に用いられました[45]。

◎魔法の使い方

　ほうれん草を蒸したら、繁栄を求める食事の一環としていただきます。胡麻やナツメグを添えれば、さらなるパワーが得られるでしょう。

スピルリナ

Spirulina

支配惑星　　金星
支配元素　　水
エネルギー　体力

◎豆知識

　今ではメキシコとして知られている地に到着したスペイン人たちは、アステカ人たちが「緑色の泡」や「緑色の泥」とでも言うようなものを食べていることに気づきました。けれどもこの習慣は、現在メキシコシティがある周辺の湖が次々に埋め立てられるにつれて消えていき、何百年ものあいだ緑色の食べ物の正体は謎に包まれたままでした。

　アステカ人たちは、大量のスピルリナ——現代ではすばらしい栄養があると考えられている藻を食べていたようです。スピルリナは70％近くがたんぱく質で、7種類ものビタミンとともに、人間が生きていくうえで欠かせないすべてのアミノ酸も含んでいます[29]。

◎魔法の使い方

　購入可能なスピルリナは、タブレットか粉末状です。粉末を食べ物に加えたり、タブレットだけを摂取してもいいでしょう。視覚化（ビジュアライゼーション）をおこないながら摂取すれば、体力増強が望めます。健康食品店ならどこでも売っています。

10. 野菜

117

スプラウト

Sprouts

支配惑星	さまざま
支配元素	さまざま
エネルギー	さまざま

◎魔法の使い方

　アジアの料理には昔からスプラウトがとり入れられてきましたが[71]、西洋では最近になってサラダやパンに用いられるようになってきただけです。

　概して、どのスプラウトも霊的自覚(サイキック・アウェアネス)を促すのにぴったりです。以下にいくつか、個々のスプラウトとそれぞれのエネルギーを挙げておきます。

　アルファルファ（金星、土）：お金、霊的自覚(サイキック・アウェアネス)

　豆もやし（水星、風）：加護

　もやし（水星、風）：精神性(スピリチュアリティ)

　大豆もやし（月、土）：精神性(スピリチュアリティ)、霊的自覚(サイキック・アウェアネス)、加護

　ひまわりスプラウト（太陽、火）：加護

スカッシュ

Squash

(*Curcurbita* spp.)

支配惑星	太陽
支配元素	火
エネルギー	精神性(スピリチュアリティ)

◎豆知識

　スカッシュ（かぼちゃ類の総称）はすでに西暦紀元前4000年ころ[104]にはアメ

リカで栽培されていました。アメリカ・インディアンの複数の部族が、スカッシュを崇めていました。ホピ族はカチナという精霊を信仰していますが、ある美しい精霊の頭にスカッシュが描かれています。また、スカッシュの花でつくられた首飾りは、このシンプルな植物が本来有していた神聖さを、現代に蘇らせてくれるものです。

◎魔法の使い方

スカッシュは、私たちの周囲にある、目には見えない現実に気づく力を得るための食事でいただきましょう。精神性を高めるのにぴったりの食べ物です。少なくとも、魔法の目的に用いるのであれば、スカッシュは潰しても、焼いても、生のままでもいいですし、エーコン・スカッシュやハバード・スカッシュ、ズッキーニ・スカッシュ（いわゆるズッキーニ）など、どんな種類でもかまいません。

もちろん、スカッシュが苦手な人は多いでしょう。あなたもそうなら、無理に食べなくていいですし、甘いズッキーニのパンを食べてもいいでしょう。

ひまわり

Sunflower
(*Helianthus annuus*)

支配惑星　　太陽
支配元素　　火
エネルギー　加護、成功

◎豆知識

ひまわりは、ペルーのインカ族では太陽のシンボルとみなされていました。儀式のあいだ、太陽の女司祭長の頭上には、ひまわりから想を得た金色の王冠が輝いていました[90]。

ひまわりは「幸運」をもたらすと考えられているので、メキシコの多くの庭

に植えられています。女性は今でも、妊娠の一助になるとひまわりのタネを食べています。アメリカでは、日暮れどきに集めたタネを食べれば、望みが叶うと言われています。

◎魔法の使い方

　ローストしたひまわりのタネを入れた小さなボウルを、両手でしっかりと持ちます。そのタネに、太陽のエネルギー——加護、成功、自信——が満ちるところを視覚化（ビジュアライズ）してください。それからタネを食べて、パワーを体にとりこみます。加護の効果が得られるサラダなどの料理に加えてもいいでしょう。

さつまいも

Sweet Potato

(*Ipomoea batatas*)

支配惑星　　金星

支配元素　　水

エネルギー　愛、セックス（性）

◎豆知識

　1596年のイギリスの料理本には、性欲の刺激を意図したさつまいものタルトのつくり方が載っています[29]。

　よく感謝祭に供される甘いオレンジ色の塊茎はさつまいもで、ヤムイモではありません。もちろんヤムイモは実在の野菜で、アフリカや中南米、西インド諸島では大量に食べられていますが、アメリカではあまり出回っていません。本物のヤムイモは巨大な塊茎で、2メートル前後まで成長し、重さも45キロ以上になります。同じ「いも」でも、私たちが11月にいただくいもとの違いは、一目瞭然でしょう。

◎魔法の使い方

　さつまいもを調理していただけば、愛を与えるのはもちろん、受けとる力も高められます。シナモンや生姜、少量の蜂蜜や砂糖などで風味を添えれば、さつまいもの持つ愛のエネルギーをさらに強めることができるでしょう。

　視覚化（ビジュアライゼーション）をおこないながらさつまいもを調理し、高めた性欲をパートナーとわかち合ってもいいでしょう。その際は、さつまいものパワーをパートナーにきちんと説明してください。

トマト

Tomato

(*Lycopersicon* spp.)

支配惑星　　金星

支配元素　　水

エネルギー　健康、お金、愛、加護

◎豆知識

　アステカ人たちが"zictomatl"と呼んでいた[83]トマトは、昔からある食べ物です。16世紀にヨーロッパに入ってきたときには、好ましくないものとみなされていました。植物学的には茄子と関係があります。葉や花、さらには実を見ても、それは明らかでしょう。実には毒があるとも広く信じられていました。ニュースペイン（メキシコ）の住民が、トマトを食べても元気でいる、という話を聞いても、毒の存在を疑う人は誰もいなかったのです[104]。

　けれども「愛のりんご」（ラブ・アップル）として知られるようになるとようやく、日々の食事にとり入れられていきました。今でもつくられている赤いトマトのピンクッションは、トマトが幸運の食べ物と考えられていた言い伝えの名残です。

　独身女性が、乾燥させたトマトのタネを布に包んでお守りにしていたこともあります。彼女たちは、男性に振り向いてもらえるよう願って、このお守りを首に巻きました[25]。

◎魔法の使い方

　トマトの活用法は多岐にわたります。トマトソースにトマトジュース、それに、サンドライトマトとモッツァレラチーズとバジルという人気の高いイタリアの組み合わせなどなどです。

　健康のためには、生のトマトか、セージやローズマリーと調理したものを食べるといいでしょう。

　バジルやシナモン、ディルウィードなどと混ぜ合わせれば、お金を引き寄せるパワーが特に強い料理になります。

　愛を求める場合は、ローズマリーで味つけをするか、果汁があふれそうなトマトを新鮮なうちに食べましょう。

　加護のエネルギーを体内にとりこむなら、黒胡椒かローリエ、ディル、ローズマリーで風味づけします。

トリュフ

Truffle

(*Tuber melanospermum*)

支配惑星　　金星
支配元素　　水
エネルギー　愛、セックス（性）

◎魔法の使い方

　ローマ人は、雷が落ちてトリュフができたと信じていました[27]。愛を与えたり受けとったりする能力を高めるための食べ物に、トリュフを加えます。その能力が必要でなければ、性欲増強のために食べるといいでしょう。

クレソン

Watercress

支配惑星	火星
支配元素	火
エネルギー	加護、多産

◎豆知識

　太古の世界では、クレソンは意識を高めるものと考えられていました。ギリシャ人（クレソンをカルダモンだと思っていました）は、機知を得るためにクレソンを食べたそうです。古代ローマの人たちは、脳を活性化させるために、辛みのある葉物野菜のクレソンをムシャムシャ食べました[86]。

◎魔法の使い方

　加護の食事に加えます。独特の辛みと、流水域で生息する習性から、この目的にはぴったりです。他の食べ物と同様、視覚化をおこないながらいただきましょう。

　受胎能力促進のためにも食べられます。

10. 野菜

11. 果物

　甘さとさわやかさ、そしていい香りを自然に備えていて、はるか昔から、私たち人間に調理の喜びを与えてくれたのが果物です。

　びっくりしたことがあるのですが、サンディエゴやロサンゼルス、サンフランシスコ、それにハワイ全土で見た仏教徒の祭壇にはたいてい、野菜ではなく果物が供えられていました。なかでも特によく目にするのが、おそらくオレンジです。

　けれども、なぜ野菜よりも果物なのでしょうか。野菜（と穀類）は昔から、人間の食事の要だったからではないかと思います。土のなかや上で育つ野菜に対して、果物は概して樹上になるため、他の食べ物よりも一段と「高尚」に思えたのかもしれません。また果物に対する敬意には、独自の甘さも関係があるのでしょう。

　メソポタミアのざくろ、チュートン人の苺、太平洋諸島の住民のココナッツとバナナ、アヴァロン島のりんご、中国の梨と桃——これらはいずれも、神と直接関係のある果物として大切にされています。

　本章では、人気のある果物はもちろんのこと、今では食料品店や直売所でしか目にしない希少な果物もとりあげるように努めました。ちなみに食べ物の魔法の世界では、最もなじみのある果物にも、新たな重要性——自己変革のツールとしての可能性——が認められています。

りんご

Apple

（*Pyrus malus*）

支配惑星	金星
支配元素	水
エネルギー	愛、健康、平和

◎豆知識

　先史時代、スイスの湖上住居に暮らしていた人たちは、りんごをよく食べていました[105]。これは、今でもその地からりんごの遺物が発見されていることから明らかです。りんごは、旧石器時代というかなり昔から食べられていたのかもしれません。

　古代エジプトでは貴重な食べ物でした。ラムセス３世は、ナイル川の神ハピに、りんごを入れたカゴを848個も捧げました[23]。古代スカンジナビアの人たちは、イズンという女神を、保存したりんごの守り神と考えていました。食べると、そのりんごは女神と男神に永遠の若さを与えたのです[90]。りんごを食べると好色になるという伝説があったことから、古代スカンジナビアの司祭長^{プリースト}たちは、りんごを口にすることを禁じられていたと言われています[62]。ヨルバ族は今でも、シャンゴという神にりんごを捧げています。

　りんごの木はかつて、イングランドの聖なる島アヴァロンのいたるところで自生しており、イギリス諸島の精神性^{スピリチュアリティ}と密接に関係していました。

　りんごは、必ずよくこすってから食べられていたことがあります。りんごのなかにいると考えられていた、悪魔や悪霊をすべて、きれいにとりのぞくためです。新鮮なりんごなら、香りをかぐだけで長生きでき、衰えてきた体力も回復できると信じられていました。

◎魔法の使い方

　「**愛**」：新鮮なりんごをそのまま食べます。皮にハートを刻んでから食べてもいいでしょう。アップルサイダーを飲みます。アップルパイを焼きます（シ

11. 果物

125

ナモン、生姜、砂糖で風味づけしてください）。恋人と１つのりんごをわけ合って食べましょう。

「**健康**」：アップルサイダーを入れたグラスを、両手のひらで持ちます。両手のあいだでサイダーのなかに健康と癒しのエネルギーが流れこんでいくところを視覚化（ビジュアライズ）してください。ついで、あなたの体の自然治癒能力の高まりを視覚化（ビジュアライズ）します。自分が癒されるところを想像しましょう。それからサイダーを飲みます。視覚化（ビジュアライゼーション）をおこないながら、よく切れるナイフでりんごを三等分にしてもいいでしょう。切ったら、３つともすべて食べてください。

「**平和**」：アップルソース、アップルケーキ、アップルダンプリングなど、りんごを使ってつくったものを食事に加えましょう。

杏

Apricot

(*Prunus armeniaca*)

支配惑星　　金星
支配元素　　水
エネルギー　愛、平和

◎豆知識

　杏の起源はおそらく中国で、早くも西暦紀元前2000年には栽培されていました[71]。西暦1562年にはすでに、イングランドに伝えられています。

◎魔法の使い方

　果肉たっぷりの果物で、愛を高める食事に加えるのにぴったりです。生のままでも調理してもかまいません。愛のためにおすすめの飲み物は、果肉と砂糖と水を合わせたアプリコットネクターです。

　「**愛のソース**」：お湯を加えた鍋で熟した杏を煮こみ、柔らかく煮崩します。味見をして、必要なら蜂蜜か砂糖を少量加えてください。ブレンダーかフードプ

ロセッサーにかけてなめらかにしてから、バニラアイスにかけましょう。愛を
誘うごちそうです。

　また、どんな形であれ杏を食べれば、平和のエネルギーを高められます。

アボカド

Avocado

（*Persea americana*）

支配惑星　　金星
支配元素　　土
エネルギー　美、愛

◎豆知識

　中央アメリカでは、少なくとも7千年にわたってアボカドを食べています。ア
ステカ人がつくったのが、アボカドとトマトとチリペッパーを合わせたもので、
私たちが今日いただいているワカモレによく似ていました。彼らはまた、アボ
カドには催淫効果があると考えていました。

◎魔法の使い方

　さらなる美しさを求める場合、熟したアボカドを両手で持ちます。できるだ
け力強く、自分の新たな姿を視覚化（ビジュアライズ）してください。そのまま視覚化（ビジュアライゼーション）を続けな
がら、アボカドの皮を剥いて食べます。美しさに磨きをかけるなら、少なくと
も1日に1個は（そのまま）食べてください。

　アボカドは、愛を求める食事にも効果があります。

11. 果物

バナナ

Banana

(*Musa* spp.)

支配惑星	火星
支配元素	風
エネルギー	精神性（スピリチュアリティ）、愛、お金

◎豆知識

インドの聖典のいたるところで言及されているのがバナナであり、今でも聖なる食べ物と考えられています。ヒンズー教の神々に供される貴重なバナナの葉を用いて、結婚の祭壇が飾られます[2]。

太平洋沿岸の地域では、生け贄（にえ）を捧げる儀式の際に、人間の代わりにバナナの木の茎（「木」とは言いますが、実際には木ではなく、草本植物です）が捧げられたことがありました[7]。バナナの木は、命を奪われた英雄たちの体から生まれた、という伝説がポリネシアにはあります[7]。

かつてのニューオーリンズでは、幸運を願って家のそばでバナナを育てました。ハワイでは、大きなバナナの葉に包んだ食べ物には、負のエネルギーが入りこめないと考えられていました[7]。

バナナの詳細な起源はわかっていませんが、インドの人たちが、この滑りやすい果物を西暦紀元前2000年ごろにはおいしく食べていたのは確かです。また、西暦500年にはアフリカに、西暦1000年ごろにはポリネシアに、そして熱帯アメリカには15〜16世紀のあいだに伝わったことも[71]。バナナが北アメリカの消費者に紹介されたのは、1876年のフィラデルフィア万国博覧会のときです。それからすぐに、何千トンものバナナが輸入され、おいしさに感動した大勢の人が買い求めました[2]。今日私たちが食べているバナナのほとんどは、エクアドル産です。

1960年代、バナナの皮はマリファナの代わりに吸われたことがありました。言うまでもなく、バナナの皮を吸ったところでほとんど、もしくはまったく何の影響もありませんでしたが、面白いことに、実はバナナの皮にはごく少量です

が、精神活性物質のセロトニンやノルエピネフリン、ドーパミンが含まれているのです[52,71]。ただ幸い、バナナの皮を吸ってもほとんど効果がなかったので、流行はすぐに終わりました。

皮が鮮やかな黄色のバナナは食べないでください。バナナの味が苦手という人は、熟したバナナを食べたことが一度もないのかもしれません。バナナが熟すのは、皮が茶色くなってきてからです。皮に茶色い斑点がたくさん現れてくればくるほど、甘さが増します。

◎魔法の使い方

バナナは、空に向かって伸びる茎の上の方になります。そんなバナナを食べれば、精神性（スピリチュアリティ）を活性化させられます。生か、焼きバナナか、繊細な中華のごちそうの、飴をかけたバナナ（バナナ飴）を選びましょう。

バナナは、愛と繁栄の食事にも加えます。

ブラックベリー

Blackberry

（*Rubus villosus*）

支配惑星　　　金星
支配元素　　　水
エネルギー　　お金、セックス（性）

◎魔法の使い方

ブラックベリーは伝統的に収穫祭のあいだに食べられます。

ブラックベリーパイを焼いたり、ブラックベリージャムを食べたり、生のブラックベリーを摂取すれば、お金を引き寄せられます。ボウルいっぱいのオーツ麦シリアルに生のブラックベリーを散らせば、お金を呼びこむおいしい朝食になるでしょう。また、おいしくてタネの多いベリーを食べれば、セックス（性）への関心も増します。視覚化（ビジュアライゼーション）を忘れずに！

11. 果物

ブルーベリー

Blueberry

(*Vaccinum frondosum*)

支配惑星	月
支配元素	水
エネルギー	加護

◎魔法の使い方

　このネイティブ・アメリカンのおいしい食べ物は、加護の食べ物という名の兵器工場に加えるのにぴったりです。視覚化しながらいただけば、魔法の防御組織を強化してくれるでしょう。

　いくつかアドバイスを挙げておきます。ブルーベリーパイを食べましょう。加護のエネルギーを持ったスパイス（12章を参照）を添えたコーヒーケーキに、ブルーベリーを加えてください。ブルーベリーアイスクリームを召しあがれ。茶碗によそった炊いたお米かコーンフレークに新鮮なブルーベリーを散らした朝食なら、加護のエネルギーが倍になります。

　加護のエネルギーがあるキッチンのお守りをつくるなら、新鮮なブルーベリーをつぶしてください。そこに指をつけて、白い紙に潰した汁をつけた指で五芒星（付録の「シンボル」の項を参照）を描いてキッチンに（見えないように）おいておけば、キッチンそのものはもとより、キッチンにしまってある食べ物や、キッチンで調理する食べ物も守ってくれます。

スターフルーツ

Carambola

(*Averrhoa carambola*)

支配惑星	太陽
支配元素	火

エネルギー　加護

◎豆知識
　スターフルーツ（カランボラ）は、ごく最近市場で目にするようになってき
た「新しい」果物です。インドネシア原産[89]で、熟したものが手に入るのは冬
です。フロリダやテキサス、カリフォルニアでは、商業目的のものが栽培され
ています。私はデンバーやハワイの店頭でも見ました。
　楕円形の黄色い実にはめずらしい畝があります。この畝のおかげで、輪切り
にすると星型になります。通常は甘く引き締まった実で、サクサクとした食感
です。タネも皮もすべて食べられます。

◎魔法の使い方
　初めてスターフルーツを見たときには、五芒星によく似た形にびっくりしま
した。おいしい果物です。視覚化をおこないながら輪切りにしたら、そのま
まいただくか、加護のエネルギーがある料理に加えるのがいいでしょう。スター
フルーツのスライスと粒のままのブルーベリー、マンゴーチャンク、パイナッ
プルのスライス、粒のままのラズベリー、タンジェリンを何房か。これらを和
えれば、加護のエネルギーを持ったフルーツサラダが出来上がります。スター
フルーツのスライスは、加護のエネルギーを有する他の食べ物に添えてもいい
でしょう。

さくらんぼ

Cherry
(*Prunus* spp.)

支配惑星　　金星
支配元素　　水
エネルギー　愛

11. 果物

131

◎魔法の使い方

桜の花が咲くと、もうすぐ赤くて丸い実が熟すとワクワクします。

できるだけ愛を視覚化^{ビジュアライズ}しながら、とびきりおいしいチェリーパイをつくりましょう。土台のパイ皮に、軽くハートを描いてから焼きます。愛情あふれる関係を築いている自分のイメージを心に描きながら、毎日1切れずつ食べていき、1ホール完食してください。

シトロン

Citron

(*Citrus medica*)

支配惑星	太陽
支配元素	火
エネルギー	力

◎豆知識

エジプトでシトロンが最初に用いられたのは西暦2世紀でした[23]。クリスマスのフルーツケーキに入っている以外、あまり目にしないかもしれませんが、かつては世界じゅうでとても大切にされていたのです。プリニウスは、シトロンが古代エジプトではアモンを祀る寺院周辺で栽培されたと書いています。シトロンは、ゼウスとヘラの結婚を祝って、ガイア（エジプトの大地の神）がつくったと考えられていました。この神話が誕生したのは明らかに、エジプトにギリシャ神話が入ってきたときです[23]。

地中海の国々では今でも、シトロンは「悪魔の目」を追い払うために用いられています。

◎魔法の使い方

新鮮なシトロンは滅多に手に入りませんが、砂糖漬けにしたものを、体力増強のための食べ物に加えるといいでしょう。

クランベリー

Cranberry

(*Vaccinium oxycoccus*)

支配惑星　　火星
支配元素　　水
エネルギー　加護

◎豆知識

　北アメリカとヨーロッパ原産[53]のクランベリーは、イギリスからアメリカにわたったピルグリム・ファーザーズに紹介されるよりもずっと前から、インディアンたちが食べていました[53]。

　クランベリーの近縁種は、ハワイに生息しているオヘロベリー（Vaccinium reticulatum）という、より標高の高いところで見られる、背の低い植物です[58]。果汁たっぷりの赤い実の味は、クランベリーに似ていますがもっと甘く、ジャムにされます。また、ハワイ島にあるキラウエア火山のカルデラの縁に建つボルケーノ・ハウスで供される有名なオヘロベリーパイにも欠かせません。

◎魔法の使い方

　クランベリーの酸味は加護の食べ物にぴったりです。加護を求める食事のときに、甘いクランベリーのソースをいただいてください。

デーツ

Date

(*Phoenix dactylifera*)

支配惑星　　太陽
支配元素　　風
エネルギー　精神性、力

11.　果物

133

◎豆知識

　デーツは、すでに4万8千年前には一部の地域に自生していたかもしれません。そして人々は昔からずっと、デーツを食べてきたのです[104]。

　かつては、死者の霊が食べるものと考えられていました[35]。バビロニア人は、乾燥させたデーツを、私たちがキャンディーを食べるように食べていました[104]。神々にも捧げました。バビロンとディルムン産のデーツは、スライスしてオイルに浸したパンに乗せて、アヌに供されました。エア、シャマシュ、マルドゥクにも、同じように捧げられました[24,51]。デーツのシロップはメソポタミアで人気の甘味料でした。また、デーツからつくったワインも聖なる飲み物でした[104]。デーツの木は、古代の多産のシンボルでした。

◎魔法の使い方

　デーツの味と食感を楽しみたいなら、精神性（スピリチュアリティ）を高める食事に加えてください。甘みを加える調味料は、デーツの砂糖（デーツシュガー）に変えます。おいしい実を1粒ずつ食べるだけでもいいでしょう。

　また、デーツを食べれば、体力を増強できます。

　受胎能力を向上させる食事に欠かせません。

いちじく

Fig

(*Ficus carica*)

支配惑星　　金星

支配元素　　火

エネルギー　力、お金、セックス（性）

◎豆知識

　いちじくはしばしば、エジプト人の墓の絵画やレリーフに描かれます。古代のテーベでは、ファラオのラムセス3世がアメン＝ラーにいちじくを1万5,500

個も捧げました[23]。いちじくは、トトを崇める儀式をはじめ、ある種の儀式のあいだにも食べられていたようです[23]。

いちじくは古代ギリシャでは神聖なもので、ディオニュソスやジュノーはもとより、たくさんの神々と関係がありました。

いちじくは、実は果物ではありません。私たちは、蕾のような形をした空洞のなかに、未成熟の花と成熟した種が詰まったものを食べているのです[90]。

◎魔法の使い方

ギリシャ人のようにいちじくを食べれば、体力とエネルギーを得ることができます。お金を引き寄せる食事に加えてもいいでしょう。

いちじくを食べれば、性欲と受胎能力も高めることができます。いちじくは、ケン・ラッセル監督の映画『恋する女たち』の一場面を経て、性欲的な食べ物という本来の評価をとり戻しました。

いちじくを使った人気商品といえばお菓子のフィグニュートンで、いずれの目的にも用いることができます。

ぶどう

Grape, Raisin
(*Vitis vinifera*)

支配惑星　　月
支配元素　　水
エネルギー　夢、豊穣、お金

◎豆知識

古代エジプトのたいていの墓には、ぶどうが収められていました[23]。

かつてラムセス3世は、エジプトの国民がつくった干しぶどうを詰めた1万1,872もの壺を供えました[23]。ギリシャとローマでは、ディオニュシオスとバッ

カスそれぞれの神に捧げられました。

◎魔法の使い方

　ぶどうを食べると、夢が見られます[22]。また、受胎能力を高めることもできます。温暖な地域の庭に植えれば、周辺の他の植物を元気にしてくれるでしょう。

　緑色のぶどう１房を、銀貨で隙間なく囲みます。両手をぶどうにかざしながら、自分の人生にお金がやってくるところを視覚化（ビジュアライズ）し、それから食べます。あるいは、食事にぶどうの果汁かゼリーを加えるだけでもいいでしょう。

　「干しぶどう」：天日で乾燥させてつくるので、支配惑星は太陽、支配元素は火になります。食べれば意識を高めることができます。

グレープフルーツ

Grapefruit

(*Citrus paradisi*)

支配惑星　　太陽

支配元素　　水

エネルギー　　浄化

◎魔法の使い方

　グレープフルーツは、インドとマレーシアで４千年も前から栽培されてきました[53]。

　果汁を飲むか、半分に切ったものをおいしくいただけば、浄化ができます。

グアバ

Guava

（*Psidium guajava*）

支配惑星	金星
支配元素	水
エネルギー	愛、浄化

◎豆知識

　グアバの原産地はメキシコ、中央アメリカ、ブラジル、ペルーです。グアバといえばハワイと思いがちですが、ハワイに伝えられたのはせいぜい100年前にすぎません。けれどもうすでに、ハワイの民間魔術にはしっかりととり入れられています。ハワイのフィリピン人家庭では、葬儀から帰ってくると、身を清めるために、グアバの葉を茹でた後の水で足を洗うことがよくあります[18]。

◎魔法の使い方

　新鮮なグアバは、アメリカ本土のほとんどの市場ではまず手に入りません。今ここで挙げられる近縁種の果物といえば、フェイジョアなどです（ただし本物のグアバではありません）。けれども、ときどき農家の人たちが直接売っているのを見かけます。特に多いのが、メキシコとの国境近くです。そんな幸運に恵まれなくても、グアバのゼリーやネクターなら、簡単に入手できます（付録の「通信販売の情報」を参照してください）。

　ハワイでは多くのパン屋で、グアバのシフォンケーキのようなめずらしい品を並べています――一度食べたら忘れられない味です。メキシコの料理人たちは、あれこれ工夫してグアバのペーストを料理に用いています。

　グアバも愛の食べ物です。視覚化（ビジュアライゼーション）をおこないながら、グアバの果汁かネクターを飲みましょう。グアバの甘さは、きたるべき甘い関係の前兆です。

　グアバのネクターを飲めば、体内の浄化もできます。

11. 果物

金柑

Kumquat

(*Fortunella* spp.)

支配惑星　　太陽
支配元素　　風
エネルギー　お金、「幸運」

◎豆知識

　この小さな黄金色の果物の原産地は中国です。中国人は、新年の祝祭に金柑の小枝を交わして、新たな年が幸運とお金に恵まれるよう願います。

◎魔法の使い方

　あなたの人生に「金」をもたらすことを目的とした食事に、この果物を加えます。金柑をそのまま食べてもいいでしょう。幸運が活性化されます。

レモン

Lemon

(*Citrus limon*)

支配惑星　　月
支配元素　　水
エネルギー　愛、幸せ、浄化

◎豆知識

　おそらく中国原産のレモンが、西洋で初めて注目を集めたのは、イギリスの船乗りたちに、長い航海中の壊血病を予防するために、ビタミンCの豊富なレモン果汁が支給されたときでした。のちに、レモンからライムの果汁に代わり（効果は同じながら、ライムの方が安価だったためです）、イギリスの水兵たち

は「ライムの果汁」をもじって、侮蔑的に"Limey"と呼ばれました[104]。

レモン風味の食べ物は、ウイッカの月にまつわる祝祭で用いられます。

◎魔法の使い方

レモンは愛の果物ですが、最大限の効果を求めるのであれば、砂糖と一緒に用いてください。レモンパイやイギリスのレモンカード、レモンプディングはいずれも愛を高めてくれます。かつて女性は、夫が夜に出歩かないよう願いをこめて、レモンパイを供しました。身持ちの悪い男たちも、このデザートを食べると、妻に愛されていると感じました。

友人たちとの気のおけない食事の席で、(レモンチキンなどの) レモンを使った料理をいただけば、温かな雰囲気に包まれ、幸せももたらされます。

体内を浄化する場合は、半分に切ったレモンを水の入ったグラスに搾り、そのまま飲み干してください。酸っぱい果汁は健康にいいだけではなく、体力も増強できます。

この水に加えたレモン果汁は、ネガティブな癖や思考パターンを払拭するためのあらゆる儀式の際にも飲んでください。

ライム

Lime

(*Citrus limetta*)

支配惑星　　太陽
支配元素　　火
エネルギー　愛、浄化

◎豆知識

現代のペルーでは、浄化の儀式のときにシャーマンたちが甘いライム果汁を使います[97]。

11. 果物　　139

◎魔法の使い方

　ライムの用い方はレモンとまったく同じ——愛と浄化をもたらします。

　伝統的なフロリダのデザート、キーライムパイは愛を高めてくれますし、私個人の大好物の１つでもあります。このパイは、視覚化（ビジュアライゼーション）をおこないながらつくってください。ライムの皮の緑色の部分から小さなハートを切りとり、パイに飾って供してもいいでしょう。

マンゴー

Mango

（*Mangifera indica*）

支配惑星	火星
支配元素	火
エネルギー	加護、セックス（性）、愛

◎豆知識

　マンゴーはインドとマレーシア原産で、両国では４千年前から栽培されています[58]。西暦紀元前600年ごろ、インドではブッダの瞑想用に特別なマンゴー園が贈られました。ヴェーダ期の魔女たちは、マンゴーを用いて愛の媚薬をつくりました[106]。今日では、ヒンドゥー教徒たちがさまざまな宗教的祝祭において、豊穣と幸せのシンボルとしてマンゴーの葉を用いています[58]。

　マンゴーは、中央アメリカとメキシコではことのほか人気があります。グアテマラの女性は、性的興奮を得るために、肉厚で果汁たっぷりのマンゴーを食べます。ハワイでは、夢にマンゴーがたくさん現れると、じきに成功が訪れると言われています[102]。

　このベタベタする果物を食べるときには、五感すべてを動員します。果肉の食感や赤みを帯びた金色。果汁の香り。かんだときの音。そして舌もとろける味。私は、食べ終わったときには果汁まみれ、ということがよくあります。マンゴーというインドの聖なる果物との出会いに心から満足したときは特にそう

です。

◎魔法の使い方

　マンゴーは、加護の食事に効果があります。とはいえ、ツタウルシや毒ウルシと同じ科に属する植物ですから、果皮の汁に触れるとかぶれる人もいます。皮は絶対に食べないでください！　きれいに皮をむいてから、おいしくいただきましょう。

　新鮮なマンゴーを食べると、性欲が高まったり、愛が強まります。食べ物の魔法で大事な 視 覚 化 ^(ビジュアライゼーション) を忘れないでください。 視 覚 化 ^(ビジュアライゼーション) をおこなわずにただマンゴーを食べただけでは性欲は高まりません。魔法の変化がもたらされるのは、 視 覚 化 ^(ビジュアライゼーション) をおこなったときだけです。したがって、小さな子どもたちにも安心して食べさせられます！

ポドフィルム

May Apple

（*Podophyllum peltatum*）

支配惑星	水星
支配元素	火
エネルギー	愛、お金

◎豆知識

　ポドフィルムはアメリカハッカクレンとも言われます。東部および中西部の州のいたるところで自生しています。

　私のファイルには、ポドフィルムパイとジャムのレシピがあります。果実は安全ですが、根には毒がありますから、決して口にしないでください。ポドフィルムの根は、インディアンの部族であるヒューロン族やイロコイ族のあいだで、自ら命を絶つときに飲むお茶に用いられていました。

◎魔法の使い方

英語で「5月のりんご」と呼ばれるポドフィルムを食べれば、愛やお金がもたらされます。

メロン

Melon

支配惑星　　月
支配元素　　水
エネルギー　癒し、浄化

◎豆知識

ハネデューとカンタロープはすでに西暦紀元前2000年には食べられていました。メロンの原産地はアフリカとインドです[53]。エジプト人は、西暦紀元前2400年にハネデューメロンを食べていたと言われています[53]。北アメリカ大陸のジプシーたちのあいだでは、メロンは愛を高める食べ物として用いられていました[14]。

◎魔法の使い方

概してメロンは、健康をもたらす食事に加えられます。適切な視覚化をおこないながら、新鮮なメロンを1日に1回食べましょう。クレンショウでも、マスク（カンタロープとも言われます）、ハネデュー、キャッサバでも、あらゆる品種が大丈夫です。またメロンは、浄化、それも特にネガティブな癖や考え方を打ち破りたいときに食べられます。本章の「西瓜」の項も参照してください。

142　　　第2部　食べ物の魔法

桑の実

Mulberry

(*Morus rubra*)

支配惑星　　水星
支配元素　　風
エネルギー　叡智、豊穣、霊的自覚^{サイキック・アウェアネス}

◎豆知識

　木になるめずらしいベリーで、かつてはミネルヴァへの貢物と考えられていました[90]。ケイジャン人の植物療法と音楽に関する未発表論文でレイ・T・マールボロは、よりよい未来をのぞき見る占いをおこなう前に桑の実が食べられていたと述べています。豊穣を求める際にも食べられます[67]。

◎魔法の使い方

　熟した実を食べれば、叡智が得られます。豊穣を願う食事の一環としていただいてもいいでしょう。また、霊的自覚^{サイキック・アウェアネス}を高めるための食事に加えてもかまいません。

ネクタリン

Nectarine

(*Prunus* spp.)

支配惑星　　金星
支配元素　　水
エネルギー　愛

◎魔法の使い方

　ネクタリンの名前の由来は、神の飲み物を意味するギリシャ語"nekter"で

す[(53)]。皮がツルツルしたネクタリンは、実は桃の一種です。

　愛の食事に、新鮮なネクタリンを加えましょう。

オレンジ

Orange

(*Citrus sinensis*)

支配惑星　　太陽

支配元素　　火

エネルギー　愛、浄化

◎**豆知識**

　おそらく中国原産のオレンジは、神々への特別な貢物として用いられました。中国では、新年にオレンジを贈り合って、広く幸福と繁栄が訪れることを願います[(3)]。

　かつては酒酔い防止として食べられました。面白いことに、今でもさまざまな混合酒に新鮮なオレンジのスライスが添えられています。

◎**魔法の使い方**

　オレンジの花が結婚式で用いられているのを見たことがある方たちは驚かないと思いますが、オレンジは昔から、愛を刺激する果物なのです。愛をもたらす食事に加えてもいいでしょう。ただし果汁は、体内に入ると、「性欲を妨げる」と言われています。つまりオレンジの果汁と果肉そのものは、友人や家族とわかち合う精神的な愛をもたらすのです。

　体内をすばやく浄化したいなら、さわやかな果汁があなたの体を内側からきれいにしてくれるところを視覚化（ビジュアライズ）しながら、毎朝オレンジジュースを飲みます。搾りたてを飲むのが一番です。

　オレンジフラワーウォーターは、愛のデザートに用いられることがあります。オレンジフラワーウォーターでホイップクリームに風味をつけましょう。バニ

ラアイスクリームに少量混ぜてもいいでしょう。あらゆる食べ物に加えてかまいません。ただし、必ず本物を使ってください（グルメ御用達の店で探しましょう）。

パパイア

Papaya
(*Papya carica*)

支配惑星　　月
支配元素　　水
エネルギー　愛

◎豆知識

　パパイアは熱帯アメリカ原産のようです。インカ族やマヤ族が食べていましたし、今でもメキシコでは人気の果物です[85]。100年ほど前にハワイに紹介され、あっというまに普及しました。

　パパイアは花のような味がします。香りが苦手、という方が多いですが、私はそう思ったことは一度もありません。消化酵素のパパインが含まれています。ハワイの海でスキンダイビングをしたり泳いだりする人たちは、電気クラゲに刺された痛みを除去するために、パパイア（あるいは、パパインが大量に含まれている食肉軟化剤）を使います。グアテマラでは、男性が媚薬としてパパイアを食べます。女性はマンゴーです。

◎魔法の使い方

　愛を求めるなら、果肉を食べるか、果汁を飲みます（通常は砂糖を加えた「ネクター」です）。パパイアのタネをサラダに散らせば、一段と愛を刺激できるでしょう。

11. 果物

パッションフルーツ

Passion Fruit

(*Passiflora edulis*)

支配惑星	月
支配元素	水
エネルギー	愛、平和

◎豆知識

　ツル植物で、原産はブラジルです[89]。この熱帯のツル植物のめずらしい花と、十字架へのはりつけを結びつけて考えるキリスト教の言い伝えがあります。聖書が浸透している土地では育たないので、なんとも奇妙な話です。

　パッションフルーツは、怒りを鎮め、友情を育むために用いますが、特に顕著に用いるのがケイジャン人です[67]。

　果実は卵くらいの大きさで、熟すと通常は紫色になって、シワが寄ります。1つの実から得られる果汁は大さじ1杯もありません。新鮮なパッションフルーツが、アメリカの多くのスーパーで売られています。

◎魔法の使い方

　ハワイでは「リリコイ」と呼ばれるパッションフルーツの果汁は、とても酸っぱいものの、酸味を減らして甘みを際立たせれば、濃厚でなんとも言えない味わいになります。

　愛の食事に加えてください。幸いパッションフルーツの果汁は現在、さまざまな果物を合わせた「トロピカルパンチ」の香料として人気があるので、なんらかの形で簡単に入手できるでしょう。

　甘みをつけた果汁は、平和のためにも飲まれます。

桃

Peach

(*Prunus persica*)

支配惑星　　金星
支配元素　　水
エネルギー　愛、健康、幸せ、叡智

◎豆知識

　西暦7世紀にいた中国の有名な女性の何仙姑は、不思議な桃を食べて仙女になりました。以来彼女は真珠の粉と月の光を食べて暮らし、不死を手に入れたのでした[3]。

　桃は昔から、中国では神聖な木で、そこから不老不死の神が現れる場面が描かれることがときにあります。「タネ」は、彫って鍵の形にし、死を防ぐお守りとして子どもにわたします。新年には、玄関先に桃の花をまいて、ネガティブな気が入ってこないようにします[3、114]。

◎魔法の使い方

　新鮮な桃や、桃のジャム、パイを食べれば、愛を与えたり受けとったりする力を高めることができます。また、中国では何世紀にもわたって言われているように、桃を食べれば（適切な 視 覚 化 をおこないながら、です）、健康や幸せ、叡智を増すこともできます。

洋梨

Pear

(*Pyrus communis*)

支配惑星　　金星
支配元素　　水

11．果物

エネルギー　長寿、お金

◎豆知識

　中国の言い伝えでは、洋梨の木は、300年にもわたって実をつけ続けることができるそうです。並外れた長命ゆえに、洋梨を食べれば、その魔術で人間も命が伸びます。

　古代ギリシャではアテナが、洋梨の木の母として崇められました。ロシアでは、牛を守るために洋梨のお守りをつけました[112]。アメリカでは、感謝祭に「幸運」を願って洋梨を食べます[46]。

◎魔法の使い方

　長寿とお金を願って食べられます。そのまま食べても、パンに加えたり、タルトなどのデザートでいただいてもいいでしょう。

アメリカ柿

Persimmon

(*Diospyros virginiana*)

支配惑星　　金星
支配元素　　水
エネルギー　幸せ

◎魔法の使い方

　北アメリカ原産で、大きなオレンジ色の実をつけます。幸せや喜びの食事に加えてください。アメリカ柿のエネルギーを人生にとり入れるなら、ジャムでいただくのがおすすめです。

パイナップル

Pineapple

(*Ananas comusus*)

支配惑星	太陽
支配元素	火
エネルギー	癒し、お金、加護、愛

◎豆知識

　かつてのアメリカでは、パイナップルはもてなしのシンボルでした。家具や親柱といった家のなかのものにはしばしば、パイナップルが彫られました。果実は、メキシコの癒しの儀式に用いられています[109]。

◎魔法の使い方

　生、あるいは火を通したパイナップルを、癒しの食事に加えます。パイナップルを食べれば、お金を得られるでしょう。

　パイナップルは、一見相反していながら魔術的に変化してつながる 2 つのエネルギー、加護と愛に役立ちます。

プラム

Plum

(*Prunus* spp.)

支配惑星	金星
支配元素	水
エネルギー	加護、セックス（性）

◎豆知識

　ヨーロッパの家庭では、プラムの枝をドアや窓の上において、ネガティブな

気が入ってこないようにしていました[35]。中国では、悪霊を防ぐために実を食べたそうです。長寿のためにも食べられました。プラムを乾燥させたプルーンは、性的興奮を引き起こすと考えられています。エリザベス朝の売春宿では、客に無料で供されました（こうした場所で無料だったのは、恐らくプラムだけでしょう）[29]。

◎魔法の使い方

　甘酸っぱいプラムを食べれば、内なる加護が得られ、性欲を刺激できます。視覚化を忘れずに！

ざくろ

Pomegranate

(*Punica granatum*)

支配惑星	水星
支配元素	火
エネルギー	豊穣、創造性、お金

◎豆知識

　メソポタミアと地中海沿岸諸国では、タネの多いざくろは神と密接につながっていました。ヒッタイト人は、彼らの農業の神アイブリッツがざくろを授けてくれたと考えました。ギリシャ人は、ざくろを持ったゼウスを描いています。また真っ赤なタネは、果実がディオニュソスの血から生じたことを示していました。さらに、かつてのユダヤ教の象徴主義においても、象徴的な役割を担っていました[23]。

　古代の遺跡にはざくろを表現したものがあふれています。たとえば、ツタンカーメンの墓から発掘された、有名なざくろをかたどった銀の壺などです。古代のエジプトでは、ざくろがお金として――物々交換と現金の両方で――用いられていました[23]。

ざくろは、バビロニアの結婚の宴席で供されました。またアジアの結婚式で
も、ざくろのタネが参列者に配られました。私たちがナッツの入ったボウルを
出すのと同じです。

　現代のアメリカでは、ざくろは「幸運」の果物と伝えられています。最初の
タネを食べる前に、必ず願いごとをします。

◎魔法の使い方

　秋の祝祭、特にサウィン（ハロウィン）にぴったりの食べ物です。タネを覆
う果汁たっぷりの真っ赤な種衣は、これから訪れる冬の日々も、生きとし生け
るものに血が通い続けることを象徴しています。

　ざくろはタネの多さから、豊穣の魔法に用いられました。恐らくこれは「迷
信」だったでしょうが、ざくろのタネは、多産を目的とした食事に加えること
もできます。視覚化《ビジュアライゼーション》をおこないながら食べるだけです。または、ざくろを食
べれば（あるいは濾した果汁を飲めば）創造性が刺激されることもあります（一
言で豊穣と言っても、中身は多岐にわたるのです）。

　視覚化《ビジュアライゼーション》をおこないながらざくろを食べれば、収入アップが促されます。お
金を使う前に新鮮なざくろのタネでこすっておけば、そのお金は必ず戻ってき
ます。ただし、レジの前でこするのはやめましょう。

ウチワサボテン

Prickly Pear

（*Opuntia* spp.）

支配惑星　　火星
支配元素　　火
エネルギー　加護

◎魔法の使い方

　スペイン語で「トゥナ」と言われるウチワサボテンの果実はおいしく、果汁

11. 果物　　　151

たっぷりです。南西部のスーパーに並ぶこともあります。茎から直接実をとることもできます。ただし、トゲで指を刺さないように気をつけてください（店頭で売られているものは、トゲがとってあります）。

驚くほど甘く、とてもおいしい実です。加護の食事の一環として食べてください。ウチワサボテンのゼリーやジャムは食料品店で購入することもでき、それらを食べても加護が得られるでしょう。

マルメロ

Quince

(*Cydonia* spp.)

支配惑星　　土星
支配元素　　土
エネルギー　　愛、加護

◎豆知識

ローマの博物学者プリニウスは、マルメロの実が悪魔の力を防ぐ、と書きました[86]。古代ギリシャでは、マルメロは愛と幸せのシンボルでもありました。結婚したばかりの夫婦がよく食べたのがマルメロです[64]。ヨーロッパには、マルメロを愛の魔法に用いたジプシーたちもいました[14]。

◎魔法の使い方

今日マルメロを一度も食べたことがない人は多いですが、だからと言って、引け目を感じる必要はありません。おいしくいただくには、一手間が必要です。マルメロを用いた料理を食べるだけで、愛が刺激されます。加護の食事にマルメロを加えてもいいでしょう。

ラズベリー

Raspberry

(*Rubus idaeus*)

支配惑星　　金星
支配元素　　水
エネルギー　幸せ、加護、愛

◎魔法の使い方

　好き勝手にもつれているラズベリーの茂みには、なんとなく魔術的な雰囲気があります。白い花と深紅の実と鋭いトゲが、世界じゅういたるところで目にするラズベリーに、謎めいた印象を与えています。ラズベリーは、ハワイの島々を通る人気のない道で、手入れをされなくてもしっかりと自生します。

　熟した実の香りは、パックに詰められていても、鼻腔をくすぐります。香りを楽しみ、おいしくいただいて、幸せを手にしましょう。ラズベリーは、加護と愛の両方を得るのにも役立ちます。

苺

Strawberry

(*Fragaria vesca*)

支配惑星　　金星
支配元素　　水
エネルギー　愛

◎豆知識

　苺の原産地はアメリカとヨーロッパです[71]。ローマ人は自宅の庭に植え[71]、かつてのヨーロッパでは、愛と豊穣の女神フレイヤに捧げました。

◎魔法の使い方

　このおいしい果物は、愛の食事で力を発揮します。例を挙げましょうか？
ストロベリーアイスクリーム。チョコレートに浸した苺。スライスした苺と丸
ごとのラズベリーを、刻んだ新鮮なミントの葉少々と混ぜたもの。あなたなら
きっと他にも、苺を使った、愛を高めるワクワクする一品を考えつくでしょ
う。

タマリンド

Tamarind
(*Tamarindus indicus*)

支配惑星	土星
支配元素	水
エネルギー	愛

◎魔法の使い方

　原産地はインドです。豆のような長い形をした実は、見た目がいいとは言い
難いですが、メキシコでは"tamarindo"というさっぱりとしておいしい、甘
い飲み物がつくられています。現地では愛を高めるために飲まれているのかど
うかはわかりませんが、きっとそうでしょう。

タンジェリン

Tangerine
(*Citrus* spp.)

支配惑星	太陽
支配元素	風
エネルギー	加護

◎豆知識

　私はかつて、食料品店に向かうためにアジアの住宅密集地を歩いていたこと
がありました。いつもどおり、道端に止めてある車のなかをジロジロと覗きな
がらです。そして一台の車に目を奪われました。バックミラーから下がってい
たのは、よくある赤と金色の加護のお守りです。ただ車の持ち主はそれと一緒
に、乾燥したタンジェリンがついたままの小枝を1本、吊るしていたのです。驚
いて二度見してから、思わず笑みがこぼれました。タンジェリンが、アジアで
は加護の果物と言われていることを思い出したからです。タンジェリンは、現
代の仏教徒の祭壇にもごくふつうに供されています。

◎魔法の使い方

　太陽の果物であるタンジェリンは、太陽のエネルギーをたっぷり持っていま
す。タンジェリンを食べれば、自分を体のなかから守ることができます。新鮮
なタンジェリンをキッチンのテーブル（あるいは、もしあれば自宅の祭壇）に
おいておけば、タンジェリンがあなたの家を守ってくれます。短い休暇や旅行
の際に特に効果的です。必要に応じて新しいものと替えてください。役目を果
たしたものは、地面に埋めます。

西瓜

Watermelon

（*Citrullus vulgaris*）

支配惑星	月
支配元素	水
エネルギー	癒し

◎豆知識

　西瓜以上にアメリカ人が好きな食べ物があるでしょうか。ワイルドライスや
トウモロコシ、じゃがいもなど、多くの植物と比べてもです。アフリカ原産の

西瓜が我が国にもたらされたのは、我が国の歴史上最も残念で最も野蛮な時代
——人身売買がおこなわれていた時代でした[29]。

　西瓜がエジプトに伝わったのは、西暦紀元前2000年ごろです[71]。古代エジプ
ト人たちは、西瓜の果汁とワインを混ぜたものを病人に飲ませました。病人は、
病気をもたらす悪魔にとりつかれていると信じられていたからです[69]。神話で
は、西瓜はセトという男神と関係があり、エジプトの女性たちは、体重を増や
すために西瓜を食べていたようです[69]。

　ハワイでは、玄関から外へと西瓜を転がしていくことがあります。亡くなっ
た人の魂が、心安らかに来世へ行けるようにするためです[18]。

　西瓜は、ヨルバ人の多神教において、イェマヤという女神に捧げられていま
す。

◎魔法の使い方

　暑い夏の日にいただく、よく冷やした西瓜ほどさわやかなものはありません。
癒しの果物です。視覚化（ビジュアライゼーション）をおこないながら、そのままいただきましょう。メ
ロンのさまざまな品種と同様、香りだけでも癒されます。

12. スパイスとハーブ

　スパイスはかつて、金よりも価値がありました。遠い国々から、とてつもない高値で輸入されたのです。中国ではシナモンがつくられました。セイロン（現在のスリランカ）で栽培したのは黒胡椒です。モルッカ諸島はクローブの原産地でした。インドとザンジバルでつくったのは生姜です。バンダ諸島はナツメグを輸出しました。

　それぞれの原産地でスパイスは、そのままだとパッとしない食べ物を引き立てるために、惜しげもなく用いられました。けれどもヨーロッパでは値段ゆえに、料理への使用を禁じられたのです。代わりに貴重なスパイスは、もっぱら医療と儀式に用いられました。エジプト、ギリシャ、ローマでは、神々に供物として捧げられて焼かれたり、医薬品に付加されたりしました。何百年もの年月と、費用の急激な低下を経てようやく、ヨーロッパでも食べ物の風味づけに使われるようになるのです。

　今日でも高値がついているクローブの瓶（30グラムにつきだいたい3ドルで小売りされています）。かつてはクローブのせいで、戦争が巻き起こったのです。スパイスのために、男たちは殺し合ったのでした。

　スパイスの血まみれの歴史と切っても切れないのが、政治紛争と奴隷制度です。政治紛争が収まり、奴隷制度も廃止され、赤道近くの土地で、きちんと利益のあがるスパイス農場ができるようになってきたのは、ほんの50年ほど前からにすぎません。けれどおかげで収穫量も増え、価格も下がってきました。

　もう西洋の国々では、香りのいい貴重な品を宗教的な儀式に用いることはありませんが、スパイスは変わらず、私たちを魅了し続けています。

ハーブ

　ハーブとは何でしょう。専門家のあいだでも意見はわかれます。もともと「ハーブ」とは、木質茎の多年生植物を指す言葉でした。今日では、原則として、強い香りと風味、それと（あるいは）薬効成分を有する植物全般を指しています。

　最初の薬は、植物からつくられました。かつての人々を見守っていた、女神と男神への最初の貢ぎ物もしかりです。何世紀ものあいだ、村の賢明な女性や魔女たちの食器棚には、香りのいい花や葉、タネ、樹皮がいっぱい詰まっていました——たくさんの神秘的な儀式に使うものでした。

　現代のハーブは、ほぼ贅沢品に分類されます。昔はどの家庭にもキッチンガーデンがありました。今日では、シェフはスーパーへ走って新鮮なハーブを買い求めます。家庭で使う芳香剤のような香料入りの製品の香りは、たいてい工場でつくられたもので、植物から抽出したものではありません。植物が持つ自然な薬効成分が、人工的につくられ、人工的な製剤に混ぜ入れられるのです。

　けれども、癒しや儀式、調理に用いるハーブの価値は絶えることなく人々の興味を引きつけていました。おかげで、このかぐわしい植物の多くに再び光が当たるようになってきました。

　スパイスもハーブも、単なる香りのいいもの以上の価値があります。慎重に選び、視覚化をおこないながら加えることで、魔法の目的にかなった特別なエネルギーを付加し、たくさんの料理の栄養価を高めることができるのです。

　本章では、ハーブが、必要な変化をいかにしてもたらしてくれるのかも述べながら、さまざまな用途を有するハーブについて見ていきます。以下に、ハーブを魔法の料理に用いる際の簡易ガイドを記します。

　——愛の食べ物には、愛のハーブやスパイスを、加護の料理には、加護の香りのものを、といったように、それぞれの料理にふさわしいハーブやスパイスを使いましょう。（加護の香りの）西洋わさびを愛の食べ物に加えれば、食べ物に望む効果が打ち消されてしまいます。

――ハーブやスパイスは、食べ物の香りを巧みに引き立てるために用いるべきで、食べ物本来の香りをかき消したり、変えてしまったりしてはいけません。味見をしながら、少しずつ加えていきましょう。

――レシピに書いてあるドライハーブの代わりにフレッシュハーブを使う場合は、レシピの分量の2.5倍用意してください。

――ドライハーブやスパイスを使う際は、まず必要な量を量って、清潔で平らなお皿かカウンターに広げます。そしてしっかりと 視 覚 化 をおこなってください。利き手（ものを書く方の手です）の人差し指をスパイスの真ん中におきます。 視 覚 化 をおこないながら、その指でスパイスのなかに、あなたの目的を表すシンボルを描きます（371ページの「シンボル」の項を参照）。あとはふつうに料理に加えてください。

オールスパイス

Allspice

(*Pimenta officinalis*)

支配惑星　　木星
支配元素　　土
エネルギー　お金、癒し

◎魔法の使い方

　原産地は西インド諸島とアメリカの熱帯地方です。小さな丸い実は、シナモンとナツメグとクローブを混ぜた香りがすると言われています。
　お金や癒しの食べ物に加えてください。

アニス

Anise

(*Pimpinella anisum*)

支配惑星　　木星
支配元素　　風
エネルギー　愛

◎魔法の使い方

　ウェディングケーキの香りづけに用います。夫婦の愛がいつまでも続くよう力を貸してくれるでしょう。アニスクッキー（つくり方は、クッキーのレシピ本ならどれにでも載っています）も、愛を深め、確かな絆を結ぶのに役立ちます。

バジル

Basil

(*Ocimum basilicum*)

支配惑星　　火星
支配元素　　火
エネルギー　愛、加護、お金

◎豆知識

　インドのハーブで、長く、ワクワクする魔法の歴史があります。ヨーロッパに紹介されるとたちまち、料理にはもちろん、魔法にも用いられるようになりました。

　有名な植物学者カルペパーは、「妊娠初期の女性は、流産の危険があるので、（バジルの）香りを決してかいではいけない」と述べています[56]。他にもバジルに関しては、あまり長いこと香りをかいでいると、頭のなかでサソリが繁殖す

る、という言い伝えもあります。要するに、頭痛がしてくる、ということでしょう[56]。

　アメリカやメキシコの一部のラテン系の女性は、身持ちの悪い夫の浮気をやめさせるために、自分の体にバジルパウダーをふりかけます[101]。

◎魔法の使い方

　バジルの香りがする食べ物は、やさしい気持ちを呼び起こします。(バジルや松の実などを入れた) バジルペーストのソースを (金星が支配する小麦でつくった) 麺にかければ、すばらしい愛の食べ物になります。

　加護を求める場合は、適切な 視 覚 化 をおこないながら用意した、バジル風味の食べ物をいただきます。お金をもたらす食べ物にも加えてください。

　最大の効果を得るには、フレッシュバジルを使うことです (ほとんどのスーパーには、フレッシュハーブのコーナーがあります。青果物の棚を探してみましょう)。いざとなればドライハーブを使ってかまいませんが、フレッシュハーブほどの効果は期待できません。

ローリエ

Bay

(*Laurus nobilis*)

支配惑星　　　太陽
支配元素　　　火
エネルギー　　加護、霊 的 自 覚、癒し、浄化

◎豆知識

　ギリシャやローマの神々との長きにわたる関係があるローリエは、オリンピックの勝者の冠に使われました。また、古代ギリシャ・ローマ時代の世界では、多くの神々に捧げられました。

　アメリカでは、食事のとき、自分のお皿にローリエが入っていた人は、願い

12. スパイスとハーブ

161

ごとをしました。ローリエが願いを叶えてくれたのです[46]。

◎魔法の使い方

　ローリエの力は、今日でも昔と変わらず強力です。したがって、加護や
霊的自覚、癒し、浄化の食べ物に加える際は、控えめにしましょう。
_{サイキック・アウェアネス}

黒胡椒

Black Pepper

(*Piper nigrum*)

支配惑星　　火星

支配元素　　火

エネルギー　加護、浄化

◎豆知識

　あなたはふだん、サラダに黒胡椒をもう少し足してほしいとか、食べ物に何
かスパイスをもっとかけてほしいと、よく考えることもなく、気軽にウェイター
に頼んでいるかもしれませんが、黒胡椒は、長い歴史を持った古代植物なので
す。

　ギリシャではすでに西暦紀元前500年には薬として用いられていました[104]。現
代では最も一般的な調味料が、当時のギリシャでは、婦人科の疾病を治療する
ために利用されていたのです[104]。アジアでは４千年以上も前から、料理にも医
薬にも使われています。アメリカが、世界の他の国々に追いつくには、少し時
間が必要でした。

　私は、黒胡椒の歴史をほんの少しかじっただけで、すぐに興味をそそられま
した。そしてついに1984年、実際に生きて支柱に巻きついている黒胡椒を見る
幸運に恵まれたのです。ハワイのホノルルにあるフォスター植物園でのことで
した。

　ちなみに黒胡椒は、唐辛子（チリペッパー）とは関係ありません。

◎魔法の使い方

チリやトマトジュース、ナチョスなどの加護の食べ物に加えます。視覚化^{ビジュアライゼーション}をおこないながらふりかけてください。当然、挽きたてが一番です。

浄化の食事にも用いられます。とても強力です。黒胡椒はもちろん、他のスパイスも、かけすぎないようにしてください。

キャラウェイ

Caraway

(*Carum carvi*)

支配惑星　　水星
支配元素　　風
エネルギー　セックス（性）、愛

◎豆知識

キャラウェイシードの化石が、スイスの先史時代の湖上住居から見つかっています。つまりこのよくあるハーブは、何千年も前から使われてきているのです。西暦500年ごろ、ペルシャ人たちは、通貨として最も人気があったキャラウェイを詰めた袋で税金を払ったこともありました[56]。

◎魔法の使い方

キャラウェイの実（通常はキャラウェイの「タネ」^{シード}と誤解を招くような名前で呼ばれています）は昔から、性欲を高めることで有名です。実をそのままかむか、食べ物に加えれば、効果を得られます。これだけでもキャラウェイは、あなたの期待どおりの結果をもたらしてくれるでしょう。けれども、視覚化^{ビジュアライゼーション}をおこないながら用いれば、あなたに本当に必要なものをもたらしてくれるかもしれません。愛の食べ物にも加えましょう。

忘れないでください、キャラウェイシードを加えた食べ物を誰かに供しても、その人が、食事をする前からその気になっているならいざ知らず、そうでなけ

12. スパイスとハーブ

れば、すぐにあなたとセックスをすることはありません。

カルダモン

Cardamom

(*Elletaria cardamom*)

支配惑星　金星
支配元素　水
エネルギー　愛、セックス（性）

◎豆知識

　ギリシャはすでに西暦紀元前400年には、東洋からカルダモンのタネを輸入していました。のちにその高値のため、カルダモンはローマで最も人気のスパイスとなりました[71]。今日でも、カルダモンシードは依然として高価です。サフランとバニラに次ぐ高級スパイスです[71]。

◎魔法の使い方

　タネをつぶすと、このうえなくすばらしい香りがします。愛とセックス（性）と昔からつながりがあり、両方を高めるのに役に立ちます。カルダモンシード少量で、コーヒーやハーブティーに風味を添えましょう。愛や性欲のためにおいしいものを食べたいなら、カルダモンクッキーを焼いてください。

ハコベ（チックウィード）

Chickweed

(*Stellaria media*)

支配惑星　月
支配元素　水

第2部　食べ物の魔法

エネルギー　減量

◎魔法の使い方

　シンプルでありふれたこのハーブは、「肥満を阻止する」と言われています[90]。ダイエットをしたいなら、少量を食べ物に加えてください。葉を何枚か、サラダに散らしておいしくいただくのが一番です。

　スーパーでは購入できませんが、国じゅうの荒れ地で自生しています。ハーブか植物の識別ハンドブックを持って、摘みに行きましょう！

チコリ

Chicory

（*Chicoriurn intybus*）

支配惑星　　太陽
支配元素　　風
エネルギー　愛

◎魔法の使い方

　チコリコーヒーを飲んだことがある人の多くが、好きになります。このコーヒー——コーヒー豆と、刻んで焙煎したチコリの根を合わせたもの——が効果を発揮するのが愛です。

シナモン

Cinnamon

（*Cinnamomum zeylanicum*）

支配惑星　　太陽
支配元素　　火

12. スパイスとハーブ

165

エネルギー　愛、霊的自覚（サイキック・アウェアネス）、お金

◎豆知識

　古代エジプト人は西暦紀元前1450年にはすでに、シナモンを医療と宗教に用いていました[104]。ラムセス３世は西暦紀元前1200年、このいい香りのするスパイスを大量に神々に捧げました。ギリシャでは、ディオニュソスへの貢ぎ物の列に加えられています[24]。

　アメリカで売られているシナモンの大半は、ラベルの表記に関わらず、実際はカッシアです。カッシアは色が濃く、通常は赤茶色ですが、本物のシナモンは淡黄色です[71]。けれども実際のところ、味についても魔法の効果においても、両者に違いはありません。

　シナモンは愛のスパイスです。りんごに添えれば、力は倍になります。シナモンで風味づけしたアップルソースは、すばらしい愛の食べ物です。シナモンをたっぷり効かせたアップルパイも。

　朝から愛を高めたいなら、小さじ１杯のシナモンパウダーを用意し、ハートの形になるよう、トーストの上に慎重にかけてください。視覚化（ビジュアライゼーション）をおこないつつナイフできれいに広げてから、いただきます。

　お金や霊的な食べ物にシナモンを加えてもいいでしょう。

クローブ

Clove

(*Syzygium aromaticum; Caryophyllus aromaticus*)

支配惑星　　木星

支配元素　　火

エネルギー　愛、お金、加護

◎魔法の使い方

　クローブは、加護の食べ物に控えめに加えるだけで、すばらしいスパイシー

な香りを添えてくれます。愛やお金の食べ物にも効果的です。少量をいただい
てください。

コリアンダー

Coriander
(*Coriandrum sativum*)

支配惑星　　火星
支配元素　　火
エネルギー　愛、セックス（性）

◎豆知識

　中央アメリカの多くのキッチンには、「悪魔」よけに、新鮮な葉のついたコリ
アンダーの小枝がおかれています。

◎魔法の使い方

　コリアンダーは愛のハーブです。果実（タネと誤解されています）を、適切
な食べ物に、適切な 視 覚 化 をおこないながら加えてください。パウダー状に
した果実をグリューワインに加えて飲めば、性的行為への欲望を高めることが
できます。

クミン

Cumin
(*Cuminum cyminum*)

支配惑星　　火星
支配元素　　火
エネルギー　平和、幸せ

12. スパイスとハーブ　　　167

◎豆知識

　クミンはエジプトの神々のお気に入りでした。少なくとも、多くのファラオ
がそう考えて、このハーブを大量に捧げたのです。ギリシャでは、ネガティブ
な魔法から身を守るために、首に巻かれました。メキシコ料理に使われるスパ
イスのなかでも、最も人気のあるものの１つです。

◎魔法の使い方

　平和と幸せの食べ物に加えてください。

ダンデライオン（たんぽぽ）

Dandelion

(*Taraxum officinale*)

支配惑星	木星
支配元素	風
エネルギー	霊的自覚

◎豆知識

　刻んで乾燥させて焙煎した根は、かつて中国茶の代用品として飲まれていま
した。今でも、コーヒーの代わりにこのお茶を好んで飲む人がたくさんいます。
視覚化をおこないながら飲めば、霊的自覚を高めることができます。

ディル

Dill

(*Anethum graveolens*)

支配惑星	水星
支配元素	火

エネルギー　意識、お金、減量、愛

◎豆知識

　私たちにとってなじみのあるディルといえばピクルスだけですが、その歴史を知ると、驚くかもしれません。エジプト人はすでにディルを知っていて、イムセティのものと考えていました。イムセティはアメスティとも言われ、ホルスの4人の息子の1人です。ミイラにする人の内臓を保存しておくカノプス壺を守っていました[23]。古代ギリシャ人は、ディルの果実（タネ）をお金として用いていました[56]。戦いの前に力をみなぎらせるため、ローマの剣闘士は、ディルの香りをつけたオイルで体をこすり[94]、皇帝たちは、自分の治世が長く無事に続くことを願って、ディルの冠を戴きました[56]。

　ヨーロッパの人たちは昔から、ディルを呪文や儀式に用いています。フランスでは、ディルは強力な「悪魔」よけでした。スペイン人は、悪魔を追い払うために、ディルを小さく切ったものを衣服につけておき、ドイツの花嫁は、「幸運」を願って、ディルを使ったブーケを持ちました[56]。

　地中海地域原産の植物ですが、世界じゅうに広まっています。インドでは今でも、新鮮なディルの茎が、料理用としても、加護用としても売られています[56]。

　数世代前には、ぐずる子どもをおとなしく寝かせるために、ディルウォーターを飲ませました。ルネサンス時代の植物療法でも、ディルは同じ目的で処方されました。鎮静を目的として、かんだり、食べたり、ベッドにおかれたりしたのです[56,94]。

◎魔法の使い方

　ディルが時代を超えて絶えず民間魔術や宗教に用いられてきたのはおそらく、強くさわやかな香りのためでしょう。そのパワーはいまだに忘れられてはいません。寝る前にピクルスを食べると、奇妙な夢を見ると言われています。妊婦は、ディルの風味を効かせたピクルスを無性に欲することがあります。

　ディルの葉を添えた魚料理は、脳を「活性化」し、知的能力の増強につながると言われていますが[56]、正しいかもしれません。理由は2つ。ハーブそのものの効果と、魚料理は他のものに比べて消化にいいという事実ゆえです。

12. スパイスとハーブ

知性の惑星である水星の支配を受けているので、ディルシード（実際は果実です）やウィード（葉を乾燥させたもの）は、意識を使う能力を高めるための食事に加えるといいでしょう。

　また、ディルの風味を添えた食べ物をいただけば、あなたの人生にお金がもたらされ、仕事がうまくいく一助となり、手にするお金を賢明に使えるようになります。この目的にぴったりなのが、ディルの風味を効かせたピクルスです。

　他にも、ディルはどんな奇跡をもたらしてくれるのでしょう。何世紀にもわたって、ディルは体重を減らすために用いられてきました。減量は多くの人が目指すところであり、それを達成するのに役立つと言われているのが、ディルティーやピクルスです。だからと言って、ホットファッジサンデーにディルを散らして食べ、減量の魔法の効果を期待してもダメです。

　ディルは愛の食べ物にも加えられます。

フェンネル

Fennel

(*Foeniculum vulgare*)

支配惑星　　水星
支配元素　　火
エネルギー　体力、減量、加護

◎**魔法の使い方**

　香りのいいタネで、体力増強を目的とした料理に加えてください。フェンネルは何百年も前から、体力増強に用いられています。

　さらに、ダイエットのための食事の一環としても活用されます。加護の食事にも加えてください。

にんにく

Garlic

(*Allium sativum*)

支配惑星　　火星
支配元素　　火
エネルギー　加護、健康

◎豆知識

　はるか昔、にんにくは正気を失った人に与えられました。にんにくが正気を
とり戻してくれると信じられていたからです[23]。ローマ人は、新たに征服して
手にした土地という土地に、にんにくを広めました。またローマの兵士は、に
んにくを食べて勇気を奮い起こしました。

　地中海周辺、特にイタリアでは、にんにくはすばらしい「魔よけ」と考えら
れていました。東ヨーロッパに伝わるこの手の発想のもう1つの例が、バンパ
イアに対する臭いにんにくの力です。

　1597年に、あるイギリス人が書いています。「夜、ベッドの脇においたにんに
くのにおいに気づかなければ、その女性は間違いなく妊娠している」[56]。

　にんにくはかつて、果樹にネズミを寄せつけないとも考えられていました。

◎魔法の使い方

　新鮮なにんにくの強烈なにおいと味は、加護の食事に効果的です。にんにく
が好きならぜひ、我が身を守るための食事に加えてください。

　健康のために、毎日新鮮なにんにくをひと玉食べるべきだと言う専門家もい
ます。にんにくが大好きな人には、何の問題もないでしょう（にんにくアイス
クリームが大好物だと言う人もいます）。毎日ひと玉食べるのはちょっと、とい
う人は、健康維持のために、日々の食事に少量のにんにくを加えるだけでも大
丈夫です。視覚化をおこないながら調理をしていただいてください。ただし、
使うのは生のにんにくだけです。フリーズドライタイプや乾燥させたもの、瓶
詰めのにんにくは絶対にダメです！

12. スパイスとハーブ

生姜

Ginger

(*Zingiber officinalis*)

支配惑星	火星
支配元素	火
エネルギー	愛、お金

◎豆知識

　生姜の原産地はアジアで、西暦紀元前340年ごろ、アレキサンダー大王によって西洋にもたらされたようです[56]。中国人は、死者に食べてもらうために生姜を墓に収め、出産時には母子をともに守るため、生姜の一部を戸口の上から吊るしました。また、神々との交信のツールともみなしていたようです。中国と香港では、昔も今も、宗教的な捧げ物として欠かすことはできません[19]。

　太平洋諸島の住民は、癒しの儀式の際に新鮮な生姜の根茎*をかみ、海では、かんだ生姜を接近してくる嵐に向かって吐きつけ、嵐を止めました。

　本書は食べ物にまつわるものですから、ぜひとも書いておいた方がいいでしょう。10セント硬貨大の砂糖漬けにした生姜1かけは、胃のむかつきに最もよく効く薬の1つです。スライスした新鮮な生姜の上から熱いお湯を注いでつくるジンジャーティーも同様です。

◎魔法の使い方

　西洋の料理では生姜はめったに使われないのですが、こんなに用途の広いものを使わないのは、とても残念です。ただし使う場合は、香りが強烈なので控えめに。

　ジンジャーブレッドとジンジャーエールは、本物の生姜を使ってつくられている場合、いずれも愛を高めます。この性質を有する他の料理に生姜を加えてもいいでしょう。食事に生姜をとり入れる一番簡単な方法は、視覚化（ビジュアライゼーション）をおこないながら、砂糖漬け（もしくは砂糖で煮た）生姜1かけをかむだけです。舌がヒリヒリするのではと心配になるかもしれませんが、そんなことはありませ

ん。確かに辛いですが、唐辛子ほどではないですから。とはいえ、10セント硬貨よりも大きいものは食べないでください。

　生姜で風味づけをした食べ物は、収入アップにも秀でています。言わずもがなですが、視覚化をおこないながら調理していただいてください。

＊根のように見える、地中に伸びる茎です。

西洋わさび

Horseradish

（*Cochleria armoracia*）

支配惑星　　火星
支配元素　　火
エネルギー　浄化、加護

◎**魔法の使い方**

　アメリカには、満月の夜に掘った根からつくった西洋わさびが最高だとの言い伝えがあります（このときの西洋わさびが一番ピリッとする、というのです）[46]。あらかじめつくっておいたホースラディッシュソースを浄化と加護の食事に加えてください。ただし、癖のある独特な味ですから、苦手なら無理に食べるのはやめましょう。

リコリス

Licorice

（*Glycyrrhiza glabra*）

支配惑星　　金星
支配元素　　水

12. スパイスとハーブ　　173

エネルギー　　愛、セックス（性）

◎**豆知識**

　ローマのプリニウス曰く、リコリスの根を1かけ口に入れておけば、空腹や喉の渇きを防げるそうです[59]。

　アメリカの民間魔術では、赤い毛糸で2本のリコリスの根を縛って十字架をつくれば、けがやネガティブなことから守られると言われています[101]。

◎**魔法の使い方**

　リコリスと、それにちなんで名づけられたリコリス菓子は、昔から愛と性欲に関係があります。人工香料が添加されたリコリス菓子には特別なエネルギーはありませんが、今でもときどき見かける天然のリコリスの根から抽出された成分でつくられた黒いリコリス菓子をかめば、愛に効果があるでしょう。健康食品店を探してみてください。見つからない場合は、愛や、充実した性的行為を視覚化（ビジュアライズ）しながら、リコリスの根を1かけかみます。

メース

Mace
(*Myristica fragrans*)

支配惑星　　木星
支配元素　　土
エネルギー　　霊的自覚（サイキック・アウェアネス）

◎**魔法の使い方**

　メースはナツメグのタネの表面を覆っている鮮やかな赤い色の仮種皮を乾燥させたスパイスです。霊的自覚（サイキック・アウェアネス）を強めるための食べ物に少量加えてください。

マリーゴールド

Marigold

(*Calendula officinalis*)

支配惑星　太陽
支配元素　火
エネルギー　幸せ、加護

◎豆知識

　数世紀前、マリーゴールドはディルやセージと同じようにありふれた植物でした。鮮やかなオレンジ色の花びらは、カスタードづくりに用いられたり、スープやシチューに加えられたりしました。その花の色と生命力は、秋冬の食べ物を彩るのにぴったりです。

　本物のマリーゴールド（メキシコ種 "Tagetes spp." と混同しないでください）の花を乾燥させてつくったお茶は、幸せを求めて飲まれました。

◎魔法の使い方

　幸せをもたらす食べ物に、新鮮なマリーゴールドの花びらを加えます。加護の食べ物に加えて、そのエネルギーを強化してもいいでしょう。

マジョラム

Marjoram

(*Origanum marjorana*)

支配惑星　水星
支配元素　風
エネルギー　愛、平和

◎豆知識

　プリニウスによれば、ローマやギリシャのあちこちの庭で、マジョラムの一
種（ゴールドマジョラム）が自生していたそうです。花が咲けば、庭の持ち主
には大金が約束されました。けれども枯れてしまうと、持ち主は破滅の危機に
陥りました。ベニスでは、1400年代までこの言い伝えが信じられていたのです[56]。

◎魔法の使い方

　愛の食べ物に用いてください。カップ1杯の水に、マジョラムとタイムを合
わせたもの小さじ1杯分を浸しておき、その水でいれたお茶を飲みます。
視覚化をおこないながら、蜂蜜で甘みをつけてください。マジョラムは、平
和の食べ物にも用いられます。

マスタード

Mustard

(*Brassica* spp.)

支配惑星　　火星
支配元素　　火
エネルギー　加護、勇気

◎豆知識

　ギリシャ人は、ギリシャ神話に登場する名医アスクレピオスがマスタードを
発見したと信じていました。アメリカには、旅行の際にマスタードのタネを持
ち歩けば、事故にあわないという言い伝えがあります[46]。

◎魔法の使い方

　マスタードのタネを用いてつくられるのが、おなじみのスパイシーなマスター
ドソースです。視覚化をおこないながらいただけば、マスタードは加護と勇
気をもたらすすばらしい食べ物です。大量に摂取する必要はありません。でき

あいのマスタードを少量使うか、他の食べ物にタネを数粒加えるだけで大丈夫です。

ナツメグ

Nutmeg

(*Myristica fragrans*)

支配惑星	木星
支配元素	火
エネルギー	霊的自覚 <small>サイキック・アウェアネス</small>

◎魔法の使い方

強力なスパイスです。霊的自覚<small>サイキック・アウェアネス</small>を促す食べ物に少量加えるといいでしょう。グラスに入れたエッグノッグの上から少し散らします。視覚化<small>ビジュアライゼーション</small>をおこないながら飲めば、霊的自覚<small>サイキック・アウェアネス</small>を高めることができます。

ナツメグを大量に摂取すると嘔吐を催しますから、小さじ1杯程度のごく少量で十分です。

オレガノ

Oregano

(*Origanum vulgare*)

支配惑星	水星
支配元素	風
エネルギー	平和

◎魔法の使い方

イタリア料理の定番で、平和をもたらしてくれるすばらしいハーブです。食

べ物、特にチーズピザに散らせば、平和のエネルギーを与えてくれます（ただ
し、肉をトッピングしたピザにオレガノを使っても、効果は消されてしまいま
す）。

パセリ

Parsley

(*Petroselinum sativum*)

支配惑星　　水星
支配元素　　風
エネルギー　加護、セックス（性）、お金

◎豆知識

　パセリは昔から、秘術と関係がありました。今日でもメキシコ人は、頭痛を
治すためにパセリの小枝を耳に挟みます[115]。ヨーロッパの園芸家たちのあいだ
では、パセリをきちんと育てたければタネをまくときに呪いの言葉も一緒に土
に埋めること、と今も言われています。

◎魔法の使い方

　シェフたちがいまだに料理のお皿にパセリの小枝を添えるのはどうしてなの
でしょう。今日の目的は、あくまでも飾りです。けれどもかつては、料理が人々
の口に入るまでに「悪魔」に汚されないよう、パセリが守っていたのです。

　パセリは加護のハーブですが、栄養もあります。パセリを栽培するか新鮮な
ものを購入して毎日少量食べれば、あなたが持って生まれた霊体の鎧を強化す
ることができます。フレッシュ（あるいはドライ）パセリを加護の食べ物に加
えれば、その食べ物のパワーを高められるでしょう。

　フランスでは、パセリは性欲を高めると評判です。そう言われるようになっ
たのは、ディオスコリデスの時代まで遡ります。彼は古代ギリシャの植物学
者です。自らが著した植物書で、パセリは「精神的および肉体的な性欲を誘発

する」と述べています。

　ルイジアナの現代の魔法の実践者たちは、お金を引き寄せるなら、魔法のパ
セリ風呂に入るよう言います[67]。粗目の薄い綿布を二重にして大きな四角をつ
くり、そこに約2カップ分のフレッシュパセリ（あるいは4分の3カップ分の
ドライパセリ）をおきます。それから、パセリがこぼれないようしっかりと布
を縛って湯船に浮かべます。お風呂に浸かりながら、視覚化（ビジュアライゼーション）をおこなってく
ださい。

ペパーミント

Peppermint

（*Mentha piperita*）

支配惑星　　水星
支配元素　　風
エネルギー　セックス（性）、浄化、癒し

◎魔法の使い方

　ペパーミントティーは、古代ギリシャのころから、性的行為への関心を高め
るために用いられてきたようです。鎮静効果の方が強力だ、というのが多くの
方の思っていることでしょうが、試してみる価値は間違いなくあります。

　ペパーミントのお茶は、個人的な浄化の儀式の一環としても飲まれます。浄
化を視覚化（ビジュアライズ）しながら、小さじ1杯分のドライハーブをティーカップに入れて、沸
騰寸前の熱湯を注ぎ、13分浸したあとで飲みます。癒しにも同じお茶が用いら
れます。

　ペパーミントの代わりに、スペアミント（明るい緑色のハーブで、通常は単
に「ミント」として売られています）を使ってもいいでしょう。

12. スパイスとハーブ

けしの実

Poppy

(*Papaver* spp.)

支配惑星　　月
支配元素　　水
エネルギー　　豊穣、愛

◎豆知識

　けしの実ははるか昔、石器時代から人間にはおなじみでした。クレタ島の地母神に捧げられていたようです。また、デメテル、ケレース、スペースには間違いなく捧げられていました[78]。かつてヨーロッパでは、身を隠すためにポピーシードが使われていました。効果はあったのでしょうか。わかりません——試した人はみんな、雲隠れしてしまいましたから。

　小さな黒いタネを90万粒も集めても、ようやく500グラム程度にしかなりません[71]。

◎魔法の使い方

　熟したけしの実のサヤから抽出される乳液の乱用（アヘンやモルヒネ、ヘロインなどの薬物がつくられます）は続いていますが、けしの実の黒いタネは、料理や魔法にごくふつうに用いられています。乳液がタネに染みこむことは決してないので、タネを用いても違法ではなく、麻薬中毒にもなりません。

　妊娠を望むなら、ポピーシードのパンかけしの実風味の食べ物を、視覚化〔ビジュアライゼーション〕をおこないながら食べましょう。愛を求める場合は、あなたの好きな、愛をもたらす食べ物に小さな丸いタネを加えてください。ポピーシードケーキをつくってもいいでしょう。

第2部　食べ物の魔法

薔薇（ローズ）

Rose

（*Rosa* spp.）

支配惑星	金星
支配元素	水
エネルギー	愛、幸せ、霊的自覚

◎豆知識

　インドでは、薔薇だけを食べて生きていると言われる、神秘のベールに包まれた数少ない流浪の民がいます。花の女王以外のものは、いっさい口にしないのです[15]。薔薇は何千年も前から食べられてきましたし、ローズウォーターは今でも中東の料理には欠かせません。

◎魔法の使い方

　愛の食事の一環として薔薇を食べます。新鮮な薔薇の花びらをバニラアイスクリームに散らせば、おいしいデザートになります。ホイップクリームやアップルパイなどにローズウォーターを加えてもいいでしょう。ローズウォーターは、グルメ御用達の食材や調理器具を扱う店で手に入ります。とり扱っている食料品店も、数は少ないながらあります。人工的に香料を加えたものではなく、必ず本物のローズウォーターを買ってください。

　薔薇は、幸せをもたらすためにも食べられます。この目的にぴったりなのが、薔薇の砂糖漬けです。霊的自覚のためには、薔薇の風味の食べ物をいただきましょう。

　農薬を散布された花や虫害が見られる花は決して食べないでください！　よく確かめてから食べましょう。

12. スパイスとハーブ

ローズマリー

Rosemary

(*Rosemarinus Officinalis*)

支配惑星　　太陽
支配元素　　火
エネルギー　加護、意識、癒し、愛

◎豆知識

　今日でも地中海沿岸でよく育っているローズマリーは、ビーナスをはじめとする多くの女神に捧げられました。オリンポス山の花と考えられていたのです。古代のさまざまな宗教や魔法の儀式に用いられました。

◎魔法の使い方

　加護の食べ物、特にトマトを用いた食べ物に加えます。お茶を飲んだり、精神的な覚醒や明確な思考力を高めたりするための食事に用いてもいいでしょう。レシピどおりにつくるのが大変なら、新鮮なローズマリーの香りをかいでください。

　健康維持や、生まれながらに体に備わっている治癒能力を高めるための食事にも役に立ちます。このおいしいハーブは、愛を深めるさまざまな食べ物にも加えてください。

サフラン

Saffron

(*Crocus sativus*)

支配惑星　　太陽
支配元素　　火
エネルギー　幸せ、精神性〔スピリチュアリティ〕

◎豆知識

古代の世界では、サフランは神聖な花でした。フェニキア人は、豊穣の女神アシュトレトに敬意を表して、サフランの花を入れた三日月形のケーキを焼きました。花の内側にある小さな赤い部分（柱頭）は、衣類を染めたり、とても裕福な人たちのテーブルに並ぶ食べ物に風味をつけたりするために用いられました。

今日でも最も高値で取引されるスパイスです。1輪の花からとれる柱頭はわずかに3つ。それが、約30グラムほどのスパイスをつくるのに1万3千個も必要なのです[71]。ただ幸いなことに、料理に使うのであれば、ほんの少量で十分です。サフランを用いた食べ物は、ウイッカの儀式——特に太陽と関係のある儀式のごちそうにぴったりです。

◎魔法の使い方

サフラン風味の食べ物（パエリアなど）をいただくことで、幸せがもたらされます。26章にレシピを掲載しているサフランライスも、とてもすばらしい幸せの食べ物です。サフランは精神性（スピリチュアリティ）も高めてくれます。

セージ

Sage
(*Saivia officinalis*)

支配惑星	木星
支配元素	風
エネルギー	長寿、健康

◎豆知識

ギリシャ人によってゼウスに、ローマ人によってジュピターに捧げられたセージは、少なくとも2千年にわたって料理、医療、魔法に用いられてきました。ラテン語名は、「安全」を意味する"salvus"という言葉に由来していますが、こ

れはその治癒能力のためです。

◎魔法の使い方

　「料理にセージを用いて、楽しく長生きしましょう」太古の昔からこのように
言われてきた理由は、次の言葉に尽きるでしょう。

　　「長生きしたい者は
　　　５月にセージを食するべし」

　セージは癒しの食事にも欠かせません。視覚化^{ビジュアライゼーション}をおこないながら、調理し
ていただきましょう。かなり奇妙なのですが、ハーブに関するある大家は、セー
ジティーを飲むと性欲が減退すると言っています[101]。

タイム

Thyme

(*Thymus vulgaris*)

支配惑星	金星
支配元素	水
エネルギー	愛、霊的自覚、浄化

◎魔法の使い方

　ギリシャで寺院を清めるために用いられていた時代から、タイムは常に精神性
と宗教に関わってきました。昔も今も変わらず、人気の調味料でもあります。
　タイムとマジョラムを合わせたものを小さじ１杯分、ティーカップに入れて
からカップ１杯分のお湯を注いでください。お茶をいれながら、満ち足りた、互
いに信頼し合っている関係を楽しんでいる自分の姿を視覚化します。必要なら
蜂蜜で甘みを足し、そのまま視覚化を続けながら、お茶を飲みましょう。霊
的な食べ物に加えたり、お茶にして飲んだりすれば、霊的自覚をコントロー

ルできるようになります。タイムは、浄化の食事にも用いられます。

ターメリック

Turmeric

(*Curcurma domestica*)

支配惑星　　水星
支配元素　　風
エネルギー　浄化

◎豆知識

　ハワイの人たちは、浄化の儀式にターメリックを用います。海水と混ぜ、葉と一緒に周囲にまいてください[77]。

　インドでは、悪魔をあぶりだすためにターメリックを燃やします。悪魔はターメリックのにおいを嫌うと言われているからです。悪魔がいれば（人間に姿を変えています）、ターメリックが燃やされるや、その場から離れていくでしょう[61]。

◎魔法の使い方

　ターメリックが、ディルの風味をつけたピクルスの着色料に使われていることは誰もが知っています。ターメリックのおかげでピクルスは、緑色がかったきれいな黄色になります（今日では人工着色料も用いられています）。

　体内の浄化には、視 覚 化をおこないながらピクルスを食べます。お気に入りの甘くない浄化の食べ物に、ごく少量のターメリックを加えてもいいでしょう（その場合は、小さじ8分の1以下にしてください）。

12. スパイスとハーブ　　185

バニラ

Vanilla

(*Vanilla planiflora*)

支配惑星	金星
支配元素	水
エネルギー	愛、性欲

◎豆知識

　バニラは、メキシコから世界への贈り物の1つです。ランの仲間で、種子鞘が発酵と乾燥を繰り返してできるバニラは、かつては神がつくったものと考えられていました。

　はるか昔、まだ女神も男神も地上を歩いていたころ、豊穣の女神の若い娘ザナットがトトナコ族の若者に激しい恋をしました。神の娘ゆえに人間の若者と結婚できないザナットは、自ら植物に姿を変え、喜びと幸せを供することにしました。そして娘は、ランの仲間であるバニラオーキッドとなり、愛する人やその一族のもとに永遠にいることができるようになったのです[91]。

　この美しい伝説には、かつてのメキシコ人の、ランと発酵させた種子鞘への敬意があふれています。そしてこの種子鞘こそ、私たちの知るバニラビーンズなのです。トトナコ・インディアンは今でも晩春に、踊ったりごちそうをいただいたりして、バニラ・フェスティバルをおこなっているのかもしれません。彼らにとっては、バニラオーキッドの花は今でも「ザナット」という名前なのです[91]。

　中央アメリカ原産のバニラオーキッドは、現在メキシコをはじめとする世界のさまざまな地域で栽培されています。

　食べることを目的として使われているランの仲間は、バニラだけです[71]。バニラを"tlixochitl"と呼ぶアステカ族はチョコレートを、甘くない、スパイシーな液体として飲んでいましたが、その風味づけにバニラを用いました[94]。アメリカの菓子職人たちは、チョコレートの風味づけに今でもバニリンという人工バニラ香料を使っています。

バニラは1500年代に、スペイン経由でヨーロッパに伝わりました。すぐにチョコレートの風味づけとタバコの香料に使い出したのはフランスです。やがて香料としての人気は薔薇（ローズ）を上回り、大々的に広まっていきました[104]。

◎魔法の使い方

トトナコ族の愛の神話と関係があり、味も香りもいいことから、当然、最上の愛の香料ということになります。バニラアイスクリームやバニラプディングをはじめ、バニラの香りがするすべての食べ物は、愛を深める食事に活用するのにぴったりです。シンプルにバニラの香りを加えただけの甘味料をつくるなら、砂糖壺かキャニスターにバニラビーンズを丸ごと1本入れます。そのまま、砂糖にバニラの香りが移るまでおいておけば完成です。愛の食べ物に加えてください。

ザナットの物語はそれほど知られていないにもかかわらず、面白いことにかつてアメリカの女性たちは、バニラエクストラクトを耳の後ろに塗っていました。男性を魅了するための、魔法の愛の香水として。

愛し合う者同士の性的行為も、バニラ風味の食べ物を食事に加えることで高められるでしょう。

メキシコは大好きですが、苦言も呈しておかなければなりません。メキシコで、概してとびきりの安値で売られている「バニラ」エクストラクトは、使わないでください。それは、バニラではなく、クマル（*Dipteryx odorata*）からつくられたもので、毒もあります。絶対に内服しないでください！

また、魔法の調理には、天然のバニラエクストラクト（あるいはバニラビーンズそのもの）だけを使うべきです。人工のバニラエクストラクトは、確かに天然のものに比べて1、2ドル安くはありますが、魔法の効きは悪く、効果もまったくないでしょう。

13. 蜂蜜、砂糖、チョコレート、いなご豆、メープルシロップ

　あなたは「きちんとした」食事をしようとしているかもしれません。ベジタリアンで、加工食品を避け、ファストフードレストランには決して入らないかもしれません。それでも、甘いものにはそそられます。蜂蜜を入れたハーブティーをほんの一口。本物の砂糖を使ってつくったアイスクリーム。何週間も食べたくてたまらなかったチョコレートバーまで。これはもうホラーです！

　甘いものが、遠い昔から宗教や魔術に用いられてきた話を細大漏らさず書くとしたら、膨大な量になってしまうでしょう。そこで本章では、蜂蜜、砂糖、チョコレート、いなご豆、メープルシロップだけをとりあげます。そして、魔法の食事のなかで、ほどほどの量を楽しくいただける方法について述べていきましょう。

蜂蜜

Honey

（セイヨウミツバチ *"Apis mellifera"* の蜂蜜）

支配惑星	太陽
支配元素	風
エネルギー	浄化、健康、愛、セックス（性）、幸せ、精神性、叡智、減量

◎豆知識

　世界初の甘味料である蜂蜜は、1万年ほど前にヨーロッパの洞窟に住んでいた人間によって採取されました。古代の岩窟壁画に、蜜蜂の巣から蜂蜜を採取

する人間の姿が描かれています[71]。

これまで蜂蜜を使ってきたすべての文化は、たとえ話や伝説を神聖な蜂蜜と結びつけました。そしてほとんどの人が、食用としてだけでなく、魔法や儀式のために蜂蜜を用いました。

あるエジプトの神話によれば、太陽神ラーの目からこぼれた涙が蜂になり、最初の蜂蜜がもたらされたそうです[23]。蜂蜜は、もっぱらエジプトの神ミンに捧げられました。概してミンは、男性器が勃起した姿で描かれる、とりわけ生殖を司る神です[23]。エジプト人は、蜂蜜を薬にも用いました。実際蜂蜜には、殺菌力も抗菌力もあります[50]。

昔の蜂蜜が高価だったのは、おそらく神聖なものだったからでしょう。エジプト、シュメール、バビロン、ギリシャ、ローマでは、蜂蜜は女神や男神への捧げ物として用いられました。アッシリア人は、寺院を建てる際に、礎石や壁に蜂蜜をたらしました[84]。蜂蜜は、アヌ、エア、シャマシュ、マルドゥク、アダド、キトゥをはじめ、ほぼすべてのバビロニアとシュメールの神に捧げられました[24]。

ギリシャ人は蜂蜜を、若さをとり戻し、維持する特効薬として使いました。アリストテレスは蜂蜜を「星々と虹から滴り落ちる雫」と称しました[84]。ハニーケーキがつくられ、アテネのアクロポリスの聖なる蛇に捧げられています。蜂蜜は、死者にも捧げられました[71]。

ローマ人は、蜂蜜は魔法の食べ物で、食べた人には詩才と弁才が授けられると信じていました。プリニウスは、自身の著作の読者に、健康と長寿のために蜂蜜を毎日食べるよう指南しています[84]。

古代ローマでは、収穫が終わると特別な飲み物がつくられました。材料は、蜂蜜、ミルク、それにけしの実の乳液です。陶酔感、幸福感、根拠のない自信を誘発する飲み物と言われました。そして当然と言えば当然ですが、たいていはすぐに眠くなりました[84]。

ヨーロッパでは、蜂蜜はミルクをもたらしてくれる地母神と関係がありました。デメテル、アルテミス、レアー、ペルセポネーは、蜂蜜と関係がある数少ない女神たちです[71,78]。蜂蜜とミルク——この2つはまさに自然界の奇跡と言っていい食べ物でしょう[29]。

インドの愛の神カーマの弓の弦は、とても従順な蜂たちからできている、と言われていました。インドでは、生まれたばかりの赤ん坊の舌に蜂蜜を塗ります（訳注：実際には、1歳未満の乳児には蜂蜜は与えないでください）。また、結婚式の際には、客人と新郎にミルクと蜂蜜を供します。ヒンズー教初心者は、（数ある食べ物のなかでも）まず蜂蜜から断食を始めることがままあります。蜂蜜は性欲を催させると言われているからです[81]。

中央アメリカとメキシコでは、蜂蜜は神聖なものとみなされていました。マヤ族は蜂蜜をとても大事にしていたので、蜜蜂の巣から蜂蜜を採取するときには、代わりにコーンミールをつくって供していました[109]。

ヨーロッパ全土および世界各地でも、蜂蜜を使って蜂蜜酒がつくられました。名前のとおりのアルコール飲料で、今でも多くの人に愛飲されています。ウイッカのなかにも、蜂蜜酒を好んで飲むグループがいくつかあります。

蜂蜜が尊重されたのは、蜜蜂によってもたらされるからかもしれません。蜜蜂の存在そのものが奇跡のように考えられていたからです。蜂蜜は、食べ物としていただくこともできれば、薬としても用いられ、蒸留してアルコール飲料にもなります。これだけの多様性を有するものですから、神に捧げられて当然です[22]。

依然として砂糖の入手が難しかった中世も、蜂蜜は変わらず甘味料として、そして薬として用いられていました。「お腹がゴロゴロ鳴る」ときに処方され、傷の消毒に使われました[104]。

本書でもすでに述べましたが、ゲルマン人のペイガンは冬至の夜にハニーケーキを焼いて食べました。そうすることで祭りの参列者たちは、蜂蜜の神秘的な力をとりこみ、冬至以降の厳しい冬の日々を生き抜くためのエネルギーと力をもらっていたのでしょう。

こうした蜂蜜の利用に関する驚くべき記録を見れば、いかに蜂蜜が尊ばれていたかがわかります。はるか昔は概して甘い食べ物が貴重で、蜂蜜は何千年ものあいだ、甘味料として最も広く用いられてきたのです。古代のインドにはサトウキビがありましたが、当時インドに暮らしていた人々は、蜂蜜の方が気に入っていたようです。中東では、デーツやいちじくのシロップ、ぶどうの果汁が、食べ物に甘みを加えるために用いられましたが、一番好まれたのは蜂蜜で

した[104]。

意外にも、アメリカの先住民は蜂蜜を食べませんでした。野生の蜂からは、まずくて体に悪いものしか採取できなかったからです。アメリカで蜂蜜が人気の甘味料になるのは、1625年に入植者によって蜜蜂が紹介されてからでした[74]。

私たちの文化には今でも、少なくとも1つは、蜂蜜にまつわる伝説が残っています。蜂蜜はずっと、結婚式に欠かせないものでしたし、新婚旅行は、昔からの伝統を2つ受け継いでいます。ハニー、つまり蜂蜜の純粋さが、夫婦を悪魔から守ると考えられていましたし[84]、蜂蜜はまた、愛と叡智のシンボルでもありました——いずれも間違いなく、結婚生活に必要なものでしょう。

「ハニームーン」という言葉は、古いヨーロッパの習慣からきています。当時ヨーロッパでは、新婚夫婦は結婚後、太陰月の最初の1カ月のあいだ、蜂蜜酒を飲みました。つまり「新婚旅行」というのはもともと、新婚夫婦がともに蜂蜜酒を飲む期間のことだったのです[31]。

◎魔法の使い方

以下に、蜂蜜の魔法の使い方をいくつか、簡単に挙げておきます。砂糖の代わりに蜂蜜を使うなら、蜂蜜を活用できる機会はたくさんあります。

浄化
健康と癒し
愛
性的能力（フランス人は、蜜蜂の針には強力な催淫効果があると考えていたようですが、蜂蜜を食べる方が簡単で、痛みもありません）
幸せ（特に結婚式のとき）
精神性（特に女神崇拝に関して）
叡智
減量（砂糖の代わりに使うことで、体重を減らせます）

蜂蜜に中毒性はありません。また、体には簡単に吸収されますが、砂糖のように摂取後急激に血糖値が上下するシュガーラッシュのような現象を引き起こ

13. 蜂蜜、砂糖、チョコレート、いなご豆、メープルシロップ

すこともありません。人間は何千年ものあいだ、蜂蜜を食べてきているのです。もうすっかりおなじみなのではないでしょうか。

砂糖

Sugar

（サトウキビ "*Saccharum officinarum*" を原料とするもの）

支配惑星　　金星
支配元素　　水
エネルギー　愛

◎豆知識

　前述したように、蜂蜜はかつて、崇められていました。同じように、今日多くの人が愛情を注いでいるのが、世界じゅうで最も人気のある甘味料、砂糖です。

　砂糖の起源は、ニューギニア[6]かインド亜大陸です。西暦紀元前1400年にはすでにインドの庭々でサトウキビが栽培されていて、茎は薬に用いられたり、かんだりされていました[6]。西暦紀元前500年ごろに初めて、精製の粗い砂糖をつくったのはインド人だったかもしれません[71]。中国には、西暦紀元前100年ごろにはもう、砂糖を精製する知識と原料がありました[23]。

　アレキサンダー大王のもとでインドへの歴史的な侵攻をおこなったある艦隊の提督は、砂糖をローマへ持ち帰りました[81]。古代ローマでそれを「葦に溜まる蜂蜜の一種」と表したプリニウスは、「薬としてのみ用いる」と書きました[86]。

　ポリネシア人がそもそもどうやって砂糖と接触したのか、確かなことはわかりませんが、彼らは原料の植物であるサトウキビを群島から群島へ移住しながら太平洋じゅうに広めていき[6]、砂糖は太平洋諸島のいたるところでつくられるようになったのです。

　タヒチでは、サトウキビは人間の脊骨からつくられたと考えられていました。おそらく、茎にあるゴツゴツした節のせいでしょう[77]。人間の起源も、この不

思議な植物にあると言われました。ソロモン諸島では、サトウキビの茎にある
2つの節がパッと割れると、なかから1組の男女が現れ、のちに節から生まれ
出たすべてのものの親となった、との言い伝えがあります[77]。

　多くの人が、砂糖といえばハワイを連想するのは、C＆H社（訳注：アメリカ
大手の製糖会社。California and Hawaiian sugar company）の積極的な広告のせい
でしょう。ハワイの人たちがこの火山諸島に移り住んできたときにサトウキビ
を持ちこんだのは、間違いないようです[6]。彼らはやがて砂糖をつくりはじめ
ました。できあがった砂糖の種類は、少なくとも40はありました[77]。つくられ
た砂糖は、食べ物や宗教、薬、魔法に用いられたのです。

　神話では、太平洋の各地で信仰されていた慈悲深い農耕の神カネがハワイに
サトウキビをもたらしたと言われています。サトウキビは、カネへの捧げ物だっ
たばかりではなく、神の化身でもありました[47]。砂糖の品種の1つである「マ
ヌレレ」（ハワイ語で「空飛ぶ鳥」の意です）は、妻の夫への愛が続くことを
願って、ハワイの儀式で口にされました[77]。

　つい5百年ほど前まで、ヨーロッパでは砂糖は依然として高価な品でした。特
別に裕福な人たちしか買えなかったのです。男性は、銀の箱に詰めた、小さく
て真っ白な角砂糖を意中の女性に贈って結婚を申しこみました。私たちが今で
も砂糖菓子をプレゼントするのは、その名残です[104]。

　1580年ごろになると、ヨーロッパでも砂糖は一般に用いられるようになって
きました。ただし当時の一般的な砂糖は精製も粗く、ほぼ真っ黒で、糖蜜のに
おいがし、現代の私たちから見たら、とても砂糖とは言えないものでした[81]。
果物や花を砂糖漬けにする方法が見いだされてからは、砂糖の代わりに砂糖漬
けが広く用いられました[104]。ジャムが初めてつくられたのは、おそらく1700年
代です[104]。

　第二次世界大戦中、砂糖の配給は厳しく規制されました。ヨーロッパやアメ
リカの多くの人が、砂糖を大量に購入して、缶詰からピクルスや砂糖漬けまで、
ありとあらゆることに思う存分砂糖を使える日を夢見ました。

　今日では砂糖は私たちの生活にしっかりと根づいています。栄養士はその危
険性を指摘していますが、食品科学者たちが砂糖の代替品として開発した人工
甘味料は概して、砂糖そのものよりもさらに有害です。体にいい代替品は、蜂

13.　蜂蜜、砂糖、チョコレート、いなご豆、メープルシロップ

蜜しかありません。

◎魔法の使い方

　金星と水の支配を受ける砂糖は、自然な愛を深める食べ物です。視覚化^{ビジュアライゼーション}を
おこないながら食べるすべての甘いものは、愛をもたらしてくれます。

　ただし、誤解しないでください。砂糖で甘みを加えた食べ物をごく少量いた
だくのは、愛の食事の大事な一環ですが、砂糖を大量に摂取しても魔法の効果
はありません。甘いものの摂取量はきちんと節制してください。さもないと、砂
糖のエネルギーのせいで感覚が麻痺してしまい、自分や他の人を愛することを
忘れ、砂糖のことしか考えられなくなってしまうでしょう。これではとても、他
者との関係を深める最良の方法とは言えません。

　ご存知のように、砂糖は高度に精製されています。けれども、サトウキビを
細かく切ってビニール袋に詰めたものが、食料品店で売られていることがあり
ます。こうしたサトウキビも（農業検査を通過するために）一連の処理はされ
ていますが、購入可能なさまざまなタイプの砂糖のなかで、最も自然な状態に
近いものです。古代の人たちにとっての砂糖を味わうなら、サトウキビのかた
い皮をむき、茎の真ん中の薄茶色の部分をかんでみましょう。

　甘いけれど、甘ったるくはありません。

　今日の砂糖は、サトウキビとテンサイ^{シュガービート}からつくられています。砂糖の専門家
は、両者に味の違いは認められないと言います。「ビート」が昔から、愛をもた
らすために用いられているのも、実に興味深い話です。

　いずれの原料の砂糖を使っても、結果は同じですが、サトウキビには、たく
ましく、すらりと伸びた茎とともに、はるかに長い魔法の歴史があります。

チョコレート

Chocolate

（カカオ "*Theobroma cacao*" 製品）

支配惑星　　火星

支配元素　　火
エネルギー　　愛、お金

◎豆知識

　ああ！　チョコレート。苦みのあるもの。甘いもの。濃厚なタイプ。チョコレートチーズケーキ。チョコレートミルク。ホットファッジサンデー。苺のチョコレートがけ。2層のチョコレートからなる、チョコレートでデコレーションしたケーキ。チョコレートアイスクリーム。チョコレートトリュフ。そんな魅惑の食べ物をもたらす植物の名前は「テオブロマ」。言い得て妙ですが、「神の食べ物」の意です[116,120]。

　テオブロマというカカオの木はおそらく南アメリカ原産で[71]、西暦600年以前にマヤ族によって現在のメキシコにもたらされたようです[71]。カカオの木は、アステカ族とトルテック族によって大々的に栽培されました[71]。

　今日のチョコレートミルクの原型は、すでに何世紀も前にアステカ族がおいしくいただいていました。現在と同じで当時も、カカオ豆は数日かけて発酵と乾燥をおこない、チョコレート独特の色と香りに仕上げていきました。その後豆はすりつぶされ、バニラ、チリペッパーなどの香料と一緒に水に入れられます。さらにアナトー色素を加えて、赤みを帯びた色にし、この飲み物のためだけにつくられた木製の道具でしっかりと撹拌されます。でも、何か足りないのでは？　そう、砂糖です。でも砂糖の存在を、アステカ族はミルク同様知りませんでした[104,120]。

　この飲料は、経済的に余裕のある上流階級の男性だけが飲んでいたようです。飲めば性欲が刺激されることはよく知られていたので、女性はおそらく飲むことを禁じられたのでしょう。

　カカオ豆（ちなみに英語の"cocoa"は、実はこの"cacao"が訛ったものです）は、メソアメリカの人々のあいだでは、とても大切にされていました。豆がお金として使われていたのです。通貨として認められ、カカオ豆で、食べ物から奴隷まで、ありとあらゆるものが取引されました[71,91,120]。

　メキシコのオアハカに暮らすマサテコ族にとっては、カカオ豆は富の象徴でした。癒しの魔術をおこなうときには、シャーマンはまず、数粒のカカオ豆と

13.　蜂蜜、砂糖、チョコレート、いなご豆、メープルシロップ

卵1個、コパル（樹皮香）、そしてオウムの羽根をまとめて、樹皮布で包みます。それからシャーマンは、その包みを家の外に埋めました。おそらくこれは、癒しのパワーを与えてくれる神への生け贄の代わりだったのでしょう[109]。

カカオ豆がヨーロッパに伝わると、チョコレートの飲み物のつくり方は変わりました。スペイン人がココアに砂糖を加えて、自国の上流階級のあいだで人気の飲み物にしたのでした。1600年代後半には、チョコレートドリンクは西ヨーロッパで大人気となっていました。やがて聖職者は、チョコレートを飲むという「罪深い」行為の根絶を試みます。この飲み物を最初に生み出したアステカ族の「黒魔術」とチョコレートを結びつけようとしたのです。幸い、その試みは失敗に終わりましたが[71,120]。

1800年代、最初の固形チョコレートがつくられました。この濃厚で、中身の詰まった、おいしい「食べるチョコレート」が、現代の私たちが知っている甘いチョコレートの原型でした[104]。

チョコレートの基本の原料は、ココアパウダー（豆を挽いて乾燥させ、粉末にしたもの）、ココアバター（加工の過程でタネから分離され、ココアに加えられます）、そして砂糖（苦みを中和します）です。あとは、用途や原産地に合わせて、いくつか他の材料を加えていきます。主なものとしては、ミルク、バニリン、塩、ナッツなどがあります。

チョコレートバーが登場したのは、だいたい1910年以降でした。第二次世界大戦中、ハーシーのチョコレートバーが大量に個人携帯用非常食_{レーション}として携帯されました。おなじみの茶色いバーを見て、兵士や船員は故郷を思い出し、いつ終わるとも知れない戦いの日々をしのいだのでした[71]。

今日、チョコレートは世界じゅうに広まり、愛されています。「チョコホリック」を知らない人はいないでしょう。大好きなチョコレートを食べないでは、1日たりとも生きていけなさそうな人たちのことです。最近は、精神的なショックを受けて負った心の傷を癒すことを目的に、多くの人、それも特に女性が大量のチョコレートを食べていると、精神科医たちは考えています。チョコレートには、フェニルエチルアミンという物質が含まれています。憂鬱な気分を解消し、アンフェタミンと同様の効果をもたらしてくれる物質です[71]（このため、不眠症を患っている人たちは決して夜チョコレートを食べないのです）。

◎魔法の使い方

　歴史や魔法、感情、科学とさまざまな面からチョコレートにまつわる情報を見てきましたが、まとめれば、魔法の食事におけるチョコレートの役割が明らかになるでしょう。チョコレートを用いた食べ物は、どんな形のものであっても、私たちが愛を与えたり受けとったりする能力を高めるのに役立ちます。チョコレートはまた、お金を増やし、繁栄をもたらすのにも適しています。

　この強い効力を持つ食べ物は、視覚化^{ビジュアライゼーション}をおこないながら用いてください。調理の際ももちろん、視覚化^{ビジュアライゼーション}をおこないながら。スプーンですくったり、薄く切ったりするときも視覚化^{ビジュアライゼーション}を忘れずに。そして、視覚化^{ビジュアライゼーション}をおこないながらいただきましょう。最高の魔法の効果を得るためにも、日々、食べすぎないようにしてください。

　今日チョコレートは、数十億ドル規模の産業です。チョコレートに特化した雑誌や本もたくさんあります。商品市場では、ココアの先物取引が人気です。チョコレートの魅力を声高に謳う広告は、ちまたにあふれています。チョコレートの香りの鉛筆に消しゴム、果ては香水まで売っています。

　私たちの仲間の多くが、今はチョコレートが過剰だと、あるいは、キリスト教の言葉を使うなら、「罪」とさえ考えています。魔女にとってチョコレートは、人生を豊かにするために使える数多くのツールの1つにすぎません。おいしいのは確かですが、ツールは他にもたくさんあるのです。

　チョコレートを食べない人たちもいます。彼らに何を言ったところで、神の食べ物を口にするようにはならないでしょう。けれども、チョコレートが大好きな人は、一口おいしくいただくたびにエネルギーが結合していき、チョコレートケーキ1切れが、個人的な魔法の儀式のすばらしいパートナーになってくれるとしたら、嬉しくてたまらないのではないでしょうか。

いなご豆

Carob

(*Ceratonia siliqua*)

支配惑星　　金星

支配元素　　水

エネルギー　愛、お金

◎豆知識

　いなご豆（キャロブやセントジョンズブレッドとも言われます）は、健康食品愛好家から支持されているチョコレートの代替品ですが、新しいものではありません。古代エジプトでは、そのサヤを用いて甘いビールがつくられていました[69]。いなご豆のタネは、意外なことに大きさが均一で、重さを測る標準単位として用いられたことがあったそうです。宝石に使われる「カラット」という単位は（１カラットのダイヤモンドなど）、もともとはいなご豆のタネ１粒の重さからきていたとも言われています[29,64,90]。

　アメリカとヨーロッパの民間魔術では、いなご豆はお金を引き寄せ、健康を守るために用いられました。

◎魔法の使い方

　いなご豆は、チョコレートのような味がするわけではありません。確かに、（タネをとりのぞいて）サヤを挽いて粉末にしたものはさまざまな食べ物に使われ、見た目はチョコレートそっくりですが、味はやはりいなご豆です。けれどもいなご豆は、チョコレートよりも栄養価が高く、脂肪分は少なく、カフェインも含まれていません[90]。

　いなご豆の猛烈に甘い香りが好きな人は、愛を引き寄せる食事に使うといいでしょう。適切な視覚化をおこないながら、いなご豆の風味を添えた食べ物をいただいてください。

　いなご豆を食べれば、さらなるお金も呼びこむことができます。健康食品店をのぞいてみてください。キャロブパウダーをはじめ、たくさんのいなご豆風

味の食べ物があります。

メープルシロップ

Maple Syrup

(*Acer saccharum*)

支配惑星　　木星
支配元素　　土
エネルギー　お金、愛

◎豆知識

　カエデ[メープルツリー]の原産地はヨーロッパとアメリカですが、ヨーロッパの人たちは、甘い樹液を採ったり、それを甘味料として使ったりすることはありませんでした[124]。

　けれどもアメリカでは違いました。クリストファー・コロンブスがこの大陸に到達するずっと前から、オジブワ、イロコイ、アルゴンキンをはじめとする多くのアメリカ・インディアンの部族のあいだには、カエデと、その甘い樹液にまつわる神話が伝わっていたのです[71]。蜂蜜がほとんどなかったので、ネイティブ・アメリカンはメープルシュガーを使い、カエデが育たない地では果物の果汁を使って、食べ物に甘みをつけていました。

　1700年代にはもう、入植者たちはメープルシロップを薬——特に風邪とリウマチの薬として使っていました[111]。アメリカ合衆国建国の父トーマス・ジェファーソンはメープルシロップが大のお気に入りで、カエデの木立を植え、他の甘味料はいっさい使いませんでした[111]。

◎魔法の使い方

　メープルシロップとメープルシュガーは、昨今砂糖よりも高価です。2百年前は、砂糖はもっと高級品でした。アメリカとカナダでは、ほとんどのメープルシロップが今でも手づくりされています。

13. 蜂蜜、砂糖、チョコレート、いなご豆、メープルシロップ

メープルシロップとメープルシュガーはどちらも、お金を引き寄せる食事に使うのにぴったりの甘味料です。レシピにしたがってシロップを加える（あるいは、朝食のシリアルにかける）前に、視覚化をおこないながら、清潔なお皿の上にシロップでドル記号を描きます。その後、スパチュラできれいにこそげとってから、食べ物と一緒に楽しんでください。

　メープルシュガーとシロップは、愛を呼び覚ます強い力も持っています。今どきのスーパーには、たくさんの「メープル」シロップがあります。けれどもその大半に、メープルシロップは10％も含まれておらず、すべてに人工保存料が付加されています。本物のメープルの魔法には、純度100％、正真正銘のメープルシロップを使ってください。本物は、小さな瓶に入っていて、かなり高価です。メープルの魔法にはメープルシュガー（健康食品店で購入できます）も使えます。

郵 便 は が き

160-8790

611

料金受取人払

新宿局承認
767

差出有効期間
平成31年3月
31日まで

東京都新宿区
西新宿7-9-18 6F
**フェニックスシリーズ
編集部** 行

フリガナ		年齢	性別	男・女
お名前			職業	

住所 〒

電話番号 　　（　　　）

E-mail

愛 読 者 カ ー ド

ご購入いただいた
本のタイトル

ご購入いただいた書店名(所在地)

●本書を何でお知りになりましたか?

1.　書店で実物を見て(店名　　　　　　　　　　　　　　　　　　　　　　　　　)
2.　HPまたはブログを見て(サイト名　　　　　　　　　　　　　　　　　　　　)
3.　書評・紹介記事を見て(新聞・雑誌・サイト名　　　　　　　　　　　　　　　)
4.　友人・知人からの紹介
5.　その他(　　　　　　　　　　　　　　　　　　　　　　　　　　　　　　　)

●復刊・翻訳をしてほしい書籍がありましたら、教えてください。

●本書についてのご感想をお聞かせください。

ご協力ありがとうございました。

●書評として採用させていただいた方には、**図書カード500円分**を差し上げます。

こちらからもお送りいただけます。
FAX 03-5386-7393　　E-mail　info@panrolling.com

14. ナッツとナッツもどき

　私は以前、ナッツが大嫌いでした。かつての幼い子どもだった私にとって、ナッツはパサパサだし、かたくてなかなかかめないし、いちいち割るのも大変な殻つきで売られていたからです。けれどもやがて、胡桃以外にもいろいろなナッツがあることを知り（ちなみに胡桃はいまだにおいしいとは思いませんが）、殻を割るのすら楽しくなってきました。

　本章のタイトルである「ナッツもどき」が指しているのは、よくナッツ（木の実）と間違われるもの（ブラジルナッツ）や、種子ではあるけれど、少なくともナッツのような香りを有するもの（胡麻）です。

　面白いことに、現代の英語の俗語では、「常軌を逸している」ことを指すのに"nuts"という語を使い、「あの政治家はイカレてる」などと言います。けれども昔は、このカリッとした食べ物は、精神障害ではなく、むしろ聡明さを授けてくれるものと考えられていたのです*。

　いずれにしてもナッツは、地上における植物最大の生命形態である木からの贈り物です。木はかつて、神として、あるいは神やその聖なる魂の住処として崇拝されていました。そんな木の実であるナッツは、神聖で、魔術的なものだったのです。

　一般的に、すべてのナッツは物理的な豊穣——子どもをつくる能力を高めるのに役立つと考えられていました。愛を強めるために持ち歩いていたのは、ハート型のナッツです。ダブルナッツ（1つの殻に実が2つ入っているめずらしいもの）は、一番の幸運とみなされていました。

　今日では、食事におけるナッツの重要性が見直されてきています。以下を読んでいただければ、もっとナッツを食べるべき理由がおわかりになるでしょう。

＊まあ、よく考えてみれば、聡明か暗愚かの判断は、往々にして個人の主観によります。

アーモンド

Almond

(*Prunus dulcis*)

支配惑星　　水星

支配元素　　風

エネルギー　お金、癒し

◎豆知識

　お酒を飲む前にアーモンドを5粒食べれば酔わない、と信じられていたことがありました。もしかしたらナッツの味が、お酒を飲もうという気持ちを変えるのではないでしょうか[120]。

　かつてペルシャと呼ばれていた地では（現在のイランです）、不眠症の治療や、授乳中の母親の乳汁分泌の刺激、頭痛緩和、そして邪視よけとして、アーモンドが用いられていました[120]。今日ではイタリアの結婚式で、飴がけアーモンドが招待客にプレゼントされています。

◎魔法の使い方

　生のアーモンドやローストしたものをはじめ、アーモンドを使った料理を食べれば、あなたの人生にお金をもたらしてくれるでしょう。このおいしいナッツをバリッと勢いよくかみ砕けば、健康を促し、一段と早く体を元気にすることもできます。視覚化をおこないながら食べましょう！

　もともとアラビア人がつくったマジパン（訳注：砂糖とアーモンドを挽いて練り合わせた、餡のような食感のある菓子）[104]も、こうした用途のために食べてかまいません。

202　　　　　第2部　食べ物の魔法

ブラジルナッツ

Brazil Nut

(*Bertholletia excelsa*)

支配惑星	金星
支配元素	土
エネルギー	愛、お金

◎魔法の使い方

　ブラジルナッツは厳密に言えば果実ですが、愛をもたらす食事に加えればおいしくいただけます。愛に強い効果を持つ、刻んだブラジルナッツ入りのバナナブレッドをつくりましょう。

　ブラジルナッツは、お金を増やし、繁栄をもたらすためにも用いられます。視覚化（ビジュアライゼーション）をおこないながら、1粒の「ナッツ」（1粒なら正確には「ナット」ですが）に小さな五芒星を1つ描いて、食べてください。

カシューナッツ

Cashew

(*Anacardium occidentale*)

支配惑星	太陽
支配元素	火
エネルギー	お金

◎魔法の使い方

　カシューナッツを食べれば、収入を増やすことができます。ぴったりなのは、カシューナッツ入りのおいしいクリスマスクッキーです。「鶏肉のカシューナッツ炒め」も。あるいはナッツを袋から直接食べてもいいでしょう。

14. ナッツとナッツもどき

栗

Chestnut

(*Castanea* spp.)

支配惑星	太陽
支配元素	風
エネルギー	愛、意識

◎豆知識

　かつてヨーロッパでは、サウィン（11月1日）の夕食後、テーブルに栗をおいておきました。貧しさのうちに亡くなった人の魂に食べてもらうためです[61]。

◎魔法の使い方

　なつかしいナット・キング・コールの歌に不朽の名声を与えた「焼き栗」（訳注：「ザ・クリスマス・ソング」の最初の一節『暖炉ではじける焼き栗』のこと）は、すばらしい愛をもたらしてくれます。もう読み飽きたかもしれませんが、食べるときには必ず視覚化をおこなってください。栗を食べれば、意識も高められれます。

ココナッツ

Coconut

(*Cocos nucifera*)

支配惑星	月
支配元素	水
エネルギー	精神性、霊的自覚、浄化

◎豆知識

　ココナッツの木、つまりココヤシは、世界でも最も有益な木の1本です。果

実、外皮、花、葉、幹から、300もの製品がつくられます。世界じゅうの熱帯地域で見られるのは、現在もわかっていない原産地から、海流に乗って、そして人々の移動によって広まっていったからでしょう。

　古代のハワイでは、農耕の神カネを含めた多くの神に捧げられました。ココナッツ園は、神とつながりのあるスピリチュアルな場所として崇められました[7]。太平洋沿岸のいたるところで、月の女神ヒナはココナッツの始まりと関係があると言われています[7]。

◎魔法の使い方

　白くて丸いナッツには、もともと月の象徴であるたっぷりの水分、愛、精神性（スピリチュアリティ）がすべて備わっていました。スピリチュアルなな気づきをもたらす儀式の前、あるいはその最中に、生のココナッツを食べてください。霊的自覚（サイキック・アウェアネス）を高める食べ物としてもぴったりです。適切な視覚化（ビジュアライゼーション）をおこないながらいただけば、体内の浄化にも効果を発揮するでしょう。

　ココナッツを丸ごとキッチンにおいておけば、そのパワーを存分に活用できます。魔術に使うにしても料理に使うにしても、新鮮なココナッツが一番ですが、いざというときには、細かく刻んでパッケージに入っているものでも大丈夫です。

ヘーゼルナッツ

Hazelnut
(*Corylus* spp.)

支配惑星　　太陽
支配元素　　風
エネルギー　叡智、意識、豊穣

◎豆知識

　この木と丸くおいしいナッツは、ヨーロッパの民間伝承と民間信仰において、

重要な役割を果たしてきました。空の神々とつながりがあったことから、ヘーゼルナッツは雷や凄まじい嵐、そして火事から守ってくれるものと考えられていたのです[37]。小さな袋に入れて、結婚式の当日、花嫁にわたされたこともありました[114]。

◎魔法の使い方

食べた人に、叡智（えいち）をもたらすと考えられています。叡智とは、単なる知識の積み重ねではありません。情報を正しく身につけて活用する能力です。ヘーゼルナッツは意識を刺激して、私たちを叡智に近づけてくれます。

昔から豊穣や多産のシンボルなので、こういったことで悩んでいるなら、視覚化（ビジュアライゼーション）をおこないながら食べるといいでしょう。

マカダミアナッツ

Macadamia

(*Macadamia* spp.)

支配惑星	木星
支配元素	土
エネルギー	お金

◎豆知識

マカダミアナッツにまつわる古い言い伝えはほとんどありません。オーストラリア原産で、アメリカではこの50年ほどのあいだにとても人気が出てきました。ハワイ島で栽培されているものが最高です。

◎魔法の使い方

栄養士たちは、「最も栄養豊富なナッツ」と表します。カロリーは高いものの、おいしさの点では並ぶものがありません。マカダミアナッツを食べれば——そのままでも、ブリトル（訳注：ナッツにキャラメルをかけてかためて割った菓子）

にしても、パイに入れてもいいでしょう――あなたの人生に確実にお金を増やしてくれます。ただし、この黄褐色のおいしいナッツの代金は、気前よく支払う覚悟をしておきましょう。

ピーナッツ

Peanut

(*Arachea hypogaea*)

支配惑星	木星
支配元素	土
エネルギー	お金

◎豆知識

　ピーナッツには長い歴史があります。南アメリカ原産で[71]、アステカ族とマヤ族が大々的に栽培しました[120]。メキシコ征服の直後には、スペイン人とポルトガル人によって、スペイン、アフリカ、フィリピン、ジャワ、中国、日本に持ちこまれました。やがて世界じゅうで、大事な食用作物となっていったのです[71]。

　けれどもアメリカでは、奴隷やその所有者の食べるものとして見下されていました[120]。アフリカ系アメリカ人の植物学者にして、政治家からも称えられた、化学者で教育者のジョージ・ワシントン・カーヴァーの不屈の努力がなければ、アメリカ人はピーナッツバターサンドイッチやアイスクリーム、ピーナッツブリトルのおいしさをいまだに知らずにいたかもしれません。

◎魔法の使い方

　ピー「ナッツ」という名前ではあるものの、これもナッツではありません。ピーナッツは、実は地中で育つタネです[71]。

　生またはローストしたピーナッツは、強力にお金を引き寄せます。なんであれ、視覚化 をおこないながら食べれば、さらなる繁栄をもたらしてくれるで

14. ナッツとナッツもどき

207

しょう。ピーナッツバターとグレープジェリーのサンドイッチ——それも特に
オーツ麦のパンでつくるサンドイッチは、お金を呼びこむすばらしい食べ物で
す。

ピーカンナッツ

Pecan

(*Carya illinoensis*)

支配惑星　　水星
支配元素　　風
エネルギー　お金、就職

◎**魔法の使い方**

"pecan" は、アルゴンキン族の言葉です。

　このうえなくすばらしい、ねっとりしたピーカンパイに、私はいつも見とれ
てしまいます。ニューオーリンズへの二度目の訪問の際に、とてもおいしいピー
カンケーキを教えてもらって以来、私の魔法の食べ物リストに欠かせない存在
となっています。

　ピーカンパイやケーキはもちろん、ピーカンプラリネやバター、プラリネク
リームアイスクリームなど、ピーカンナッツを使ったものならなんであれ、お
金の食事の一環として食べることができます。何も味をつけたり加工したりし
ていないプレーンなナッツも、そのままで十分おいしくいただけます。

　就職先を探す際にも、ピーカンナッツを食べましょう。

松の実

Pine Nut

(*Pinus* spp.)

支配惑星	火星
支配元素	風
エネルギー	お金、体力、愛

◎豆知識

　松の実は、アメリカ・インディアンの多くの部族にとって、大事な食材のひとつでした。彼らにとってはこの「ナッツ」が、主な食糧源だったのです[33]。松の実は、地中海地域のいたるところでも知られ、食べられていました[61]。中国人にとっては、友情と忠誠の象徴です。この実をつける松の木は、裸子植物です。

◎魔法の使い方

　視覚化（ビジュアライゼーション）をおこなって食べれば、お金が得られるでしょう。あるいは古代ローマ人のように、体力を得たい場合にも食べてください。あらゆる形の愛を強めるためにも用いられます。

ピスタチオ

Pistachio

（*Pistachia vera*）

支配惑星	水星
支配元素	風
エネルギー	愛

◎豆知識

　アジア原産で、少なくとも西暦紀元前7000年以降ずっと食べられています[71]。面白いことに気づいたのですが、プディングなど、ピスタチオを原料とした加工食品は、人工的に緑に着色されていますが、ピスタチオの殻の方は、赤く染められることがままあります。

◎魔法の使い方

愛のために食べましょう。

胡麻

Sesame

(*Sesamum indicum*)

支配惑星　　太陽

支配元素　　火

エネルギー　セックス（性）、多産、お金、加護

◎豆知識

　胡麻がエジプトで知られるようになったのは、少なくとも西暦紀元前200年以降ですが、もっと前からだったかもしれません[23]。ギリシャの花嫁は、多産の象徴として胡麻のケーキを贈られました。古代アテネでは、蛇の崇拝とも関係があったようです。ローマでは、十字路、そして欠けていく月の女神ヘカテーに捧げられました[35]。

　古代バビロニアの女性は、胡麻と蜂蜜でつくった甘いハルヴァを食べました。性的欲求を刺激し、性的な魅力を高めるためです[15]。

　起源が不明の古い儀式があります。「人は、己がしている悪事を知らないので、11粒の小麦と胡麻を混ぜたものをワインと毒のない黄色い花の汁に加えて毎日飲むこと」

◎魔法の使い方

　胡麻はかつて、最もたくさん実がなる植物として知られていました。女性は、古代バビロニアの女性にならって胡麻を食べれば、性感を刺激できます。妊娠を促す効果もあります。

　胡麻の風味の食べ物をいただいたり、胡麻を食べ物に散らしたりすれば、お金を引き寄せられるでしょう。適切な視覚化をおこなえば、加護にも活用で

きます。

胡桃

Walnut

(*Juglans regia*)

支配惑星　　太陽
支配元素　　火
エネルギー　意識、加護

◎豆知識

　胡桃の原産地は北アメリカ、アジア、ヨーロッパです[71]。胡桃は、女神や男神が食べていたものの1つだと、古代ギリシャの人たちは信じていました[64]。ヨーロッパの民間医療では、脳の疾患の治療に用いられました（胡桃と脳の形がとてもよく似ているからです）。

　私は、子どものころは胡桃が苦手でした。今でも好きではありませんが、多くの人は好んで食べています。この溝のあるナッツを食べれば、知的能力が高まるでしょう。加護の食事に加えてもかまいません。

15. 塩、ビネガー、スープ、麺類

　もちろんよくわかっています。本章でとりあげるものに、おそらく共通点はほとんどありません。単に、それぞれを分類するのに適した項が見つからなかっただけです。

塩

Salt
（鉱物、塩化ナトリウム）

支配惑星	地球
支配元素	土
エネルギー	地に足をつける、霊的自覚の抑制、加護

◎豆知識

　古代の世界では、塩をつくるための方法が３つありました。長いあいだ干上がったままの海底の土から採掘する。塩泉から汲んできた水を煮立てて、ミネラルだけを残す。平らな塩湖や塩田で海水を蒸発させる[104]。この最後の方法は現在も世界じゅうで用いられています。実際、モートン・ソルトという会社が、今私がこれを書いている場所から30キロほどしか離れていないところでこの作業をおこなっています。太平洋岸の火山岩を加工した塩田は、今でも世界各地の沿岸部で見ることができます。

　かつて、塩は最も需要が高いものの１つでした。人間は、食事から塩を摂取しなければ生きていけません。体内で塩を合成することはできないからです。あ

212　　　　　　　　第２部　食べ物の魔法

る学説によれば、私たちの塩への依存は、過去の痕跡だそうです。すべての命の起源は塩辛い海にある、という学説も広く浸透しています（目下その真偽は幾分問われていますが）(23)。

海や塩田などから遠くに暮らす人たちは、もともと塩辛い食べ物や肉を口にして我慢するしかありませんでした(104)。塩を商う人たちの荷物は金よりも貴重で、彼らは絶えず襲われる危険に晒されていました。

かつての宗教では、塩が重要な役割を果たしていました。古代エジプトでは、男神セトとつながりがあることから、塩を口にすることを禁じられた司祭長^{プリースト}や女司祭長^{プリースティス}がいました(23)。けれども他の宗派では、塩が用いられていました。ギリシャの歴史家ヘロドトスの記録によれば、ある年のイシスの祭り――オシリスの死も悼みます――の際に、オイルと塩で満たしてからランプに火が灯された、とあります(23)。

ギリシャ人が生け贄^{にえ}に塩を加えるようになったのはかなりあとになってからですが、彼らもローマ人も、ポセイドンとネプチューンには塩を捧げていました。古代シュメール人の海の女神ティアマトも、儀式の際に塩を捧げられました(23)。いずれも、塩と海の関係に感謝しての行為なのは明らかです。

ローマの兵士たちは、塩で「報酬」をもらっていました。塩はとても貴重だったので、それを敵に売ろうとしているところを見つかった人は、誰であれ処刑されました(23)。

フィンランドの空の神ウッコは、塩をつくった神として崇められていました。ウッコが天空の炎の火花を海に投げたおかげで、それまでは甘かった海水がしょっぱくなったのです。

新世界で塩が使われた記録はほとんど残っていませんが、アステカ族が塩の女神ウィシュトシワトルを崇めていたのは間違いありません(80)。

塩は、今でも神聖なものと考えられています。調理の際、塩をつまんで、スープやシチューの上から満遍なくふりかけるアラブの女性がいますが、こうすれば、食べ物の上を飛び回っているかもしれない悪魔の目を見えなくさせたり、悪魔を追い払えたりすると信じているからです(57)。現代のイランでは、不安に苛^{さいな}まれている人が塩に指を入れて、指についた塩を舌に乗せれば不安は消え去る、と言われています。

15. 塩、ビネガー、スープ、麺類

日本人は、招かれざる客が来たときには、玄関先に塩をまいて清めます。毎朝、店先に盛り塩をおく店主もいます。店に繁栄と客人をもたらしてくれると言われているからです[54]。

　英語圏では、塩をこぼすとよくないことがおこると言われていますが、この迷信は徐々に消えつつあります。

　私たちの時代の偉大な師の１人、マハトマ・ガンジーは、非暴力不服従運動を率いました。そして、ダーンディー目指して多くの支持者とともに堂々と行進し、そのアラビア海に面した小さな村で、一般市民のために「非合法な」塩をつくって販売したのです[104]。

◎魔法の使い方

　いつまでも夢のようなことばかり考えているなら、地に足をつける<ruby>食事<rt>グラウンディングする</rt></ruby>に塩を加えてください。魔法の効果が現れます。塩は少量で十分です。スピリチュアルな世界から現実世界へと意識を向けなおすことができるでしょう。

　塩は、<ruby>霊的自覚<rt>サイキック・アウェアネス</rt></ruby>の抑制にも用いられますから、<ruby>霊的自覚<rt>サイキック・アウェアネス</rt></ruby>を高めたいと思っているなら、塩味の食べ物は避けてください。

　加護とお金を引き寄せる食べ物に、<ruby>視覚化<rt>ビジュアライゼーション</rt></ruby>をおこないながら少量の塩を加えます。ただし、塩分の摂りすぎは体によくありません。過剰摂取で病気になったり、健康を害したりすれば、霊的な加護は著しく減少してしまうでしょう。したがって、あくまでもほどほどにしてください！

ビネガー

Vinegar

支配惑星	土星
支配元素	火
エネルギー	浄化、加護

◎豆知識

最初のビネガーは、「酸化した」ワインからできました。現代のアメリカの民間伝承によれば、ビネガーを手放すのは「幸運」を手放すに等しいそうです[46]。

◎魔法の使い方

鼻にツンとくる酸っぱい液体は、ご存知のように、ピクルスをつくったりサラダのドレッシングをつくったりするときに使います。けれどもビネガーは、魔法の食事でもとても役に立つのです（ただし使うのはりんご酢だけです。ホワイトビネガーは、口に入れるものには使わないでください）。

民間魔術を使う人たちは、水とビネガーを混ぜたもので水晶を洗って浄化します。同様に、グラスの水に２、３滴ビネガーをたらしたものを飲めば（あるいは、サラダのドレッシングなどの食べ物に加えていただけば）、私たちの体や心、感情を浄化できます。

小さな浅い器３つそれぞれに、ビネガーを満たして家の周りにおけば、ネガティブなものをとりのぞけるでしょう。必要に応じて器を空け、ビネガーを注ぎなおしてください。

ビネガーには加護の力もあります。強力な加護の食べ物をご紹介しましょう。生の玉ねぎを１個、スライスしてボウルに入れたら、同量のビネガーと水を加えて、玉ねぎを浸します。覆いをして、そのまま涼しい場所に24時間おいておきましょう。ピリッとした風味のある加護の食べ物ができあがります。箸休めにいただいてください。

スープ
Soups

概してスープの支配惑星は月、支配元素は水です。ここでは誰もが知るスープ２種と、それぞれにまつわる魔法の言い伝えをいくつかご紹介しましょう。

「ツバメの巣のスープ」：この中国のごちそうのことを耳にした西洋人はたくさ

15. 塩、ビネガー、スープ、麺類　　　215

んいます。原料の巣は現在、約500グラムにつき千ドルほどの高値がついています。巣の採取がどんどん難しくなってきているからです。鳥（ツバメの1種）は、中国、マレーシア、タイ、インドネシア、ベトナムの、人間が容易に近づくことのできない崖に巣をつくります。需要はつねに供給を上回っています。上質なツバメの巣のスープが何より好きだという人が、アジア全域にたくさんいるからです。

この心をそそられるごちそうは、棒切れだとか小枝だとかからつくられるのだと私は思っていたのですが、違いました。原料は、鳥の唾液腺の分泌物をかためて枝状に細長くしたもの。ツバメはそれを使って、巣をつくっているのです。採取した巣はよく洗って、異物をきれいにとりのぞいていき、最終的には、白くてふわふわしたスポンジ状のかたまりになります。

ツバメの巣のスープは、シンプルに巣のおいしさを堪能してください（もっとも35ドルもするスープには往々にして、味を高めるために蟹や海老、ハムが加えられますが）。けれども通常は魔法の目的のためにいただきます。

ツバメの巣のスープを飲めば、若さと健康が得られ、女性の肌はきれいになり、シミやニキビなどもことごとく消えると言われています。大事な試験の前に飲めば、確実にうまくいきます。欠かさず飲めば、健康を維持でき、性欲も強力に刺激されます[29]。

実際に飲んだことのある人はほとんどいないでしょうが、とても魅力的な食べ物なので、ここで紹介すべきだと思いました。

「チキンスープ」：初めて野鶏を家畜として飼い慣らしたのはおそらく、インダス文明の都市遺跡ハラッパーに暮らしていた古代の人々でしょう。もともと野生の生き物だったこの鳥が、やがて鶏となり、世界じゅうに広まっていったのでした[104]。

ふつうの風邪をひいたときに私たちがよく飲むチキンスープには、ある程度効果があることが科学的にも証明されています。温かいスープは、副鼻腔の通りをよくし、鼻詰まりを治してくれます[21]。さらに、風邪の原因のウィルスも退治してくれると言われています。

チャド（赤道直下のアフリカの国です）では、妊婦は鶏肉を食べないように

言われています。食べれば難産になり、子どもも先天的な異常を持って生まれてくるかもしれないからです[29]。

　ただし現代のエジプトでは、正反対のことが言われています。妊婦が鶏肉を食べれば、出産に必要な十分な体力がつけられる、というものです。エジプトの男性は、生殖能力を高めるためにチキンスープを飲みます。結婚を控えた男性は、式の数日前からひたすら大量のチキンスープを飲みます。初夜が不本意に終わらないようにするためです[23]。

麺類
Noodles

　日本人がお金を引き寄せるために食べる蕎麦については、すでに言及しました（8章を参照）。麺類の起源はほぼ確実に古代の中国にあります。そこから、インドや中東へ広まり、最後にヨーロッパに伝わりました[104]。麺類を考案したのはイタリア人だ、との声もありますが、同意はしかねます。面白いことに、麺類を用いたイタリア料理と中華料理には、どことなく似ているものが少なくありません。スパゲティは、マルコ・ポーロが極東から意気揚々と帰国した際にイタリアに伝わった、というのが通説です（この点について、議論する気は私にはありません）[104]。

　中国では、麺は長寿のシンボルです。記念日や誕生日といった特別な日に、成功と幸運を願って食べられます。私の友人のデ・トレイシー・レグーラは、中国の旧正月に長い麺を食べれば、その年は最高の「幸運」しか訪れない、と言います。

15. 塩、ビネガー、スープ、麺類　　　217

16. 海と川の食べ物

　広大な海は、そばに住む人々から、変わらず崇められています。神々は人間の目に見える先、はるかかなたで波に乗ったり、潜ったりしました。塩辛い海水の底深くには、奇妙な怪物が住むと信じられるようになったのは、1600年代になってからです。昔の地図には、広大な海にポツンと、「怪物の棲みか」と記されました。

　昔と変わらず今も、海はたくさんの人に食べるものを与え続けてくれています。おそらく海にはゾッとするような種もたくさんいるのでしょうが（ゴカイのような環形動物などは、南太平洋ではごちそうです）、多くの魚が何千年にもわたって食べられています。

魚
Fish

◎豆知識

　エジプトの神ラーは、黄泉の国を旅する際、魚に案内してもらった、というのが通説です。したがって古代エジプトでは、この特別な魚は、失明を治すことができると言われて食べられました[23]。エジプト人は、イシスやアモン、アテン、ラー、アモンラー、クヌム、ハピをはじめ、さまざまな神に魚を捧げました。オシリスに身を捧げた司祭長（プリースト）は、オシリスと魚にまつわる神話があるために、ある種の魚を口にしませんでした[23]。エジプトの墓や寺院からは、ミイラ化した魚が大量に発見されています。

　古代バビロンでは、魚はイシュタルに捧げられました。そしておそらく、そ

の前身であるシュメールのイナンナにも[12]。アッシリアの神話では、ヒレを持った生き物が、ユーフラテス川から岸に卵を１つ押し出しました。その卵からかえったのが、女神アタルガティスです。ゆえにすべての魚が大事にされ、調理されずにすんだのでした[79]。

ギリシャとローマでは、魚はポセイドンとネプチューンのような海洋神や、ビーナスなどの女神、また他の男神に捧げられました――が、すべて食べられました。

かつてのハワイの人たちは、自分たちの島の周囲を飛ぶように泳ぐすごい魚と、よく似た神がいることに気づきました。カネとペレはどちらも、オオプ（淡水魚）とつながりがありました。家族の特別な神に捧げられた魚を食べるのは、危険なことでした[7]。ハワイの神話には「魚の話」がたくさんあります。たとえば――

モロカイ島から来た男性が、オオプを数匹捕まえました。彼はオオプを葉で縛り、食べようと火にかけました。すると突然、魚が話しかけてきたのです（自分が食べられるとは思ってもみなかったからです）。気の毒に、男性は恐ろしさのあまり一目散に逃げ出したのでした[7]。

釣り針はかつて、最も重要な食料収集の道具でした。ハワイでは幸運のシンボルとして、今でも身につけられています。オムニマックス／アイマックスの映画『Behold Hawaii』の中心は、ハワイの若者をハワイの人たちの過去の旅へと誘う釣り針です。ハワイの夜空では、蠍座がマウイの釣り針と言われています。

中国では、鳥は魚が変化を経て至ったものであり、魚は鳥が姿を変えているものと考えられています。魚は自由、調和、解放のシンボルです。新婚夫婦には２匹の魚が贈られます。ヒレのある生き物は喜びに満ちた性行為をもたらすとの考えからです[3]。

魚を神聖なものと考えるのは、環境と完全に調和して生きる能力や、秀でた産卵力、私たちの祖先にとっての、食べ物として欠かすことのできない存在のゆえでしょう。愛とつながりのある地中海の女神は概して水や海とも関係があり、だからこそ魚はヨーロッパにおいて求婚や結婚の儀式にも用いられたのでした。

◎魔法の使い方

　魚は、海、川、湖を泳ぎます。水には霊的自覚^{サイキック・アウェアネス}を高める魔力があります。魚はまた、肉よりも簡単に消化できます。したがって魚は霊的自覚^{サイキック・アウェアネス}を高めたい人にぴったりの食べ物です。魚をブイヨンで煮てソースをかけたものやシチュー、スープは、特によく効きます。

　昔から愛と関係があるので、愛を与えたり受けとったりする能力を高めるのに魚を食べるのもうってつけでしょう。

　キャビアと魚には、催淫性もあると考えられています。性行為への関心に問題があるなら、魚を食べて視覚化^{ビジュアライゼーション}をおこなってください。

　本項の最後に、ビクトリア朝時代の民間儀式をお伝えしましょう。百年前にイングランドで大流行していたようです。ハロウィンの夜、寝る直前に、塩漬けニシンをそのまま生で、あるいは焼いてからいただきます。その際、水分はいっさい口にしないでください。歯も磨いてはいけません。食べたらベッドに直行です。眠りに落ちると、夢を見るでしょう。夢のなかで、あなたの喉の渇きを癒すために水を入れたグラスを持ってきてくれるのが、あなたの伴侶になる人です。こうした儀式が、ビクトリア朝の多くの若者に、未来をチラリと見せたに違いありません。

蟹

Crab

◎豆知識

　一風変わった生き物です。つねに疑念と少しの畏敬の念のこもった目で見られてきました。甲羅と、ふつうとは違う歩き方は人目を引きます。以前、南太平洋のサンゴ環礁の島々について読んでいてゾッとしたことがあるのですが、そこは定期的に蟹にびっしりと覆われるそうです。この奇妙な生き物たちは、途中のあらゆる障害をよじ登り、島の端から端まで移動していきます。

　日本人にとって、蟹は魔法の存在でした。洗ってきれいに乾かした蟹の甲羅がよく玄関先に打ちつけてありました。飾りではありません。悪魔を追い払い、

家人たちが健康で、病気にならないように、との願いがこめられているのでした[54]。

　なかでも、平家蟹という蟹は特に大事にされています。甲羅の模様が独特で、どことなく人間の顔に似ています。瀬戸内海の壇ノ浦での戦いに敗れて、海の藻屑となった武士たちの生まれ変わりだと信じられていました[54]。

◎魔法の使い方

　蟹も、催淫性のある食べ物だと言われています。

貝
Shellfish

◎豆知識

　南太平洋の巨大な二枚貝（Tridacna noae）の話を知らない人はいないでしょう。ダイバーがたまたま、この二枚貝のあいだに足を入れてしまうと、途端に貝は閉じ、ダイバーは獰猛で危険な貝に足を挟まれたまま、溺れ死んでしまうのです。

　これはもちろん神話です。二枚貝は、危険なものではありません。その「口」で、人間の足や腕を捕まえるなど不可能です。貝を人に向かって投げつけるのはもちろん危ないですが、それとて貝にまつわる想定内の危険にすぎません。

　世界じゅうで（南太平洋、アメリカ、中東、アジアなど、あらゆるところで）貝はお金、装飾品、そして儀式の道具として用いられてきました＊。

　貝殻玉と言われる、ホンビノスガイを使った円筒形のビーズは、お金や、儀式でやりとりされるツール、さらにはアメリカ東岸のインディアンたちによるメッセージの送信手段として活用されました。この貝殻玉は、1600年代までにすっかり浸透し、アメリカ国内にあったイギリスとオランダの植民地内で、法律で認められた正式な通貨となったのです。

16. 海と川の食べ物

221

◎魔法の使い方

他のすべての海産食物と同じで、貝も昔から、性欲を高めるために食べられてきました。クラムチャウダーは、この目的のためにはいささか強力すぎますが、他の形で食べるなら、なんでも大丈夫です。貝は、霊的自覚^{サイキック・アウェアネス}の食事の一環としても食べられることがあります。

＊この話に関するおすすめのすばらしい本があります。『海からの贈りもの「貝」と人間 —— 人類学からの視点』（ジェイン・F・セイファー、フランシス・M・ギル共著、杉浦満訳、1986年、築地書館）です。

寿司
Sushi

告白すると、私は寿司屋に行ったことがありません。雲丹も食べたことがありません。美しく握られた小さな寿司を口いっぱい頬張るために、50ドルから100ドルという大金を投じたこともありません。けれども、本で読んだことならありますし、友人の多くがこの日本独自の調理法でつくられる摩訶不思議な食べ物の虜（とりこ）になっています。

握り方はとても難しそうですが、ほとんどの場合材料は、魚介類、海藻、お米、それに新鮮な野菜だけです。これらの材料のおかげで、寿司は霊的自覚^{サイキック・アウェアネス}のためのとてもすばらしい食べ物となります。（残念なことに、日本でも最先端をいく寿司には、アボカドが使われているそうです……それにスパムも。）

日本の寿司店でよく見る、ある人気のネタは、長いあいだアメリカで供することを禁じられてきました。ただし最近、日本からアメリカに来る和食の職人たちに対しては、それを持参することが許可されました。彼らが大事に運んできたのが河豚です。日本では過去に、河豚のせいで多くの人が命を落としてきました。河豚を透けそうなほど薄く切って並べられた一皿には、毒などどこにもなさそうに見えるのですが。

そう、河豚には部位によって毒があるのです。河豚を調理できるのは免許を持った人だけです。彼らが、有毒部位をとりのぞいてくれます。正しい調理を

しないでいただくと、命を落としてしまうでしょう[54]。

　日本では、河豚は高級な寿司ネタの1つです。とはいえ、いつか私が寿司屋に行くことがあっても、河豚を握ってもらうことはたぶんないでしょう。

17. ビール、ワイン、アルコール飲料*

　最初のアルコール飲料は、偶然の産物でした。水と一緒に壺に入れて放置しておいたら、泡が立ってきた蜂蜜、傷んでしまったぶどうの果汁、器に大量に残っていたココナッツの樹液、そして生きているかのように発酵し始めたパン種。決して確かではありませんが、蜂蜜を原料とした最初のアルコール飲料は、少なくとも1万年前につくられたようです。

　西暦紀元前3000年まで、アルコール飲料はメソポタミアでとても重要なものでした。飲んだ人に間違いなく影響をおよぼすビール（ワインの登場はこの後です）は、神聖な液体として日々の生活はもちろん、儀式にも用いられました。

　中東では、ワインがあっというまに広まりました。酒がつくられたのはアジアです。パンをつくるうえで欠かせない発酵のコツが、古代の世界のいたるところで生かされ、アルコール飲料がつくられたのでした。

　本章を読むにあたって、覚えておいていただきたいのですが、いずれの社会においても、人々の精神に作用する物質が1つか2つは容認されています。シベリア人はベニテングタケです。かつてのメソポタミアの人たちは、それとは異なるもののやはり精神に強い作用をおよぼすさまざまなきのこ（シビレタケ属）や、ある種のシソ科の植物（サルビア・ディビノラム）を受け入れていました。チョウセンアサガオは、アメリカ・インディアンの多くの部族が用いました。南アメリカのいたるところで儀式の際に食べられていたのは、アヤワスカ（バニステリオプシス・カーピ）のような幻覚作用のある植物です。発酵飲料は、アフリカの各地で好まれました。ポリネシアの人たちは、聖なる木（Piper methysticum）の根から抽出した飲み物をアバまたはカバと称して求めました。そして以前のヨーロッパの人たちは、これから見ていくように、ビールやエール、ワインを飲んだのです[58, 123]。

224　　　　　　　第2部　食べ物の魔法

精神作用物質を乱用する人たちは後を絶ちませんが、かつてドラッグ（薬物）の使用は往々にして、宗教と魔術における特別な儀式の場合にかぎられていました。これらは、ただ快楽を得るためだけのツールではなかったのです。

　アメリカでは、この手の薬物のなかで唯一法的に認められたものがアルコールです。チョコレートや砂糖、コーヒー、お茶、タバコも薬物に分類することができますが、アルコールと同じ扱いではありません。化学物質や植物由来の向精神「薬物」は、処方されるものにしても、路上で売られているものにしても、たくさん存在しますが、私たちの社会にアルコールのようなダメージをもたらすことはありません。

　昔とは正反対で、現代の西洋における霊的・魔術的組織の大半は、アルコールを含めて、どんなものであれ人を酔わせるものを儀式の前に用いることを禁じています。彼らの多くも、儀式のあとで、祝祭などの際にはワインを飲みますが、儀式そのものへの薬物の使用は許されていません。

　本章では、主要なアルコール飲料の儀式的・魔術的な用い方について見ていきたいと思います。

＊これは、アルコールを飲むようすすめる項だとは思わないでください。飲むならほどほどに。飲んだら、運転はやめましょう。飲む習慣がない人は、わざわざ飲み始めないでください。

ビール
Beer

支配惑星	火星
支配元素	火
エネルギー	浄化

◎豆知識

　ビールが初めて意図的につくられたのは、新石器時代でしょう[104]。女性が、膨らんだパンを見てビールをつくり出したのはほぼ間違いありません。どちら

も発酵なしには語れないものです。

　ごく初期のメソポタミア文明では、ビールが飲まれ、大切にされていました。王朝誕生前のエジプトの人たちは、すでに西暦紀元前5000年にはビールを楽しんでいました。西暦紀元前2800年ごろのシュメール人の粘土板には、19種類ものビールのことが書かれています[29]。エジプトで最初に一般向けのビール店（「バー」）ができたのは、西暦紀元前1913年のようです。

　のちに、イシスが自分の子どもたちにビールづくりの秘密を教えたと言われています[23]。酩酊の神ハトホルも、ビールをつくったと信じられていました[23]。古代エジプトでは、酔うのは喜びでした。宗教的な恍惚感とも関係があったかもしれません[23]。

　ビールは、エジプト人の生活になくてはならないものであり、夢の解釈にも関わっていたのです。小麦でつくったビールを飲む夢は喜びを、大麦のビールはその人の長寿を予言するものでした[23]。

　食べ物、医薬、そして儀式の貢ぎ物としての利用とは別に、ビールは魔法でも用いられました。嫌な夢を見ないようにするには、ある種のハーブをビールに浸します。そしてその濡れた葉で、呪文を唱えながら、寝ている人の顔をこするのです[23]。

　シュメール人、エジプト人、バビロニア人は、小麦と大麦でビールを醸造しましたが、いずれも大麦のビールの方が好まれました。古代の世界では、人間にも神にも一番人気のあった飲み物がビールだったのです——ワインにとって代わられるまでは。

◎魔法の使い方

　今日ビールは、民間魔術において、心と体と精神の浄化に用いられます。カップ半分のビールを湯を張った浴槽に入れて、浸かってください

　少量を飲めば（本当にごく少量です）、体のなかから浄化できます。グラスを両手で持ち、視覚化（ビジュアライゼーション）をおこなってから飲みましょう。

　消化促進のため、食後にグラス1杯のビールかエールを飲むようすすめる医者もいます。きちんとした消化は健康の基本であり、たいていの人にとって「少量の」ビールは健康にいいので、ビールは健康の食事に加えられることもあり

ます。（ここで言う少量とは、6缶パックのことではありません。180ml弱で十分です。）

ビールのがぶ飲みは、宗教の行為として認められていたことがあります。けれども酩酊は、もはやどんな意味においても聖なる行為とは解釈されません。

ワイン
Wine

支配惑星　　太陽（赤ワイン）、月（白ワイン）
支配元素　　火
エネルギー　祝福

◎豆知識

かつてビールは、古代メソポタミアで人気の飲み物でしたが、人々はやがて、デーツや胡麻など、他の食べ物を発酵させてワインをつくる術を学びました[117]。そしてのちに、ぶどうを原料としたワインがつくられます。男神と女神への貢ぎ物として、数えられないほどのボトルからワインが注がれました[23]。

一番最初のワインの神は女性でした。女神たちはぶどうのなかに隠れていて、発酵の喜びを人間に与えたのです。こうした初期の神々のなかにいたのがゲシュティン、シュメールのぶどうの木の女神でした[117]。

西暦紀元前3000年ごろ、記録によれば、キシュという都市に、有名な女性のワイン業者がいたそうです。彼女の名前はアザグ・バウ。女王の名前でもあり、2人は同一人物だったのかもしれません。それから千年後、さまざまな寺院に帰属する女司祭長たちは、変わらずワインをつくって売っていました[117]。

西暦紀元前2000年ごろ、ウガリットで崇められていたワインの女神パガットは、どうやら父親のダネルを手伝ってぶどうを栽培し、その延長でワインをつくっていたようです[117]。

かつてのメソポタミアで貢ぎ物として最もふさわしかったのがワインでした。イシュタルには毎日、ワインの入った壺が12も捧げられました。ナナに捧げら

17. ビール、ワイン、アルコール飲料

れた壺は10でした。男神のアヌには、ビールとワインの入った金の壺が18も供されました。ネブカドネザル2世の書記官たちによると、彼はマルドゥク神にとめどなくワインを注いだそうです。崇拝する人間にならってつくられる女神と男神は、お酒も酔っ払うことも大好きだと考えられていたのでした[117]。

西暦紀元前3000年には、エジプト人はオシリスとワインを結びつけていました。数あるオシリスの呼称の1つが「氾濫期のワインの神」で[117]、オシリスがエジプトの人々にぶどうの栽培を教えたと言われています。ホルスもワインと関係がありました。赤ワインがホルスの右目を、白が左目を示していたのです[117]。

一番最初のエジプト王朝では、ワインは上流階級のためだけに確保されていました。寺院の儀式の際にも用いられています。司祭長たち（と女司祭長たち）は、ぶどうを育て、ワインをつくりました。庶民がこうした神聖な飲み物を口にできたのは、エジプトの長い歴史のなかでもかなり後半になってから、西暦紀元前1000年ごろだったようです[104]。

西暦紀元前1500年ごろの古代エジプトでは、ワインをつくる際、蛇の女神レネヌテト（「たくさん与える者」）に祈りが捧げられました。ぶどう搾り器の上か近くには、レネヌテトの祭壇か、小さな像がおかれていました[117]。

ところが、ぶどうからつくられるワインが浸透してくると、古代エジプトの富裕層は、今度はワインの多様さを楽しみだしました。なかにはデーツからつくられたワインもありました。そしてエジプト王朝終末期には、ざくろのワインも登場しました[117]。この地では、ワインは特別な貢ぎ物でした。ラムセス3世は、テーベやヘリオポリス、メンフィスの寺院に、ワインの入った壺を15万2103個も捧げたようです[23]。亡くなったファラオがひもじい思いをしないように、墓にはさまざまなものが埋葬されましたが、そのなかにも、ありとあらゆるタイプのワインがありました[23]。来世でもファラオが変わらずお酒を楽しめるように、との願いがこめられていたのです。

古代ギリシャでは、ワインは神への献酒に用いられ、大衆からも飲み物として好まれました。のちにローマ人もまねをするようになりましたが、ギリシャ人はワインを水で割って飲みました。酔っ払いのゴブリン、モーソンに嫌なことをされないように、です（もちろんこれは、ギリシャのワインと酩酊の神ディ

オニュソスを熱心に崇めなければ、の話でしたが）[117]。

ワインは、古代のクレタでも人気がありました。そして、ギリシャへの礼拝に先駆けて、ポセイドンとディオニュソスの2人を含むクレタの神々に捧げられたのです[117]。

古代ローマには、ワインにまつわる面白い話がいくつかありました。ローマ建国から最初の数年間、女性はローマ市内でワインを飲むことを禁じられていたのです。そして、誰であれ、捕まれば処刑されました[117]。また、ワインは変わらず人気の献酒でしたが、それはあくまでもかぎられた神に対してだけでした。他の神にワインを捧げることは禁止されていたのです[117]。

ローマのワインが有名になったのは、西暦2世紀です。ローマは、それまでエールと蜂蜜酒しか飲まれていなかったガリアとブリテンに、ワインを売りました。そしてローマがブリテンに侵攻して以降、ブリテンでもワインが飲み物として広く認められていったのです[117]。

ローマのワインは、ぶどうを原料に、さまざまな花やハーブで香りづけがされていました。蜂蜜はもちろん、薔薇（ローズ）、スミレ、ミルラ、ヨモギ、胡椒などがすべて加えられて、ワインの味わいを多彩に変えました。さらなる香りを付加する際には、ワインが入っていた大樽は、ローズマリー、マートル、ローリエ、ミルラで燻蒸消毒されました[117]。

ローマのワインの神リーベル（またはリーベル・パテル）は、さほど熱心に崇められませんでした。バッカスは、いわばローマのディオニュソスでしたが、リーベルと同じで、ディオニュソスがかつて就いた、ぶどうのつるで覆われた玉座に登ることはありませんでした[117]。

ワインは、宗教において重要な役割を果たし続けます。最も顕著なのは、カトリック教会における一番神聖な儀式での利用でしょう。その際ワインは神秘的な変化を遂げて、キリストの血となるのです。

ワインはまた、現代のウイッカの儀式においても、儀式の食事の一環として飲まれます。ワインと三日月形のケーキが、儀式の参加者たちに回されます。ワインとケーキは女神と男神の恵みを表し、儀式（これは「ケーキとワイン」と称されることもあります）では、それに先んじて高揚したパワーを「接地」させます。こうしたお酒を飲む儀式は、西暦紀元よりもさらに数世紀前に遡り

ます。

◎魔法の使い方

　概して白ワインは月と、赤ワインは太陽と関係があります。ワインは体の緊張を適宜緩めてくれるすばらしい飲み物で、健康な人が1日グラス1杯飲むなら、何の問題もありません。

　何であれ、魔法の儀式をおこなう前には、アルコールは口にしないでください。アルコールを摂取しすぎると、反射神経が鈍り、頭もぼんやりして、魔法の儀式がうまくおこなえなくなります。ワインは、あらゆる魔法の儀式や宗教上の行事のあとでおこなわれる祝宴の際に嗜むのが一番です。

他のアルコール飲料

「アブサン」：危険な飲料で、かつてはとても人気がありました。人気が潰えたのは、飲むと（ヨモギやニガヨモギなどで風味をつけてありました）体と神経系に生涯消えることのないダメージを引き起こすことがわかったからです[28]。アブサンの過剰摂取者によく見られたのが、大脳皮質の損傷だったようです[1]。アブサンは、1915年以降アメリカとヨーロッパの複数の国で禁止されていますが、催淫性の飲料として求める人たちが依然として存在しています。危険なので、飲もうなどとは考えないでください。

「アニゼット」：浄化のために飲まれることがあります。

「アプリコットブランデー」：性欲を促すために飲まれることがあります。

「ブラックベリーブランデー」：お金と性的刺激のために飲んでもいいでしょう。

「ブランデー」：現代のマサテコ族のシャーマンは、儀式の際「霊魂」にブランデーを捧げます[109]。ルネサンス期の魔法の香料の原料でもありました。

230　　　　第2部　食べ物の魔法

「シャルトリューズ」：緑色のリキュールで、バジルが含まれていることから、催淫薬として用いられることがあります。

「コニャック」：愛を誘発する、と言われています。他のすべてのアルコール飲料と同じです。違うのは、コニャックの有する効力が他に比べて高いことでしょう。ただし、ここで言う「愛」は「情欲」のことです。

「クレーム・ド・カカオ」：愛とお金のために飲まれることがあります。

「クレーム・ド・ミント」：浄化のリキュールです。

「ジン」：ハワイ島のハレマウマウ火口に住む火山の女神ペレへの現代の貢ぎ物として広く用いられています。かつては火口に、生身の人間以外のもの——花や果物、ときには動物も——を生け贄として投げこんでいましたが、その現代版です。ペレは、溶岩や噴煙、火山灰などを吹きあげて、人間の命を奪っていたのです。

「キルシュ」：さくらんぼ風味のリキュールで、愛のために飲まれることがあります。

「キュンメル」：ドイツのリキュールで、重い食事のあとに供されることが多く、キャラウェイで風味づけされています。健康と加護のために少量を少しずつ飲むといいでしょう。もちろん、適切な視覚化をおこないながら。

「蜂蜜酒」：蜂蜜のワインは今でも入手可能です。愛の食事の一環として、あるいは、他者とおこなう儀式後の祝賀の際にいただきます。

「メスカル」：リュウゼツランまたは青のリュウゼツランの分泌液を発酵させたものを蒸留してつくる、とても強いアルコール飲料です。本物のメスカルの瓶には、原料であるリュウゼツラン（アガベ）に生息する虫、アガベワームが入っ

ていることがままあります[90]。アガベワームを食べると、幻覚を見ると言われ
ています。メスカルそのものに催淫効果があると言うメキシコ人もいます。

「オレンジキュラソー」：愛、浄化。

「ペルノ」：浄化のために少量を飲むといいでしょう。

「プルケ」：征服前のメキシコで尊ばれていた飲料です。マヤウェルはプルケの
女神でした[78]。かつては人間だったのですが、女神と男神が自分たちの仲間に
加えたのです[10]。酩酊をもたらすとともに、命の終わりももたらすと言われて
いました。プルケはおそらく、戦いに赴く前の兵士たちを鼓舞するために活用
されたのでしょう[78]。また、西暦1000年ごろ、初めてプルケをつくったのはト
ルテック族だったかもしれません。プルケはアステカ族やトルテック族をはじ
めとするメソアメリカの人々から、女神や男神への捧げ物として用いられまし
た。結婚式や葬儀の際にも好んで配られ、薬としての特性もあったと言われて
います[109]。

「ラム」：現代のブードゥー教の儀式で、加護と情欲誘発のために用いられます。
ヨルバ族のサンテリアといった、アフリカ系民族の複数の宗教で、オリシャ
（神）たちに好んで捧げられます。メキシコのシャーマンが、水晶を浄化する際
にもラムは用いられます。

「日本酒」：お米を発酵させてつくる日本酒（技術的にはビールと同じです）は、
本来、日本で神々や祖先の霊に捧げられていました。その後、神々が残したも
のを、捧げた人間たちが飲んだのです。日本酒は、現代の日本社会でも重要な
役割を果たしています[29]。酒を飲まなければ結婚は成立しないようですし、日
本酒の瓶が神々や大事な祖先のために神社に奉納されます。特に新年には欠か
せません[54]。

「ストレガ」：イタリアのリキュールで、ラベルには魔女の絵が描かれています。

浄化の食事に加えると、強い効果を発揮します（もちろん、飲みすぎは禁物です）。もともとはイタリアの魔女によってつくられたと言われています。

「テキーラ」：性欲促進に用いられます。ミステク族はテキーラを自分たちの神々に捧げました。テキーラもメスカルもリュウゼツランからつくられますが、メスカルに用いるリュウゼツランの種類はどれでもいいのに対して、テキーラに使われる品種は決められています。

「ウイスキー」：アメリカの民間医療で広く用いられたウイスキーは、現代のアメリカの民間魔術でも役割を果たしています。寒天を少量ウイスキーの瓶に入れて浸せば、「いい精霊」を呼び寄せることができます。毒きのこも、ウイスキーに浸してから、軸で呪いをかけられた人の体をこすれば、呪いを解くことができます。

あとがき

　何度も書いておくべきだと思うので、最後にもう一度。本章は、あなたにアルコール飲料の摂取を強要しているわけでは決してありません。飲むのであれば、ほどほどに。また、飲んだら、絶対にハンドルは握らないでください。飲む習慣がない人は、わざわざ飲み始めないでください！

　飲んだからといって、パワーや叡智が得られるわけではありません。アルコールは、霊的あるいは魔術的な啓発を促しはしません。むしろ阻害します。（アルコールのように）私たちの心や体を支配するものはなんであれ、魔法の習熟には百害あって一利なしです。

　この章に掲載した情報は、あくまでも、それぞれのアルコール飲料にまつわる歴史に関心を持ってもらうためのものにすぎません。私自身、ここに挙げた飲料はほとんど飲んだこともありませんし、今後も飲むつもりはまったくありません！

18. お茶とコーヒー

　お茶とコーヒーといえば、世界でも最も人気のある飲み物に入ります。いずれも広範囲でつくられていて、現代の社会において著しい効果を発揮しています。

お茶
Tea
(*Thea sinensis*)

支配惑星　　火星
支配元素　　火
エネルギー　意識、お金、勇気

◎豆知識

　原産はおそらく北インドで[120]、中国には西暦500年にはすでに伝わっていました[71,76]。その時点でもう、お茶は中国の貿易品としての地位を確立したのです[3]。10世紀、お茶は理想的な飲み物と考えられていました。緑茶はかつて、「液体のヒスイ」と言われていました。

　中国でお茶を栽培している人たちのなかには、今でも陸羽を尊敬している、という人がいるかもしれません。彼は、西暦804年に亡くなる前に、『茶経』という書物を書きました[3,76]。茶道が日本に紹介されたのは、13～14世紀のあいだです[3]。

　お茶にまつわる伝説や神話はたくさんあります。たとえば、ある聖人は瞑想

を続けたかったのに、睡魔に負けてしまいました。目覚めた彼は己のまつげを
むしりとり、それが地面に落ちてお茶の木が生まれました[76]。

　お茶は、ブッダへの捧げ物でした。

　お茶はまた、かなり早くにイングランドに伝わり、1600年代にはすでに紅茶
を飲むことがイギリス人聖職者たちから非難されていました。なぜこの素朴な
飲み物が、悪魔と結びついたのでしょうか。聖職者たちは、紅茶を飲むことで
道徳性が失われ、健康を害すると考えたのです。もっとも御多分にもれず、狂
信者の言葉にさしたる影響力はありませんでしたが[120]。イングランドでは、コー
ヒーの摂取量が増えてきているとはいえ、今でも紅茶は最も人気のあるノンア
ルコール飲料です。

　茶葉占いは、少なくとも1600年代以降イングランドなどで人気を博していて、
今でも変わらず楽しまれています[82]。まず、カップに注いだ紅茶を飲みます。
通常、カップの底には、茶葉が少量残りますから、茶葉の残ったカップを受け
皿の上でひっくり返します。そしてそのまま3回、回してから、カップをもと
に戻してください。占う人は、意識を集中して、不規則に散らばった茶葉から
シンボルを読みとり、それを、紅茶を飲んだ人とつなげて、読み解いていきま
す。ティーバッグでは、この占いはできません。紅茶は必ず茶葉を使っていれ
てください。

◎魔法の使い方

　お茶を飲むと意識が活性化します（多分に含まれているカフェインも一助と
なります）。お金をもたらすためにも飲まれます（ティーバッグか茶葉を両手で
持ち、視 覚 化 をおこなってからいれてください）。勇気も湧いてきます。

　お茶はとても依存性の高いものです。すべての薬物と同じで、飲みすぎない
よう気をつけましょう。

コーヒー

Coffee

(*Coffea arabica*)

支配惑星	火星
支配元素	火
エネルギー	意識、体力

◎豆知識

　大勢のアメリカ人が、1杯のコーヒーから1日を始めます。気分を高め、来るべき諸々に立ち向かう心の準備をさせてくれる習慣。もちろん、この習慣のおかげで、コーヒー豆の栽培業者も、焙煎業者も粉砕業者も、卸売り業者も小売り業者も幸せです。

　コーヒーの原産地は、エチオピア[104]か熱帯アフリカ地域のどこかでしょう[71]。地元の人たちは、コーヒーの実でワインをつくったり、刺激剤として豆を食べたりもしました[71]。西暦1000年ごろ、エチオピアのアラブ人たちが、豆から温かい飲み物をつくり始めました[71]。

　コーヒーはあっというまに、地中海沿岸地域に広まりました。最初に営利目的のコーヒーハウスができたのはトルコで、1554年のことでした。イングランドで最初にコーヒーハウスがオープンしたのは1650年です[104]。コーヒーは中東各地で広範な人気を得ていきましたが（よく知られているものとしては、トルココーヒーがあります）、紅茶を愛するイングランドでは、完全には受け入れられませんでした。

　コーヒーは、世界の温帯地域で栽培されますが、多くは南アメリカです。アメリカのハワイ島でも栽培されます。ここでつくられるコナコーヒーこそが最高のコーヒーだと多くの人が考えています。

　コーヒーが絶大な人気を得たのは、覚醒効果のためですが、カフェインだけではこれほどの刺激を与えることはできない、との指摘があります。カフェインが摂取されてから中枢神経系に影響をおよぼすまでには、30〜90分かかります[41]。それなのに、一口か二口飲んだだけで、すぐに生理現象を引き起こせる

ように見えるのはなぜなのでしょう。

いれたてのコーヒーの香りが、意識を刺激するからだと言われています。目を覚まそうとして、毎朝芳醇な香りをかぐことがおなじみのパターンになっています。そこで毎朝のルーティンが始まると、香りのおかげで私たちは自動的に覚醒するのです。やがて香りの効果は消えていくかもしれませんが、そのころにはカフェインが効いてくる、というわけです。

コーヒー、お茶、カフェインに関しては、依然として議論がわかれています。カフェインは間違いなく、健康にとって大きな害になる、と言う人もいれば、そんな報告は誤りだと断じる人もいます。とはいえ、カフェインが強力な薬物であることは疑いようがなく、したがって、赤ん坊や動物には絶対に与えてはいけません。大量に摂取すると、心不全を引き起こす可能性があります[41]。

◎魔法の使い方

コーヒーに「魔法の」効果はあるのでしょうか。あります。ただし、1日に12杯も飲まなければ、ですが。多くの人が、この苦いコーヒーなしではいられなくなっています。そうやって四六時中飲んでいれば、いざというときに魔法の効果は発揮されません。どうか忘れないでください。どんな食べ物や飲み物でも、効果的に用いるには、すべからくほどほどが大事なのです。

しかしながらコーヒーは（お茶も）、少量いただくなら、心を刺激し、体力をつけることができます。もちろんコーヒー（やお茶）をいれて飲むときは、必ず視覚化をおこないましょう。

19. 不思議な卵

　卵には、指の爪ぐらいの小さいものから、人の足ぐらいの巨大なものまで、ありとあらゆるサイズがあります。そんな卵を産みだす、最も見てくれのいい鳥たちは昔からずっと、空や、空に住む古代の神々と関係がありました。命の本質がぎっしり詰まった卵は、大事にされ、呪われ、集められ、割られ、食べられ、埋められ、混ぜられ、数え切れないほどの形で用いられてきたのです。卵の持つ不思議なエネルギーを活用したいと望む人間によって。

　大地そのものが卵です。命は、神によってつくられた卵から産みだされました。卵は、人間と動物の命を支えています——その多くは、卵からかえったのです。

　シヴァ神は、大地と空が形成されたところから卵をつくり出しました。オシリス、アフロディーテ、ビーナス、エオストラ（私たちが今日も、キリスト教の祝祭イースターで崇めている神です）もすべて、卵と関係がありました。アポロ像のそばか足元には、卵の山があります[79]。世界じゅうの神話のなかで、卵は神と密接につながっているのです。

　卵は創造の完璧なシンボルだ、との説もあります。命そのものを産みだすのはもちろんのこと（受精卵なら、ですが）、殻が土を、そして薄膜が風、黄身が火、白身が水を表している、というのです[79]。4つの元素はもとより、顕現（けんげん）の可能性も秘めている卵、つまりは森羅万象が記されている「アカシックエッグ」のようなものと言えるでしょう。

　卵はかつて、人間の代わりに儀式の生け贄（にえ）として捧げられました。少なくとも旧石器時代以降、新たに建てられる家を守るための礎（いしずえ）となる儀式で、卵は用いられてきました[79]。それから1万年後、家と、そこに先祖代々住み続ける住人たちを守るために、この儀式はインドで変わらずおこなわれています[79]。

238　　第2部　食べ物の魔法

今日世界じゅうで最もたくさん食べられている卵の親である「鶏」は、アジア原産です（他の鳥の卵も食べられてはいますが、本章内の民間魔術で用いる大半の卵は、鶏卵を指しています）。この不思議な食べ物は、昔からありとあらゆる魔法の儀式において活用されてきました。それではこれから、人々が卵を使ってきたいくつかの目的について見ていきましょう。

癒し

ジャマイカでは、卵は「魔法の」木に向かって投げられます。病人に病気をもたらした霊に、生け贄として捧げるためです。この儀式には、太鼓や歌がつきものです[79]。

かつて中国の祖母は、まだ乳児の孫が病気になると、茶碗1杯のご飯と卵1個、線香2本を通りの角へ持っていきました。そして祖母は、病気で苦しむ孫の名前を繰り返し唱えながら食べ物を捧げ、線香に火をつけました[79]。なかには、鳩の卵を食べて、天然痘を予防しようとした中国人もいました[76]。

モロッコでは、具合の悪い人は、かたゆで卵に祈りを刻んで食べることで治そうとしました[79]。

健康維持のために、ドイツ人は、卵の両端に小さな穴を開け中身をきれいに吹きだすと、代わりに胡椒の実と塩粒をそれぞれ13粒ずつ入れていたことがあります。そしてその卵を、熱を出さないお守りとして、庭に埋めたのです（熱は、さまざまな感染症に共通する症状だったからです）[79]。

加護

卵は、加護を与えてくれると考えられていました。おそらく、大半が白く、白は昔から純潔や神聖さと関係があるからでしょう。

古代エジプトでは、船上の人々が、沈没や、敵意を抱くあらゆる残忍な相手による攻撃からの加護を願って、片手に卵を持ちながら加護の祈りを唱えたそうです。[79]。

最近までドイツ人は、メーデーに特別な加護の儀式をおこなうのがつねでし

19. 不思議な卵

た。生卵を玄関の敷居の下に埋めて、家を「悪魔」から守ったのです。

「邪視」の力を断ち切るために、インドに暮らすイスラム教徒は、病気で苦しんでいる人に向けて、塩、ハーブのターメリック、卵を振り回します。その後この3つは、交差点に投げつけられるのです[79]。

ヨーロッパでは、それぞれの家に卵が吊るしてありました。そうやって、雹（ひょう）に降られないよう、雷が落ちないよう、疫病が侵入してこないよう願ったのです[79]。

予知

雌鶏が産み落とした最初の卵には、特別なパワーが備わっていると昔から言われてきました。白い雌鶏が産んだ最初の卵を枕の下においておけば、将来の伴侶を知る夢が見られると信じられていたのです[82]。

記録によれば、ヨーロッパでは少なくとも1684年以降、卵が予言に用いられてきました[82]。ミッドサマーによくおこなわれていた儀式があります。卵の細い方の先端に針で穴を開けます。穴から自然に落ちてくる白身を、水を張ったたらいかグラスで受けます。そして、水の上に広がった白身の形から未来を読み解いたのでした[82]。

同様の占いが、世界じゅうで今もおこなわれています。たとえば現代のメキシコでは、病人の体を生卵とハーブ（ローズマリーとペッパーツリーの葉を含めてください）と、「シエテ・マチョス」という「魔法の」コロンでこすります。その後、卵を水の入ったグラスに割り入れます。グラスのなかの水が泡立ったり、「汚れ」たりすれば、病人には呪いがかけられていたのです。卵のメッセージを読み解く方法は、他にもたくさんあります[121]。

予言の例をもう少し見てみましょう。治療師が祈りを捧げながら、産みたての卵で病気の子どもをこすります。その後、こすった卵を割って中身を1晩、子どものベッドの下においておきます。翌朝、卵が「調理されて」いれば、子どもは間違いなく元気になります[42]。

現代の民間でおこなわれている夢占いによれば、単に卵の夢を見るだけで未来が占えると言います。卵がたくさんなら富の前兆で、少なければ、富は手に

240　　　　　　第2部　食べ物の魔法

入らない、ということです[79]。黄身が2つある卵は昔から、もうすぐ思いもかけないすばらしい人と結婚できる印と言われています。

セックス（性）

◎豆知識

モロッコでは、女性は夫の前では卵を食べませんでした。下品なことだからです[79]。魚の卵であるキャビアは前々から、性欲刺激物として珍重されてきました。鶏卵さながら、ゆっくりと堪能されることもあれば、一気に丸呑みにされることもありました。

ユダヤ人女性は、黄身が2つある卵を食べて不妊症を治そうとしたことがありました。実にわかりやすい多産のシンボルです[79]。

◎さまざまな使い方

子どもが魔法にかかったと思ったら（3百年前は真剣に悩んだのです）、卵を1個、湖か池に投げました。卵が沈めば、子どもは本当に魔法にかかっていた、ということでした[79]。ほんの一昔前には、ロシアの農民は目玉焼きを肩越しに投げて、亡くなった先祖に捧げていました[79]。

インドの小売り店主は、仕事がうまくいかず、お金が入ってこなくなると、朝早く起きて、塩と卵を手に交差点へ歩いていきました。そこで呪文を唱え、塩と卵を投げます。卵が割れて、黄身と白身が地面に飛び散ったら、店主は殻と塩を拾い集めて自宅（さらに／あるいは店）へ持ち帰って燃やすのです[79]。

◎魔法の使い方

卵は本当に摩訶不思議なものです。私たちはそれを食べます。子どもたちは今でも、鳥の卵や巣を集めます。精神性（スピリチュアリティ）の食事に加えれば、すばらしい効果があります。この目的のためであれば、どのような形で食べても大丈夫です。加護や、（しっかりとたんぱく質を摂取して）地に足をつける（グラウンディングする）食事、妊娠を促すのにもぴったりです。

私は今でも、オレゴンの朝、身にしみる寒さのなかを祖母と歩いたことを覚

19. 不思議な卵

241

えています。私たちが向かっていたのは鶏小屋でした。布で覆いをしたバスケットが、祖母の腕で揺れていました。私の身長は、バスケットの高さとかろうじて同じぐらいでした。祖父母の農場で夏を過ごしていた私は毎朝、羽毛だらけの生き物の下から現れる、不思議な卵を拾い集めていたのでした。

　現代の世のなかは、卵という欠かすことのできない食べ物の魔法をあらかたはぎとってしまいました。卵は、政策や倫理と同じで、あらかじめパッケージ化されてしまっています。卵の出自に思いを巡らせる人などほとんどいません。かつて卵にあったと信じられていた魔法に至ってはなおさらです。

　唯一の例外は、黄身が2つある卵を見つけたときぐらいでしょう。

　それでも、青や紫や赤といった色の卵を産んだ鶏がニュースでとりあげられることがたまにはあります。世間の関心は、そんな神秘的な出来事にしばしば刺激されます。そして再び卵は（あるいは少なくとも、いくつかの目立つものは）、かつてペイガンたちが誇らしげに見たように、創造、命、自然の背後に潜む力のシンボルとして脚光を浴びるのです。

　本章を書きながら、私は朝食をいただいていました。メニューですか？

　スクランブルエッグです。

20. 乳製品

ミルク
Milk

支配惑星　　月
支配元素　　水
エネルギー　愛、精神性(スピリチュアリティ)

◎豆知識

　西暦紀元前8000年ごろ、人間は動物を飼育し始めました。国じゅうを移動する動物の群れを追っていくつもりはもはやなく、囲いをつくり、囲いのなかで家畜に餌や水をやるようになっていったのです。

　この革命的な行動によって、食糧供給は確実に保障されるようになりましたが、動物の家畜化には宗教的な起源があったのかもしれません。人間と動物いずれのミルクも、子どもの誕生と深いつながりがありました。そして誕生は、命や神と関係があったのです。すべての繁栄の源である地母神に捧げるのに、命の食べ物以上にふさわしいものがあったでしょうか。初期の動物の家畜化は、宗教的な儀式に用いるミルクを安定して供給する必要性から生じたものかもしれないと、少なくともある食物歴史家は信じています[29]。

　人間の乳児は昔から母乳、つまり人間のミルクを飲んできましたが、動物のミルクを飲めるようになるまでには、数千年にわたる遺伝子変化が必要でした。そして今日でも、動物のミルクを消化するために必要な酵素を持っていない人が、まだかなりの割合で存在します[29]。

　牛とヤギのミルクはいずれも、神や宗教と関係があります。有名なエジプト

の女神ハトホルは通常、雌牛の頭部を持つ姿で描かれます。生きているファラオはもとより、亡くなったファラオにもミルクは供されました。雌牛は、ハトホルのシンボルとして崇められました。

イシスが息子のホルスに乳を与える坐像が多数、遺跡から発掘されています。これから着想を得て、聖母マリアとその息子の同じような姿が生みだされたのだと往々にして言われています[23]。いずれも象徴しているのは、子どもを育む母（地母神）です。

古代エジプトで主として神々に捧げられていたのはミルクでした。トトメス3世は、アモンの祭壇に、ミルクを入れた金と銀の壺を供えました。この聖なる液体は、古代エジプトの豊穣の神ミンにも捧げられました[24]。

ギリシャでは、ヤギの世話役がゼウスやディオニュソス、アスクレピオスをはじめとする多くの神々にミルクを供しました。幼いころ、ゼウスはニンフたちやアマルテイアに育てられました。アマルテイアというのは、ゼウスに乳を与えたヤギでした。そのためヤギは命を維持し、食べ物をもたらす存在として崇められたのです。ゼウスはアマルテイアの角を折ってコルヌコピア（豊穣の角）をつくり、ニンフたちに贈りました[88]。

今日のミルクはほとんどが低温殺菌されていますが、それでも魔法の特性はある程度残っています。現代のウイッカのエスバト（満月の儀式）のなかでも、地母神の物理的なシンボルとしてミルクが供されることがあるかもしれません。そうやってカヴンのメンバーは地母神から、象徴的にも物理的にも命を得るのです。

◎魔法の使い方

当然と言えば当然ですが、ミルクは通常、月の食べ物に分類されますし、水の元素の影響も受けています。愛の食べ物なので、あなたが愛を与えたり受けとったりする能力を高めるのに効果があります。

無数の人間や動物への主要な栄養源として、地母神——永遠の母なる神にして繁栄をもたらしてくれる神——とつながりがあります。精神性を高める食事に用いるのにぴったりです。

健康な食事に関心を持っている人たちは、牛乳よりも、低温殺菌されていな

いヤギのミルクを好みます。しかしながら、エジプトの言い伝えに心を奪われている人たちは、神話における牛とイシスやハトホルとの関係から、むしろ牛乳を飲もうと思うかもしれません。どちらでも、好きな方を飲んでください。

バター
Butter

支配惑星　　　月
支配元素　　　土
エネルギー　　精神性（スピリチュアリティ）

◎豆知識

　人間は何千年ものあいだ、バターを食べてきました。古代メソポタミアでは、バターはエア、シャマシュ、マルドゥクをはじめとするさまざまな神々の祭壇に捧げられました[24]。古代ギリシャ・ローマ時代、上流階級の人間はバターを、牛飼いなどの下層階級の人間しか口にしないものとみなしていました。そして実際に牛飼いたちは、バターを大量に所有していたのです。調理に用いたりパンに塗るには、オリーブオイルの方が好まれました[104]。オリーブオイルは高価だったので、買える富裕層は買えない人たちを見下したのです。

　インドでは、神々を崇拝し、貢ぎ物を捧げる行為の代わりとして、女神と男神の像に、ギー（ヤクのミルクからつくられる澄ましバター）を注ぎました。

　新鮮なミルクからクリームを分離する撹拌（かくはん）のやり方は、長いあいだよくわかっていませんでした。バターが「もたらされる」ことを願って、撹拌器に古い小枝をとりつけたり、ミルクのなかに重りを入れたりしていたのです。ふだんキリスト教の聖歌をなんとなくまねして口ずさんでいる歌も、よく歌われました。

　有名な例を１つ。

「バターよ　早くかたまっとくれ！
　バターよ　早くかたまっとくれ！

20. 乳製品

門のところにピーターが立って
バターケーキを待っている。
バターよ　早くかたまっとくれ！」

◎**魔法の使い方**
　乳製品のバターは、精神性（スピリチュアリティ）の食事に効果があります。

ヨーグルト
Yogurt

支配惑星	月
支配元素	水
エネルギー	精神性（スピリチュアリティ）

◎**豆知識**
　アメリカの食事での活用法は、かつてはきわめてかぎられていましたが、今では全米の食料品店でヨーグルトを扱っていない店はないと言ってもいいほどです。ヨーグルトがこれほど爆発的に人気を博したのは、1960年代後半になってからです。古代から食べられていたヨーグルトが初めて登場したのは、おそらく偶然からでした。放置されていたミルクに、たまたま体にいいバクテリアが入りこみ、発酵が始まって、ヨーグルトができました[71]。その後この栄養価の高い食べ物は意図してつくられ、人間の食事に新たに貴重な一品として加えられるようになったのでした。

　ヨーグルトは、牛の群れを飼育できるところであれば世界じゅうどこででもいただけます。インドでは、ヨーグルトが女神と男神に捧げられます。バター同様、神々の小さな像に注がれることもあります。

　フローズンヨーグルトは、1970年代に開発されたものですが、今ではアメリカの「ポップフード」市場に完全に浸透しています。多種多彩な味が揃っていますし、無脂肪タイプや低カロリータイプを扱うブランドもあります。

ある企業は最近、缶に入った、ヨーグルトのようなミルク製品シリーズの販売を始めました。この製品には、アシドフィルス培養菌が含まれていません。本来あるはずのヨーグルトならではの「酸味」がなく、賞味期限も格段に長い新たな食べ物は、ヨーグルトとして分類することはできません。むしろプディングに近いものです。

◎魔法の使い方

　なんらかの魔法の効果を得たいのであれば、ヨーグルトは必ずプレーンタイプか、自然な風味と色合いのものを選んでください。甘みは、蜂蜜で加えるのが一番です。フローズンヨーグルトや昔ながらのタイプも用いてかまいません。ただし、最高の結果を得たいなら、プレーンヨーグルトを食べてください。精神性のさらなる自覚を促すのにぴったりです。

チーズ
Cheese

支配惑星　　土星
支配元素　　土
エネルギー　さまざま（以下を参照）

◎豆知識

　ミルクからつくられるチーズは概して香りが穏やかで、ハードあるいはセミハードタイプがあり、崇められるとともに、見下されてもきました。チーズを好きか嫌いかを判断するだけの時間はたっぷりありました。チーズは5千年もの長きにわたって存在してきたからです。シュメールとバビロニアの遺跡発掘現場から見つかっているくさび形の銘板には、チーズへの言及がありますし[70]、西暦紀元前3000年にまで遡るエジプトの墓からも、チーズと思しき遺物が発見されています。ちなみにその墓に埋葬されていたのは女性でした[23, 104]。

　ギリシャでは、アポローンの息子のアリスタイオスが、人間にチーズを「与

えてくれた」と言われています。ギリシャの子どもたちは、今どきの子どもが
キャンディーを食べるようにチーズを食べました。一般大衆に人気の食べ物で、
オリンピックを目指して練習を重ねる選手たちにとっても、食事に欠かすこと
のできないものでした[70]。古代ギリシャの一部の地域では、ウェディングケー
キは概してチーズケーキでした。チーズを叩いたり伸ばしたりしてから、蜂蜜
と粉を加えて混ぜたものを焼くのです[70]。

　チーズの種類は豊富です。ロックフォールのように、千年以上も前から知ら
れているものもあります[70]。

◎魔法の使い方

　チーズの支配惑星は土星、支配元素は土、というのが一般的です。チェダー
やジャックなどのセミハードタイプは、さまざまな儀式のために用いられるこ
とがあります。

　チーズをスライスします。その際、必要に応じて視覚化（ビジュアライゼーション）をおこなってくだ
さい。よく切れるナイフを使って、スライスしたチーズそれぞれの面に、あな
たの目的を表す魔法のシンボルを刻みます。スライスしたチーズ1枚1枚に個
人のパワーをたっぷり注いで、視覚化（ビジュアライゼーション）をおこない、いただいてください。

　刻めるシンボルは無限にあります。加護には五芒星、精神性（スピリチュアリティ）には円、お金
には四角、愛にはハート。詳しくは、371ページの「シンボル」の項を参照して
ください。

　ウイッカのエスバトの儀式に用いたり、月にまつわる魔法をかけるなら、白
カビチーズを三日月形に切るといいでしょう。

　（アメリカンチーズのような）低温殺菌されたプロセスチーズやチーズの代用
品には、何であれ魔法の価値はありません。こういったチーズもどきは食べな
い方がいいでしょう。

アイスクリーム

Ice Cream

支配惑星	月
支配元素	水
エネルギー	さまざま（以下を参照）

◎豆知識

　1987年、アメリカではアイスクリームの売り上げが90億ドルを超えました。その年のアイスクリームの国内消費量は、9億500万ガロン（およそ34億リットル）と推定されています。最近は、小さな店にもプレミアムアイスクリーム（乳脂肪分が一般的なアイスクリームよりも高いもの）が並んでいます。アイスクリームは、みんなの大好きなデザートの1つです。

　アイスクリームの考案者について、確かなことは誰にもわかりません。通常はアレキサンダー大王と言われています。大王（というか、むしろ大王専属の料理人）は、のちにマセドワーヌと呼ばれるようになる、冷やしてかためるデザートを考案しました。西暦1世紀には、ローマ皇帝ネロが足の速い者たちを選んで山まで走らせ、自分が食べるアイスデザートのために、雪を持って来させました[124]。

　マルコ・ポーロは、アジアから戻る際、イタリアにシャーベットのようなもののレシピを持ち帰ったと言われています。どうやらこれが、イタリアで1500年代にアイスクリームに発展したようです。

　1777年まで、アメリカではアイスクリームは依然として希少品でした。断熱性の貯氷庫が開発されたことで、国民的な人気を得たのです。それから百年足らずのち、家庭用の手動アイスクリームメーカーが開発され、大勢の人がこの冷たい食べ物を楽しめるようになったのでした。

◎魔法の使い方

　アイスクリームのフレーバーによって、魔法の用途が決まります。以下に、フレーバーとそれぞれの使い方を挙げましょう。

ブルーベリーチーズケーキ：加護

バターピーカン：お金、就職

チェリーバニラ：愛

チョコレート（チップ、ファッジリップルなど）：お金、愛

コーヒー：意識

クッキーアンドクリーム：お金

マカダミアナッツ：お金

ナポリタン：愛、お金

桃：愛、健康、幸せ、叡智

ピーナッツバター：お金

ペパーミント：癒し、浄化

パンプキン：癒し、お金

プラリネ：お金

苺：愛

スイスアーモンド：お金、癒し

バニラ：愛

第3部　魔法の食べ物を用いた食事
magical food diets

魔法の食べ物を用いた食事についての手引き

　同様のエネルギーを持つ食べ物は、一緒にいただけば最大の効果を得ることができます。エネルギーを組み合わせることで、ほんのときたま単体の食べ物をいただくよりも、望む変化が現れる可能性が一段と高くなります。それを踏まえて、私はいくつか、魔法の食事——あなた自身とあなたの人生にさまざまな変化をもたらすための、変化に応じた食事を考案しました。本章の内容は、広範な調査と個人的な実験に基づいています。

　ただし、誤解しないでください。本章でご紹介するのは、ほとんどの人が思っているであろう食事とは違います。1つをのぞいて、体重を減らすために考案されたもの（いわゆるダイエット）ではありません。また、包括的な食事とも異なります。ほとんどの場合、他のすべての食べ物を口にせず、魔法の目的にかなった食べ物だけを食べればいいわけでもありません。毎回の食事に、適切な食べ物を適宜足していただくのが一番です。

　レシピも掲載してありますが、一般のすばらしいレシピ本にとりあげられているようなものは省きました。調理すべきではないもの、生のままいただいた方が最高の効果を得られる食べ物もあります。そういったものをいただく際は、みなさんそれぞれの好みに応じて食べ方を決めてください。

　本章を活用していただくに際しては、以下の点に注意してください。

　食事もおやつも、すべてが魔法となり得ます：だからと言って、必ず魔法の食事やおやつにしなければいけないわけではありません。ただ、毎回の食事に、最低でも1種類は推奨食材を加えるのが一番です。

　しっかりとした目的意識を持ち、視覚化^{ビジュアライゼーション}をおこないながら調理していただきます。

　使用はほどほどに：地に足をつける^{グラウンディングする}ために塩を、愛のために砂糖を、お金の

252　　　　　第3部　魔法の食べ物を用いた食事

ためにチョコレートを、そして浄化のためにビールをとりあげていますが、こうした食材で、あなたの体に過度に負担をかけてもいいのでしょうか。答えはノーです。すべての魔法の儀式においても、個人の変革においても、健康こそが基本中の基本です。「一気飲み」など、魔法の対極にある行為です。

バランスのいい食事をいただきましょう：栄養ガイドラインは、本書執筆中も絶えず変化しています。けれども日々の食事では、新鮮な果物や野菜、たんぱく質、穀類、乳製品を摂取すべきです。たとえばお金を引き寄せたいからといって、魔法の食事と称してバナナクリームパイやキャンディー、マジパン、チョコレートアイスクリームしか食べないようなことはやめてください。今挙げたものにはいずれも、お金のエネルギーが満ちていますが、それでもダメです。「お金」の項で、食べたいと思う甘くない食べ物が１つもないなら、ふつうの食事を食べ、魔法のデザートをいただいてください。

おいしくいただきましょう：加護のために、茹でたブロッコリーと芽キャベツをお皿いっぱいにいただくのもいいでしょう──ブロッコリーや芽キャベツが嫌いでないなら、です。嫌いな食べ物を無理やり食べても、魔法のツールとしてのきちんとした効果は発揮されません。あなたがその食べ物をおいしくいただけないからです。当然、この魔法の食事は失敗に終わるでしょう。

いただく前に、すべての食べ物を調和させます：すべての料理が魔法の食事を目的としたものではないとしても、それぞれの食べ物のエネルギーを感じて、吸収できるようにしましょう。これは、食事の前に祈ることで得られる副次的な効果の１つです（もちろん祈りは義務ではありませんが）。祈る、というよりも、食べ物をつくってくれた人たちに感謝し、食べ物を体に受け入れられるよう準備をするのです。

アレルギー反応を引きおこすような行為や食べ物は避けてください：苺の持つ魔法の特性を手に入れるためだけに、蜜蜂の大群に果敢に挑むことなどありません。同様のエネルギーを持つ他の食べ物で代用してください。

１週間の食事計画を書き出します：あなたに必要な食べ物をどうやって食事にとり入れていけばいいかがより簡単にわかるでしょう。もちろん、計画どおりにいかなくても大丈夫です。

他のダイエットプログラムを実践している場合、魔法の食事はおこなわない

でください：通常、両者は一緒におこないません。ダイエットプログラムの目的はただ1つ、体重を落とすことです。けれども魔法の食事には、さまざまな目的があるのです。

目的は一度に1つずつ：気を散らさず、1つの変化にじっくりと向き合っていきましょう。もちろん、他の目的の食事の項に挙がっている食べ物を食べてもかまいません。ただしそのときは、その食べ物の魔力を求めるのはやめましょう。あれもこれもでは、せっかくの魔法の効果がほとんど得られなくなってしまいます。

日ごとに目的を変えないこと：あなたが必要とする変化が現れてくるまでには、ある程度の時間を要することを忘れないでください。効果を実感できるには、数日から1週間、あるいは1カ月ほどかかるかもしれません。

最後に、何かしら還元しましょう：食べ物を儀式のツールとみなす私たちは、食べ物が神聖なものであることを知っています。したがって、定期的に食べ物を地元の慈善団体に寄付しましょう。私たちの心が満たされるのはもちろん、現時点で私たちの寄付がなければ食べることが難しい方々の役に立つこともできます。概して最も必要なものをいくつか挙げます：ピーナッツバター、缶詰の豆類やトウモロコシ、そのまま飲める（濃縮タイプではない）缶入りのスープ、粉ミルク、簡単に食べられる保存食などです。地元の社会福祉機関を調べて、近くのフードバンクや支援組織を探してみてください。

　さあ、おいしい食事を続けましょう！

食事の内容を思い切って変える場合、また断食やダイエットプログラムを始める場合は、必ず、かかりつけの医師か代替医療指導者に相談してからにしてください。常識を持っておこないましょう。

21. 愛

　愛にはさまざまな形がありますが、本項で言及している食べ物の大半は、多様な形の愛に用いることができるのです。自己愛、家族間の愛、友情、ちょっとした仲間内での愛——そして、見返りを求めて誰かに闇雲に捧げる愛にさえも。

　すべての愛は、あなたの内から始まります。自分自身を大事にし愛することをさておいて、他者に愛を与えることはできないし、してはいけません。それに、同情や哀れみをのぞけば、自分を愛せない人間のことを誰が愛してくれるでしょう。

　自己愛の物理的発現の1つは、自分を大事にすることです。私たちの体に確実に影響をおよぼす食べ物はまた、私たちの感情にも影響をおよぼします。自己愛をもたらすための強力なツールとなり得るものであり、目的かなって自分を愛せるようになれば、他者との愛に満ちた多面的な関係も築いていけるでしょう。

「人の心をつかむには胃袋から」ということわざは、男性に好かれたい女性のことを言っているとはいえ、まったくもって真実です。つき合い始めたばかりのころ、好きな人に食事をつくるのは、あなたの気持ちを外に向かって具体的に示すことです。相手のために心をこめて料理をするのはもちろん、生きるために必要な食べ物を供することで、相手の命にも直接寄与しているのです。

　一方、相手が自分のためにわざわざ用意してくれた食事をいただけば、栄養的に満足できるのは当然ながら、相手へのあなたの信頼を示すこともできるのです（少なくとも、相手があなたに毒を盛ったりはしないと信じていることは示せます）。

　こぢんまりとしたレストランで、キャンドルが灯るなか、シャンパンやおい

しい料理を一緒にいただけば、その相手とは、感情的にも物理的にも親密になれるでしょう。外食は立派な「デート」の一環であり、魔法の食事をいただいているあいだは、間違いなくすばらしい効果が続きます。

ただし、愛の食べ物の魔法の効果を得るには、やはり自宅で調理していただく方がいいでしょう。もうすでに相手との関係が揺るぎないものであれば、一緒に調理してください。それができるのは、仲のいい、対等な関係ということです。今の関係に満足していなくても、視覚化をおこないながら愛の食べ物をいただくだけで大丈夫です。じきに満足できるようになるでしょう。

多くの文化に代々伝わる民間魔術では、食べ物を用意して相手に供する際の目的はただ１つ。あなたを愛するよう、料理を介して「魔法をかける」ことです。今日の民間魔術でもよくおこなわれていることですが、本項にそういった魔法はありません。そのような儀式は、相手を操ることだからです。民間魔術における第１のルールは、すべての人を自由な意思を持つ人間として尊重すること。相手の自由な意思を侵害し、無理やり何かをさせようとすれば、ネガティブな魔法（「黒」魔術）をおこなっているのと同じです。

それにそもそも、誰かに無理やりあなたを好きにさせるなど無理な話です。愛はもっと神秘的なものです。愛という強い思いは、安っぽい魔法の本をどんなに読んだところで、何もないところからつくりだせるようなものではありません。相手を無理やりふり向かせるような魔法をかけてみようと思ったら、まずは自分に問いかけてみてください。あなたから食べ物——愛を満たした食べ物を供されるのをよしとしない人と、自分は本当につき合いたいのか、と。

長いつき合いの友人に、愛のエネルギーが満ちた食べ物を用意して供する場合、話はもっと単純ですが、より複雑にもなってきます。友人との絆はすでにしっかりと結ばれていて、信頼もあるものの、ギブアンドテイクの関係でもあります。愛を満たした食事を供する場合、自分がしていることをきちんと伝えているのであれば、相手の自由意思を侵害することにはなりません。「ねえねえ、ちなみにこれって、愛を高める料理なんだって」などと言いながら供すれば十分です。すでにほころびつつある関係なら、一緒に調理をしましょう。そして、あなたの意図をしっかりと説明するのです。

相手もあなたの思いを理解してくれるでしょう。

忘れないでください。まずは自分を愛すること。他者を求めるのはその次です。もうすでに相手がいるなら、以下の食べ物でその関係を深めてください。

このような食べ物が性欲を促進するというのは、よくある間違いです。ここで挙げるのは、あくまでも「愛」の食べ物です。性欲についてもっと知りたい場合は、25章を参照してください。

スパイスとハーブ

アニス	生姜
バジル	リコリス
カルダモン	マジョラム
チコリ	ポピーシード
シナモン	薔薇（ローズ）
クローブ	ローズマリー
コリアンダー	タイム
フェンネル	バニラ

上記のスパイスを、スープや魚料理など、愛を高める食べ物に加えます。可能であれば、新鮮なハーブを使ってください。より強力に愛を誘発したい場合は、以下に挙げるリストの食べ物と一緒に用いましょう。スパイスを挽いたりハーブを刻んだりする際は、視覚化（ビジュアライゼーション）をおこなってください。食べ物に加える際も。そしてもちろん、いただくときも。

何を視覚化しますか？　たとえば、愛に満ちた、寛大な姿の自分。けれども、まだ相手としっかりとした絆を結んでいないのなら、その人と絆を結ぶ自分の姿は決して視覚化（ビジュアライズ）しないでください。

野菜

ビート	さつまいも
豆	トマト

ルバーブ	トリュフ

温かいものをいただいて、温かい愛を刺激します。

果物とタネ

りんご	ネクタリン
杏	オレンジ
アボカド	パパイア
バナナ	パッションフルーツ
いなご豆	桃
さくらんぼ	パイナップル
グアバ	マルメロ
レモン	ラズベリー
ライム	苺
マンゴー	タマリンド

　新鮮なフルーツサラダを供しましょう。りんごの皮にハートを刻んで、自分で、もしくは恋人と一緒にいただきます。上に挙げた果物でパイをつくるなら、上側の生地（ない場合は土台の生地に）、ナイフでハートを刻んでください。空気穴をハート形にしてもいいでしょう。視覚化を忘れずに！

ナッツ

ブラジルナッツ	松の実
栗	ピスタチオ

　ナッツを入れたボウルをテーブルにおき、前に座ってください。両手でボウルを持って、愛を視覚化し、それから1粒食べます。これを9回繰り返してください。上で挙げたナッツを含む料理にも、愛を高める効果があります。ペス

ト（バジルと松の実を合わせたペースト状のもの）をはじめ、なんでも大丈夫
です。ただし、必ず視覚化（ビジュアライゼーション）をおこないながら調理して（食べて）ください。

デザート

アップルパイ（カルダモンの風味を添えて）
ブラウニー
キャロブ（いなご豆）バー（健康食品店で購入可）
チェリー・バニラアイスクリーム
チョコレートケーキ
チョコレートアイスクリーム
ジンジャーブレッド
ジンジャーアイスクリーム
ファッジリップルアイスクリーム
レモンシフォンパイ
キーライムパイ
ナポレオンアイスクリーム
ストロベリーアイスクリーム

上で挙げた果物のいずれかでつくったパイも。

飲み物

クレーム・ド・カカオ	ライムエード
デザートワイン	ミルク
キルシュ	オレンジキュラソー
レモネード	白ワイン

それ以外の愛の食べ物

いなご豆	メープルシロップ
あらゆる形状のチョコレート	ピクルス
ディルパン	ライ麦パン
魚	苺ジャム
蜂蜜	砂糖

愛の食べ物の準備と調理

　キッチンにピンクのキャンドルを灯して、食材の準備をします。野菜と果物を薄い輪切りにするか、メロンボーラーなどを使って、球状にくり抜いてください（丸や球は愛のシンボルです）。ハート形に切ってもいいでしょう。

　準備した食材ををさまざまな組み合わせで用います。

　　——ライ麦パンを使った、アボカドとトマトのサンドイッチ
　　——チコリコーヒーとスライスした新鮮な苺（もともとハート形をしています）を添えた、シナモントースト
　　——ミルクとバニラアイスクリームと溶かしたチョコレートを合わせた、愛のシェイク
　　——ジュースまたはネクターにした果物

レシピ

愛のオレンジ

水につけて戻したアラビアガム* …………………60 グラム
オレンジフラワーウォーター……………………… 1 カップ
粉砂糖……………………………………………………30 グラム
卵白………………………………………………………… 2個分

グラニュー糖……………………………………30 グラム
　（食紅でオレンジ色に着色したもの）

　愛を強力に視覚化（ビジュアライズ）しながら、戻したアラビアガムとオレンジフラワーウォーター、たっぷりの粉砂糖を混ぜて、弾力性のあるペースト状にします。できあがったら、脇においておきましょう。卵白と、オレンジに色づけしたグラニュー糖、残りの粉砂糖を混ぜ合わせます。ペースト状の生地で小さなボールをつくってオレンジ色の生地で包んだら、ワックスペーパーに並べて完成です。

＊アラビアガムはハーブショップか通販で購入可能です。
（編注：アメリカの1カップは約240ミリリットルです）

フルーツサラダの魔法
　マンゴーの実、パインの実
　愛する人を我がものに
　りんごの実、桃の実
　かの人を我が手の届くところまで
　バナナの実、さくらんぼの実
　かの人の私への愛が永遠に変わらぬよう
　この呪文を唱えしとき
　かの人がやさしく我を思い浮かべんことを
　我、今、3つの法則に祈る
　これは我の意志、そうあれかし！

　ここで言う「パイン」は、松の実でもパイナップルでもかまいません。
　あなたがわかち合いたい愛に意識を集中させながら、この祈りの言葉で挙げた食材でフルーツサラダをつくります。切ったり刻んだりしながら今の祈りを唱えてください。ボウルに入れてすべてを混ぜたら、ボウルに両手を添えて、あなたとあなたの愛する人がともに人生を歩んでいくところを視覚化（ビジュアライズ）します。それからサラダを供してください（ハワイのモルガナに感謝をこめて）。

21. 愛

愛のチーズ

カッテージチーズ···225 グラム
刻んで混ぜ合わせた新鮮なハーブ················1/2 握り
以下のなかから最低でも3種類を選んでください：
　　ディルウィード、レモンタイム、チャイブ、バジル、マジョラム、
　　タイム、ローズマリー

　視覚化をおこないながら、カッテージチーズとハーブをやさしく混ぜ合わせます。灯したピンクのキャンドルのそばで、レタスとトマトのサラダ、大きめに切って歯ごたえを残したピクルスと一緒に供しましょう。

愛の媚薬

ヘーゼルナッツ···5 粒
ラベンダーの花··小さじ1
クローブ··· 1 粒
刻んだ生姜
刻んだシナモン

　すり鉢とすりこぎを用意します。すり鉢に材料をすべて入れ、視覚化をおこないながら、細かい粉末状にしていきます。ごく少量を食べ物に加えれば、愛を高めることができるでしょう。

22. 加護

　私たちは、目には見えない、非物質的なエネルギーに囲まれています。それはふつう、他の人間から生み出されるものです。そんなエネルギーの大半は、善意の力、少なくとも中庸な力を有しています。けれどもなかには、私たちの心身の健康を害しているかもしれないものもあります。他のもの（故意に私たちに向けられるネガティブな思考やエネルギー）にも、傷つけられるかもしれません。また、自分の体、心、感情や財産が、物理的に危険に晒される可能性にも直面しています。これが人生の現実です。

　こういったエネルギーが人生に侵入してくるのを防ぎ、物理的な危険との遭遇を避けるために、民間の魔女たちはつねにたくさんの自然なツールに頼っています。ハーブや石、金属、キャンドル、特別にデザインされた宝石などです。そして、加護の魔法のツールのなかで最も知られていないものの1つといえば――お察しのとおり――食べ物でしょう。

　私たちの自衛本能が私たちに与えてくれているのが、「精神の鎧」――つまり、ネガティブなエネルギーから自分を守るために生まれつき持っているものです。この鎧が、私たちを助けてくれます。いざというときには、精神の鎧をさっとまとうことができます。本項で挙げている食べ物はいずれも、私たちの内なる防御システムを強化するのに役立つでしょう。

　ただし、誤解しないでください。私の言うネガティブなエネルギーは、霊やオバケや悪魔ではありません。ほとんどの場合、悪魔や霊といったものは人間の心がつくり出したもので、実在はしないのです*。

　私は何も、私たちがふだんから精神的な攻撃に晒されているとか、非物理的な攻撃は効果がある、などと言っているわけではありません。こうしたことはまれであり（通常見られるのは、うぬぼれの強い人と（あるいは）自我が欠如

している人です）、結局は儀式の際に吹き清められる空気の流れのようなものにすぎないのです。

　私はこれまでに数多くの拙著で、「霊的な攻撃」について書いてきました。いつも言っているように、霊的な攻撃の儀式がおこなわれることはまずありません。仮におこなわれたとしても、概して効果はありません。けれども、「呪われた」と信じている読者の方からのお手紙をいまだにいただきます。最近の生活をふり返ってみて、そうだと確信されるのかもしれませんが、惑わされている可能性が高いと言えるでしょう。

　前述した精神の鎧は、ネガティブなエネルギーからつねに私たちを守ってくれます。けれども、自分は攻撃を受けていて、自分の身を守れる力もないと「信じる」なら、弱い心に鎧は蝕まれ、ネガティブなエネルギーが侵入して襲いかかってくるかもしれません。「呪い」などありえないのに信じるなら、「呪い」は堂々と力を振るうでしょう。つまり私たちは、自分で自分を呪ってしまうのです。

　私が初めて魔法の勉強をしたとき、ありとあらゆる人知を超えた危険が襲ってくるかもしれないと、厳しく言われました。悪霊が確実に私に目をつける。彼らはいつも周りに漂っていて、儀式や人生の最中に、非現実的な悲しみを投げつけてくるだろうと。こうした考えは、まるで壮大なテレビドラマのようですが、実はまったく間違っています。あなたの魔法が前向きで、人を操るようなものでないかぎり、危険はありません。まったくです！　ただし、魔法を用いて他の人を傷つけたり、操ったりしようとすれば、ネガティブな魔法のネガティブな結果がそのまま自分に返ってくることになりますから、くれぐれも気をつけてください。

　それでも、人がエネルギーを感じて動かし始めると（これが魔法の基本です）、その人はおのずと、ありとあらゆるエネルギーにより敏感になっていきます。意識の広がりとともに、それまではわからなかったものや、目には見えないものを察知し、感じることができるようになるのです。こうしたエネルギーのほとんど——石や植物、そして大地そのものに秘められたエネルギーなど——は前向きなものであり、避けるべきではありません。もちろんなかには、とりこまない方がいいネガティブなものもあります。私が昔師事した魔法の先生たちの

何人かは、そんなごく一般的なネガティブなエネルギーについて、本気で警告してくれました（先生たちは「悪霊」と称していました）。魔女は日常的に、光と闇の力のあいだで揺れ動いているわけではありません。真っ当な民間の魔女たちは、人生の半分は加護の呪文を唱えてすごし、残りの半分は悪魔から身を守るためにお守りに囲まれている、といったことなどありません。けれども誰にでも、加護が必要だと感じるときはあります。そこで本項では、自分の身を守るためのすばらしい方法をご紹介しましょう。

　加護の食事は、危険を避けるためにも役立つことがあります。ふつう、強盗に襲われそうなときに、身ぐるみ剥がされないようにと、クランベリーのジュースを飲んだり、ガーリックトーストを食べたりはしないでしょう。けれども、犯罪多発地域で暮らしていたり、仕事をしていたら、あるいは以前強盗に襲われたことがあったり、少し精神の鎧の手入れをした方がいいと思ったときには、以下の食べ物を食事に加えてください。

　家庭内暴力について少々。あなたが夫や恋人、親、あるいは（そう、実は）妻から暴力をふるわれているなら、加護の食べ物は口にしないでください。地元の警察に通報しましょう。子どもがいるなら、子どもを連れて相手のもとから去ってください、今すぐに。シェルターに入るか、事情をわかってくれている友人のところに身を寄せてください。暴力をふるわれた相手のもとには決して戻らないこと！　今までは、愛のために何も見えなくなっていたのかもしれません。けれどもうしっかりと目を開けて現実を見るときです。

＊非物理的なエネルギーを真正面から受け止めてしまっていると、それを正しく認識する術がわからなくなってしまう人もいます。そして、鳥肌がたてば「幽霊」が出たといい、腹黒いエネルギーを感じると「悪魔」だと言い立てるのです。まあ、後者は、昔ながらの宗教色の強い躾を受けてきている人には、とりわけ当てはまりますが。

スパイスとハーブ

バジル	西洋わさび
ローリエ	マリーゴールド
黒胡椒	マスタード

22. 加護

カイエン	パプリカ
クローブ	パセリ
フェンネル	ローズマリー
にんにく	

　食事に加えれば、さらなる加護が望めます。粉末のドライハーブやスパイスを加護の料理に用いるなら、まずは平らな皿か四角いワックスペーパーの上に広げて、人差し指で加護のシンボルを描いてください。

　シンボルを描きながら、加護を視覚化します。スパイスの持つ加護のエネルギーが、儀式によって活性化してくるのがわかります。その後、いつもどおり食べ物に加えてください。

　加護のハーブとスパイスは、どんな食べ物にも加えられます。その料理が本来加護を目的としていなくても大丈夫です。この強力なエネルギーは、愛や健康、浄化といった他のエネルギーとも結びついています。

野菜

アーティチョーク	ハラペーニョ
筍	コールラビ
豆もやし	リーキ
ピーマン	マスタード
チンゲン菜	玉ねぎ
ブロッコリー	ポキ
芽キャベツ	じゃがいも
キャベツ	かぶ
カリフラワー	ルバーブ
チリペッパー	エシャロット
チャイブ	大豆もやし
カラードグリーン	ひまわりスプラウト
トウモロコシ	トマト

西洋わさび　　　　　　　クレソン

　野菜は乱切りにするか、槍のような形になるよう斜めに切ります。加護のエネルギーの短剣として視覚化（ビジュアライズ）してください。軽く蒸したら、塩を少量かけて（塩の持つ加護の特性のためで、味つけのためではありません）いただきます。

　ピザをつくりましょう。トマトソースを広げた生地の上に、バジル、黒胡椒、パセリをのせます（すべて加護の食べ物です）。一番上にチャイブを5つ、五芒星の形になるようにおいてください。ピーマンやチーズなどをのせてもいいでしょう。つくりながら視覚化（ビジュアライゼーション）をおこなってください。さらなる加護のために、焼いて食べましょう。

果物

ブルーベリー	プラム
スターフルーツ	ウチワサボテン
クランベリー	マルメロ
マンゴー	ラズベリー
パイナップル	タンジェリン

　これらの果物を生のまま、あるいは加熱して料理に加えていただいてください。パイナップルに塩を散らせば、酸味を消して、加護の特性を高めることができます。

ナッツとタネ

アーモンド	ひまわりのタネ
胡麻	胡桃

　視覚化（ビジュアライゼーション）をおこないながら食べてください。

デザート

ベルの形のクッキー　　　　　パイナップルパイ

ブルーベリーコーヒーケーキ　ルバーブパイ

クランベリーソース　　　　　星の形のクッキー

こうしたデザートに加えられている甘みが、あなたの自己愛を高めてくれます。自分を愛することは、生きていくうえでとても大事なことです。

飲み物

クランベリージュースカクテル

ラム

加護の食事と一緒にいただきましょう。

それ以外の加護の食べ物

唐辛子　　　　　　　　　お米

カレー　　　　　　　　　サルサ

卵　　　　　　　　　　　四川料理

揚げ物　　　　　　　　　醤油

ガーリックトースト　　　スパイスの効いた辛い料理

辛い料理　　　　　　　　豆腐

肉　　　　　　　　　　　トルティーヤ

ナチョス　　　　　　　　ツイストパン

オリーブオイル　　　　　ビネガー

プレッツェル

たんぱく質豊富な料理を食べてください。ベジタリアンなら、豆腐やチーズ、

豆類、それにトウモロコシを前述した加護の野菜と一緒にたっぷりいただきましょう。たんぱく質豊富な食べ物を摂取することで、地に足をつける^{グラウンディングする}ことができます。外部の雑音に煩わされることもなく、精神の鎧の効果も高められるでしょう。

加護の食べ物の準備と調理

　キッチンで白いキャンドルを灯しつつ、調理をします。加護の食べ物は、あなた自身の精神の加護を強め、ネガティブなエネルギーを退けてくれることを（信じるのではなく）知識としてきちんと理解したうえで、いただきます。なんであれ、適切と思える形でいただく前に、すべての食べ物に神の加護を祈ってください。加護の食べ物は、白または赤のお皿で出しましょう。さまざまな形で組み合わせることができますから、ぜひ、試してみてください！

レシピ

真っ赤な加護のサラダ

赤キャベツ……………………………………………………1/2 個
赤ピーマン……………………………………………………… 1 個
　（赤がない場合は緑でも可）
赤玉ねぎ………………………………………………………… 1 個
はつか大根……………………………………………………… 2 個
りんご酢………………………………………………………1/2 カップ
オリーブオイル………………………………………………1/4 カップ
ドライバジル、パセリ、ローズマリーを混ぜ合わせたもの
　………………………………………………………大さじ 1
みじん切りにした生のにんにく…………………小さじ 1/8
黒胡椒……………………………………………………お好みで

22. 加護

269

玉ねぎを半分に切り、一方の断面でサラダボウルをこすります。その後、この半分はペーパータオルにのせて、キッチンのシンクの下においておきましょう。ネガティブな気を吸収してくれます（翌朝にはとり出して、家の外に捨ててください）。

残りの玉ねぎを半分に切ります。一方はとっておいて、別の料理に使いましょう。もう一方は細いみじん切りにします。包丁の力強い動きでネガティブな気を追い払う様を視覚化（ビジュアライズ）しながらおこなってください。玉ねぎの加護の香りを感じましょう。

キャベツの芯をとって、千切りにします。ピーマンも、芯をとったら、細長く、斜めに切っていきます。はつか大根は薄くスライスしてください。視覚化（ビジュアライゼーション）を忘れずに！

野菜をすべてボウルに入れます。

ドレッシングをつくります。ハーブを指先で細かく崩したら、しっかりと蓋（ふた）のできる、小さな瓶に入れ、りんご酢とオリーブオイルを注いでください。みじん切りにしたにんにくを加えます。しっかりとふってから、サラダにかけます。供する直前に、黒胡椒で風味づけしましょう（お好みで）。

五芒星クッキー

アーモンド、細かく砕いたもの……………………１カップ
小麦粉………………………………………………１と 1/4 カップ
アーモンドエキス…………………………………小さじ３
クローブ、砕いたもの……………………………小さじ 1/4
粉砂糖………………………………………………1/2 カップ
バター、柔らかくしたもの………………………1/2 カップ
卵黄…………………………………………………１個分

必要なら、アーモンドはブレンダーかフードプロセッサーで細かくしてください。アーモンド、小麦粉、砂糖、アーモンドエキス、砕いたクローブを混ぜ合わせます。バターと卵黄を加えたら、手を使ってしっかりと混ぜていきます。

混ぜながら、金色に輝く五芒星が生地のなかに入っていくところを視覚化してください。

　生地を20〜30分、もしくは成形しやすくなるまで冷やします。そのあいだに、オーブンの天板2枚に油を塗り、オーブンを163度に予熱しておきます。

　生地が冷えたら、生地を胡桃大にちぎっていきます。指を使って、油を塗った天板の上で、ちぎった生地を平らに伸ばしてください。楊枝か小さなナイフで、生地の上に軽く五芒星を刻みます（「シンボル」の項の図を参照）。

　五芒星を描きながら、しっかりと視覚化してください。

　この工程を生地がなくなるまで繰り返します。すべてのクッキー生地が、だいたい同じ厚さになるように気をつけましょう。

　163度のオーブンで18〜20分、もしくはキツネ色になるまで焼きます。焼きあがったら、ラックで冷ましてください。

　パワーともどもいただきましょう。

23. 健康と癒し

　健康と癒しは密接につながっています。健康を維持できていれば、癒しは不要でしょう。病気のときはおのずと健康をとり戻したいと願います。要するに、どちらにも共通している目的は、健康そのもの、ということです。

　栄養士はつねに、健康維持にはバランスのいい食事が大事だと考えています。ところが医学博士の多くは栄養士の考えを認めません。彼らの仕事が健康回復であって、維持ではないからでしょう。医学博士たちは、身体的な健康をつくりだすために栄養士が果たしうる役割について、ほとんど学んできていないのです。

　健康になるための方法、それも誰にでもわかる方法がたくさんあります。毎日の食事は、2、3回にして一度にたくさん食べるのではなく、4、5回にわけて少しずついただく。朝食は抜かない。肉よりも野菜や穀類、果物を食べる。脂質、ナトリウム、精製糖の摂取を控える。加工食品の量を減らし、全粒製品や新鮮な野菜、果物をたくさん食べて、食事からより多くの食物繊維をとる。毎日最低20分の運動を欠かさずおこなう。

　健康維持のための手引書が多数出版されています。図書館か地元の書店で、最近出版された信頼できる本を調べてみてください。どの本でも、気まぐれなダイエットは避けるよう書いてあるはずです。

　本書は魔法の本なので、この項にはもうこれ以上栄養に関する話はありません。かわりに、あなたが健康をとり戻したり、維持するための食事に加えることができる食べ物をおすすめしていきます。ただし必ず、バランスのとれた無理のない食事の一環として食べてください。さもないと効果を得られないでしょう。

　繰り返しを承知で書きますが——どれであれ、以下に挙げる「魔法の癒し」

の食事を始めるなら、事前に必ずかかりつけの医師に相談してください。

癒し

　医者、ハーバリスト、超能力者、魔女。誰にもあなたを癒すことはできません。あなたの体や心や気持ちに他人が施せる、奇跡のような治療法など存在しません。あっというまに健康をもたらせる呪文や儀式もありません。

　けれど……医者、マッサージ療法士、カイロプラクター、ハーバリスト、超能力者、そして魔女でも、体を癒す過程を後押しすることはできます。あなたが病気やネガティブな状態を克服するのを助けてくれることもできます。あなたにエネルギーを送ることで成し遂げられるでしょう。方法は二つに一つです。

　　　──祈りや、手をおいたり、マッサージ療法、シンプルな魔法を介して（私
　　　　たちの体に癒しのエネルギーを放射します）。
　　　──きちんとした処方薬とともに、ハーブや消毒液、お茶、バッチフラワー
　　　　レメディ、（アロマセラピーでの）エッセンシャルオイルなどの、物理
　　　　的な形でのエネルギーの投与を介して。

　具合が悪くなったら、あなたが選んだ、免許を持った経験豊富な健康づくりの専門家に相談して、指示にしたがってください。本項の食べ物も食べてみましょう。ちなみに、準備中も食べているあいだも、健康を視覚化（ビジュアライズ）することを忘れずに。ただし、あなたの選んだ健康づくりの専門家のアドバイスを妨げるようなものは、いっさい口にしないでください。

スパイスとハーブ

オールスパイス	ペパーミント
にんにく（ガーリックソルトではありません）	セージ

　エネルギーをチャージしてから、健康を与えてくれる食べ物に加えてくださ

23. 健康と癒し　　273

い。味つけには、塩の代わりににんにくを使いましょう。

野菜

きゅうり　　　　　　　スプラウト類
オリーブ　　　　　　　トマト
パンプキン

視 覚 化 をおこないながら、新鮮なものをいただきます。
<small>ビジュアライゼーション</small>

果物

りんご　　　　　　　　パイナップル
レモン　　　　　　　　西瓜
桃

それ以外の健康の食べ物

アーモンド　　　　　　キュンメル
　　　　　　　　　　　（訳注：キャラウェイで香りをつけたリキュール）
りんご酢　　　　　　　マジパン
シードル　　　　　　　胡桃
蜂蜜

避けるべき食べ物

缶詰食品
揚げ物
ファストフード
脂肪分の多いもの

加工食品

保存食品

塩

砂糖

種類を問わずこってりしたデザート

健康のための食べ物の準備と調理

　調理や準備を始める前に、すりつぶしたドライセージをひとつまみ、スプーンにのせます。必要な場合は鍋つかみを使い、スプーンの皿部分をガスコンロの火かキャンドルの炎にかざします。ハーブがくすぶって、癒しの香りが漂ってくるまでおこなってください。

　調理のあいだは青または紫のキャンドルを灯しておきます。健康（または癒し）を視覚化してください。

　全粒粉のパンを焼きます。オーブンに入れる前に、よく切れるナイフで生地の上面に正十字を刻んでください。焼きあがったら、いただきましょう。

　最も適しているのは、以下のような料理です。

　　——きゅうりとトマトとスプラウト類のサラダに、オリーブオイルとりんご酢にローズマリーとセージの粉末を加えて混ぜたドレッシングを添えて。

　　——（凍結）濃縮りんご果汁とシナモンで甘みをつけたアップルパイ。砂糖は使いません。

　　——無糖のアップルソース（自家製か、無糖タイプを購入）。

　　——正十字に成形した少量のマジパン。

レシピ

癒しのアップルクリスプ

皮をむいてスライスしたりんご……………… 2カップ
レモン果汁（搾りたてのもの）………………小さじ1
蜂蜜……………………………………………1/2カップ
砕いたグラハムクラッカー……………………1/2 ～ 3/4カップ
溶かしたバター…………………………………大さじ2

オーブンを190度に予熱しておきます。

きらめくばかりの健康を手にした自分を視覚化（ビジュアライズ）しながら、りんごの皮をむい
てスライスし、レモン果汁を搾り、グラハムクラッカーを砕きます。

23cm角程度のオーブン皿に、用意したりんごを並べます。レモン果汁と蜂蜜
を混ぜ合わせたものを上からかけてください（りんごの酸味が強い場合は、レ
モン果汁を減らして、蜂蜜を増やしましょう）。砕いたグラハムクラッカーとバター
を合わせたものをりんごの上から散らします。190度で（りんごが柔らかく
なるまで）30～40分焼いてください。クリームをのせ、シナモンを散らして供
します。

4人分です。

24. お金

　ありあまるほどお金を持っている人などほとんどいないでしょう。どんなに持っても、もうこれで十分ということは決してないようです。お金の食事について見ていくにあたり、覚えておいてほしいことがあります。食べ物そのものはもちろんのこと、お金に対するあなたの態度が重要だ、ということです。そこで、いくつかアドバイスを挙げておきましょう。

　裕福な自分を視覚化する。考え方を改めてください。「ああっ！　お金がない！」といったたぐいの考えをすべてやめるのです。ただひたすら、お金に余裕があると考えてください。

　毎月の予算を立てる。毎月入ってくるお金の使い道をきちんと決めてください。消費は賢明に。

　お金で解決できる問題もあるが、お金は万能ではないことを知る。お金がなくて直面する問題のなかには、お金があっても依然として居座っているものもあるのです。

　私たちがほしいのはお金そのものではない。お金で買える「もの」がほしいのだ。

　楽してお金は得られないと覚悟をしておくこと。たとえ、あなたの儀式に個人のパワーを注ぐだけだとしてもです。

　現実的な目標を定める。お金の食べ物を1週間だけ食べる計画を立てたところで、いきなり銀行口座に何千ドルもの預金が入ってくるわけではありません。また、宝くじやロトの大口当選、ギャンブルでの勝利などを願ってお金の食事をいただいても、実際のところ、まず効果はありません——同じように考えて、ありとあらゆる魔法に頼る人があまりにも大勢いるからです。

　富は心の相対的な状態。年収3万ドルの人は、2万ドルの人からしたら、驚

くほど裕福に見えるかもしれませんが、2万ドルの人も、失業中の人からは嫉妬の眼差しで見られているかもしれないのです。

人生にお金を受け入れる。あなたはさらなる収入を得るにふさわしい、幸運な人です。ですから、さらなる収入を願うのではなく、ただ単に「受け入れて」ください。

還元する。永続的に、あるいは一時的にでも収入が増えたなら、何割かを慈善目的で寄付しましょう。環境保護団体や、動物の倫理的扱いを求める組織、フードバンク、女性のためのDVシェルター、ホスピスなど、有益な団体がたくさんあります。還元しなければ、さらなる富は望めないでしょう。

以下に挙げた食べ物をいただく際は、食べ物の内部でお金のエネルギーが振動しているのを感じてください。必ず 視 覚 化 をおこないながら、調理して食べてください！

ハーブとスパイス

オールスパイス	ディル
バジル	生姜
シナモン	パセリ
クローブ	

さまざまな食べ物に加えてください。特にいいのは、お金を引き寄せる料理です。

野菜

アルファルファ	レタス
豆	パンプキン
黒目豆	ほうれん草
キャベツ	トマト
茄子	

278　　　　　第3部　魔法の食べ物を用いた食事

果物

バナナ	ぶどう
ブラックベリー	金柑
いちじく	ポドフィルム
梨	ざくろ
パイナップル	

ブラックベリーコブラー。フィグニュートン。バナナブレッド。ぶどうジュース。ストロベリータルト。これらはいずれも、お金を引き寄せる食べ物です。

穀類

大麦	きび
ふすま	オーツ麦
蕎麦	お米

シナモンをふりかけたご飯は、強力にお金を引き寄せてくれます。

ナッツ

アーモンド	ピーナッツ
ブラジルナッツ	ピーカンナッツ
カシュー	松の実
マカダミア	胡麻

デザート

バナナクリームパイ	ジンジャーブレッド
バターピーカンアイスクリーム	マカダミアナッツアイスクリーム

ブラックベリーパイ　　　　　　　メープルシュガーキャンディー

キャロブ（いなご豆）バー　　　　マジパン

キャンディー　　　　　　　　　　ピーカンパイ

チョコレート　　　　　　　　　　プラリネ

チョコレートがけバナナ　　　　　プラリネアンドクリームアイスクリーム

チョコレートアイスクリーム

ホイップクリーム

それ以外のお金の食べ物

ブラックベリーブランデー

チョコレートミルク

クレーム・ド・カカオ

メープルシロップ

ミルク

オーツブランマフィン

オーツ麦のパンでつくる、ピーナッツバターとグレープジェリーのサンド
　　イッチ

豪華なデザート

塩（適量）

お茶

お金の食べ物の準備と調理

　キッチンで緑のキャンドルを灯します。野菜を四角く切ってください（土の
元素を表すためです）。四角いフライパンを使って、パイを焼きます。

　食べ応えがあってこってりした甘い食べ物が、お金の料理にはぴったりです。
けれども、ナッツや野菜も忘れないでください。また、より健康的な食事の代
わりに、アイスクリームをはじめとするデザートばかり大量に食べるようなこ
とは決してしないでください。そんなバランスの悪い食べ方をしていたら、物

280　　　　　　第3部　魔法の食べ物を用いた食事

理的に苦しむことになるでしょう！

　パントリーには、あらゆる食べ物を十分に収蔵しておいてください。今日もそうですが、かつて食べ物は富の象徴でした。そこで、つねに手近にある程度は用意しておきましょう。

　　　── 食べ物にふすまを加えます
　　　── ミックスナッツ（カシューナッツとアーモンドとピーカンナッツ）をおやつにいただきます
　　　── 使うのは全粒粉のパンだけです（白いパンは使いません！）

レシピ

お金のトライフル

（材料の分量は、使うボウルの大きさによって異なります。このレシピは、中ぐらいのサイズのボウル用で、５、６人分に相当します。違うサイズのボウルを使う場合は、適宜量を調節してください。）

　　　刻んだバナナか新鮮なブラックベリー、刻んだパイナップル（塩をふっておく）、薄くスライスした梨のいずれか … １カップ
　　　レモン果汁………………………………………小さじ１
　　　　　　　　　　　　　　　　　　　　　（随時。以下を参照）
　　　スポンジケーキ…………………………………４カップ
　　　　　　　　　　　　　　　　　　　（1.5センチ角程度に切る）
　　　シェリー酒………………………………………1/8カップ
　　　事前につくっておいたカスタード（次ページのレシピを参照）か、
　　　　バナナプディング………………………………１カップ
　　　ホイップクリーム………………………………１カップ
　　　　　　　　　　　　　　　　　　　　（つくりたてのもの）

24. お金　　　　　　　　　　　　　　281

視覚化^{ビジュアライゼーション}をおこないながら果物の用意をします。果物からお金のエネルギーがあふれてくるのを感じてください（バナナを使う場合は、黒く変色しないようレモン果汁をふりかけておきましょう）。

角切りにしたスポンジケーキの半量を中サイズのボウルかスフレ皿に敷き詰めたら、上からシェリー酒の半量をふりかけ、果物をすべてのせます。そこに残りのケーキを重ね、さらに残りのシェリー酒をふりかけます。

カスタードかプディングを上から広げてください。最後にホイップクリームをトッピングします。お好みで、新鮮なフルーツを飾ってもいいでしょう（ブラックベリーか、薄くスライスして五芒星の形に切ったバナナをホイップクリームの上に飾ってください）。

覆いをして、一晩か、最低でも6時間は冷蔵庫で冷やします。

カスタード

卵……………………………………………… 2個
卵黄……………………………………………… 1個分
ライトクリーム（乳脂肪分18〜20%前後の生クリーム）
……………………………………………1と3/4カップ
グラニュー糖………………………………………1/4カップ

鍋を火にかけ、卵を割り入れ、卵黄を加えて混ぜます。クリームとグラニュー糖も加えたら、金属製のスプーンにカスタードがしっかりとつくようになるまで、よく混ぜてください。鍋を火からおろし、すぐに鍋ごと氷水につけます。ときどきかき混ぜながら冷やしていきましょう。半量をケーキに広げ、残りは冷蔵庫で保存します。

「注意」：このデザートはとてもこってりとしていて、豪華です。少量ずついただいてください。また、すべての工程において、視覚化^{ビジュアライゼーション}を忘れずに！

25. セックス（性）

　催淫性の食べ物！　食べ物の魔法のなかでも広く知られているものの１つです。この、摩訶不思議なすばらしい魔法の食べ物をいただくと、洗練された文化人であるはずの私たちの大半が、さながらよだれを垂らして性的に興奮している動物になってしまう、というわけです。

　最初の文明にまで遡ると、人間は性生活を刺激するために食べ物を用い、ありとあらゆるおいしいものと（私たちにとっては）不快なものが食べられていたのです。一般に性欲を刺激すると考えられていたものには、牡蠣やキャビア、シャンパンなどがあります。この手の食べ物のなかでは特に有名なものばかりです。セロリのスープを飲んで、自らを奮い立たせていた人もいれば、ノコギリヤシやダミアナといったハーブを活用した人もいました。アジアでは、希少なサイの角を用いた漢方薬とともに、よく目にする朝鮮人参に催淫性があると考えられています＊。

　かつての媚薬は、人の心を動かすためではなく、あくまでも生殖器を刺激するために用いられました。こういった食べ物の多くは、今でも同様の目的で利用されています——他者の自由を侵す危険をともなって。

　本項で言及している食べ物はどれも、視覚化（ビジュアライゼーション）をおこないながら調理していただけば、性欲をもたらしたり強めたりすることができます。何も知らない友人に催淫性の食事を供し、ベッドをともにしたところで、無益なことです。催淫性の食べ物は、食べる人にエネルギーを受け入れる準備ができていて初めて、効果を発揮するからです。

　したがって、「あなた自身の」性欲を高めるために食べてください。熱い想いが失われかけた関係にあるときには特に効果的です。どうしても必要なら、愛する相手に催淫性の食べ物を用いた食事を供しましょう。ただし必ず、秘めら

れた大きな力について、正直に話してからにしてください（この場合 視 覚 化 ^{ビジュアライゼーション}
は、まあ、問題ではありません）。

　性行為そのものができない、あるいは楽しめない、というときは、きちんと
した専門家に相談してください。確かに食べ物にもすばらしい力は秘められて
いますから、問題を克服する一助となれることもありますが、深刻な場合は心
理学者やセックスセラピスト、婦人科医などの専門家に治療してもらうべきで
す。

＊サイの角に効果があるというのは気のせいです。けれども需要はなくならず、おかげで、密猟者や貿
　易業者によるサイの乱獲があとを絶ちません。

ハーブとスパイス

キャラウェイ	パセリ
カルダモン	ペパーミント
コリアンダー	バニラ
リコリス	

　少量を食べ物に加えます。使う前に人差し指で触れて、視 覚 化 をおこなっ
てください。

野菜

にんじん	オリーブ
セロリ	さつまいも
エンダイブ	トリュフ

　軽く火を通すか、強火でさっと炒めるか、蒸してください。熱々か、温かい
うちに供するのが一番です。催淫性目的の食事にかぎり、野菜は生で食べない
方がいいでしょう。

果物

ブラックベリー
いちじく
マンゴー

最高の効果を得るなら、温めていただきましょう。

ナッツと穀類

大麦
胡麻
お米

飲み物

アプリコットブランデー　　プラムワイン
シャルトリューズ　　　　　ラム
コニャック

アルコール飲料ならなんでも、少量（グラス1杯）いただくことで、催淫薬となります。ただし飲みすぎは禁物です。性欲が失われ、男性の場合、性交能力が阻害される可能性すらあります。

それ以外のセックス（性）の食べ物

ツバメの巣のスープ　　　　コーヒー
キャビア　　　　　　　　　蟹
シャンパン　　　　　　　　卵
クラムチャウダー　　　　　フィグニュートン

魚	牡蠣
ハルヴァ（訳注：胡麻とハチミツでつくった中東の甘いお菓子）	
パルメザンチーズ	蜂蜜
貝	オムレツ

特に女性向け

いちじく

牡蠣

マンゴー

昔から、女性に一段と効果的だと考えられている食べ物です。

特に男性向け

豆	オリーブ
ブラックベリー	パースニップ（白にんじん）
にんじん	パパイア

昔から、男性に一段と効果的だと考えられている食べ物です。

セックス（性）の食べ物を調理したり準備したりする際は、キッチンで赤い
キャンドルを灯します。適切な視覚化をおこないながら、調理や準備をして
ください。食べ物は、丸か楕円形に切ります。

――砂糖とシナモンをかけたご飯
――炒め物

レシピ

セックスコーヒー

```
冷水……………………………………………1/2 カップ
外皮をとりのぞいた（殻をむいた）カルダモンシード
　　　………………………………………………小さじ 1
いれたての熱いダブルエスプレッソコーヒー… 1 と 1/2 カップ
```

　カルダモンシードに触れながら、自分が必要とすることを強く視覚化します。冷水とカルダモンシードを鍋に入れます。鍋を火にかけて沸騰させ、そのまま 2 分間煮立ててからコーヒーフィルターで濾します。その後、いれたての熱いコーヒーに加えて、よくかき混ぜてください。このレシピは、小さなカップ 2 杯分なので、友人と一緒にいただきましょう。

　「注意」：最近の調査では、コーヒーを飲むことでセックスへの関心が高まることが示されているようです。

マンゴーのアップサイドダウンセックスケーキ

```
熟したマンゴーのスライス…………………………2 カップ
レモン果汁……………………………………………大さじ 2
バター…………………………………………………大さじ 1
ブラウンシュガー…………………………………1/3 カップ
ショートニング……………………………………1/4 カップ
砂糖…………………………………………………3/4 カップ
卵………………………………………………………1 個
ミルク………………………………………………1/2 カップ
小麦粉……………………………………………1 と 1/2 カップ
ベーキングパウダー…………………………………小さじ 2
塩…………………………………………………小さじ 1/4
```

オーブンを190度に予熱しておきます。

マンゴーをスライスしながら、性行為を楽しむ自分を視覚化しましょう。ス
ライスしたマンゴーをボウルに入れます。レモン果汁を加えたら、ボウルを揺
すって軽くなじませ、そのまま15分ほどおいておきます。直径20cmほどのフラ
イパンかキャセロールにバターを溶かします。ブラウンシュガーを加えてから、
マンゴーのスライスを並べます。ボウルにショートニングと砂糖を入れて混ぜ、
クリーム状にしてください。溶き卵を加えます。粉類をふるいにかけてから、ミ
ルクと交互に加えていきます。それをマンゴーの上に広げてください。190度の
オーブンで50〜60分、もしくはしっかりと焼き色がつくまで焼いていきます。粗
熱をとったら、皿の上でキャセロール（またはフライパン）をひっくり返しま
しょう。

26. 精神性(スピリチュアリティ)

　精神性(スピリチュアリティ)とは、人間が神を感じたり、神と交流することを言う場合があります*。すべての宗教の目指すところであり、己の内に、そしてまた我々のいる三次元の世界を超えて、聖なるものを感じる人たちの目的でもあります。精神性(スピリチュアリティ)は、より大きな存在へと私たちの意識を拡大することです。

　ただし、必ずしも宗教的な現象ではありません。自らに話しかけられる真実をいまだ見出していない多くの人も、スピリチュアルな存在です。聖なる書やスピリチュアルな指導者に気づいていない人たちでも、目に見えない世界を感じることはできます。精神性(スピリチュアリティ)は、すべての宗教の一部ではありますが、必ずしもそうでなければならないわけではありません。

　人は、生きる意味や目的をみいだせなかったり、物質的な所有に満ちたりなさを感じたとき、つねに感じていながら無視していた力に意識を向けることがあります。霊的自覚(サイキック・アウェアネス)を深めることで、精神的な満足感を得られることがままあります。

　これによって、伝統的に確立された宗教に足を踏み入れていく人もいれば、他者とは違う、神と自分との独自の関係を築いていく人もいます。スピリチュアルな人のなかには、こうした究極の力を「崇め」たり、尊んだりしない人もいるかもしれません。けれども、スピリチュアルな経験をしたことによる直接的な結果として、他者との交流や人生の展望、さらにはスピーチや生活パターンまでをも変えるかもしれないのです。

　スピリチュアルな観点から言えば、すべての食べ物に神聖なエネルギーが含まれています。結局、誰が食べ物をつくったのでしょう。誰が命を与えたのでしょう。雨をもたらしたのは誰でしょう。信心深い人たちは、食べ物をつくり、私たちの世界をつくった存在を「崇めます」。そして魔女は、こうした神聖さの

顕現_{げんげん}のなかにあるエネルギーに「働きかける」のです。

本書は、魔法の本です。宗教の本ではありません。個人の変革のツールとして、食べ物の持つエネルギーの使い方を紹介しています。精神的自覚^{スピリチュアル・アウェアネス}を高めたいなら、この項のアドバイスを試してみてください。日々の生活のなかで、精神的現実を体験できるようになっています。ありとあらゆる宗教の方に利用していただけます。いわゆる「ペイガン」の方には特におすすめです。

ここでとりあげている食事を実践したからといって、神秘主義者になるわけでもありませんし、おそらく、宗教に傾倒することもないでしょう。強いて言えば、心の平安がもたらされるかもしれません。物質界のすぐ向こうに存在するスピリチュアルな世界をより深く理解することで、一段と明るく、精力的に日々を送っていけるようになるでしょう。

とりあげる食べ物の範囲はもっと広げることもできましたが（すべての文明が食べ物を神と結びつけているからです）、ここではスピリチュアルな状態をもたらすのに特に効果的とみなされてきた食べ物に限定しました。

＊神は、聖母マリア、ブッダ、地母神、オシリス、ディアーナ、始祖、ヒナなど、さまざまな名前で知られています。

野菜

トウモロコシ	大豆もやし
茄子	パンプキン
緑豆もやし	ズッキーニ
オリーブ	

軸つきのトウモロコシ、コーンチャウダー、茄子のパルミジャーナ、もやしたっぷりのサラダ、焼きパンプキン——いずれも、精神性^{スピリチュアリティ}を強力に刺激します。

果物

バナナ

ココナッツ

デーツ

デーツ以外は生でいただくのが一番です。

それ以外の精神性^{スピリチュアリティ}の食べ物

バター	サフラン
ココナッツクリームパイ	豆腐
卵	トルティーヤ（トウモロコシにかぎる）
蜂蜜	ワイン
ミルク	ベジタリアンの食べ物
オリーブオイル	ヨーグルト

霊的自覚の食べ物もほとんどが当てはまります（27章を参照）。

避けるべき食べ物

人工的に香りをつけた食べ物

乾燥食品

肉

保存食品

根菜類（じゃがいもなど）

塩

　こうした食べ物は、精神的自覚を「閉ざしてしまう」ようです。食べる場合は少量にしてください。1食おきに、肉の代わりに豆腐や乳製品を食べましょ

26. 精神性

う。塩ではなく、スパイスやハーブで風味をつけてください。

精神性（スピリチュアリティ）の食べ物の準備と調理

　キッチンで作業をする際は、白または紫のキャンドルを灯します。視覚化（ビジュアライゼーション）をおこなってください。食材を切ったり、皮をむいたり、混ぜたりしながら、食材のなかにある精神性（スピリチュアリティ）のエネルギーを感じましょう。

　食べているあいだにおこなわれるエネルギーの交換に身をゆだねます。聖なるエネルギーが、自分の体や精神や魂の一部になっていくのを感じてください。自ら望めば、食事の前に祈りを捧げてもかまいません。

　食べ物は、スピリチュアルな世界を表す円か球状に切ります。軽く火を通しただけか、生でいただくのが一番です。

　あなたの精神性（スピリチュアリティ）を具現化するために、食べ物をフードバンクやシェルターに寄付しましょう。

レシピ

スピリットサラダ

熟したバナナ（皮に茶色い斑点がたくさんあるもの）…… 1本
刻んだココナッツ（できれば生のもの）………………… 1/8 カップ
プレーンヨーグルト…………………………………… 200 グラム
白ワイン……………………………………………… 小さじ1
蜂蜜…………………………………………………… 大さじ1

　バナナの皮をむき、細かく切ります。ココナッツと一緒にボウルに入れます。蜂蜜とワインを混ぜ合わせたら、バナナとココナッツの上から散らします。そのまま1分おいてください。

　その後、ヨーグルトを加えます。スプーンを使い、時計回りによくかき混ぜます。1人分です。

292　　　　　第3部　魔法の食べ物を用いた食事

サフランライス

ウォッカかジン	大さじ1
サフラン（本物）	小さじ1/4
水	3カップ
生のお米	1カップ
塩	小さじ2
バター	大さじ1

　利き手の人差し指でサフランに触れ、この貴重なハーブがあなたの精神性（スピリチュアリティ）を高めるところを視覚化（ビジュアライズ）します。

　ごく弱火でアルコールを温めます。サフランを加えたら、火からおろして、かき混ぜてください。アルコールが冷めるまで、そのままおいておきます。

　鍋に水、お米、塩を入れて中火にかけます。煮えすぎないよう気をつけつつ、バターを加えてください。サフラン入りのアルコールを加えてかき混ぜ、蓋をします。

　弱火で15分、またはお米がすべての水分を吸うまで煮てください。

27. 霊的自覚
サイキック・アウェアネス

　私たちはみんな、生まれながらに霊的な力を持っています。けれども残念なことにほとんどの人が、大人になるにつれて、かすかなエネルギーを感知できるこの持って生まれた能力を失ってしまうのです。私たちには２つの心があると、魔女たちは信じています。１つはいわゆる「顕在意識」です。私たちが考えたり、何かを思い出したり、仕事をしたり、運転したり、電話番号を押したりする際に、活発になります。そしてもう１つが「潜在意識」と言われるもので、私たちはここで霊的な刺激を受信するのです。

　子どものころは、顕在意識と潜在意識はつながっています。２つの意識のあいだをさまざまな情報が自由に行き来します。おかげで私たちの意識は、五感で捉えることができなかった情報を「知る」ことができるのです。この時点では、私たちにはまだ霊的な力があります。

　けれども大人になると、「ふつうの」意識と潜在意識のあいだにある、知らないことや信じられないことに関するドアを閉めるよう教えられるのです。そしてこの教育が功を奏してしまうと、２つの心のあいだの自由な情報のやりとりが、機能的にできなくなってしまいます。そうして潜在意識は、夢でしか自由につながれなくなってしまうのです。

　ときには、顕在意識が譲歩して、潜在意識からの情報をほんの少しだけ通してくれることもあります。いわゆる「予知」や「直感」です。この２つの言葉が表しているのは、顕在意識が、埋没した双子から意図せずして（そして無意識のうちに）得た霊的な情報です。

　なかには、霊能者と称される、潜在意識からの情報に自由にアクセスできる人たちもいます。彼らは、持って生まれた霊的な力を失わなかったか、訓練を重ねて潜在意識と接触できるようになったのです。

霊的自覚がどのように働くのか、正確なことはわかりませんが、その存在を否定するつもりはありません。あまりにもたくさんの例を目の当たりにしてきたからです。数年前の午後、私は自宅アパートに戻りました。すると、当時一緒に暮らしていた友人が、私を見るなり微笑んで、私がたった今ランチを食べてきたこと、それも、どこで何を食べてきたかまで言い当てたのです。推測ではありませんでした。知っていたのです。友人の言葉はすべてあっていました。

これは、霊的自覚としては些細な一例かもしれませんが、私が、人間の経験する具体的な現象として霊的自覚を受け入れるに至った一例です。霊的な力を持った人たちは本当に、他の人にはわからないことがわかるのです。

彼らにとってはいいことだろうけど……。あなたは自問しているかもしれません。それじゃあ、私たちは？　本章でとりあげている食べ物や料理は、適切な準備をしていただけば、潜在意識に同調できる能力を高めることができます。2つの意識のあいだにある壁を打ち破り、新たな情報源にアクスできるようにしてくれます。

この食事の利点を最大限享受するなら、近くの店や研修センターでおこなわれる精神的成長についての講座に参加するといいでしょう。あるいは、このテーマの良書を読み、著者がすすめるエクササイズを実際にやってみてください*。

成長のスピードを速める方法は他にもあります。霊的なツールを使うのです。霊的自覚を活性化するすばらしい方法として多くの人が挙げているのがタロットカードです。自分の好みのカードを使ってください。カードのシンボルに、あなたの潜在意識の扉をもう一度開けてもらいましょう。

忘れないでください。あなたはもともと霊的な力を持っていたのです。それは、すべての人に「与えられた」力です。明日から霊的な力を感じたいなら、今日から始めなければなりません。本章の食べ物をいただきましょう。講座に参加し、本を読んでください。ゆっくりと、周囲の新たな世界が見えてくるでしょう。そして霊的自覚は再び、あなたにとって当たり前の力となるのです。

＊『Practical Guide to the Development of Psychic Powers』（メリタ・デニング、オズボーン・フィリップス共著）はすばらしい本です。

スパイスとハーブ

ローリエ	メース
セロリシード	ナツメグ
シナモン	薔薇（ローズ）
ダンデライオン（たんぽぽ）	タイム
レモングラス	

　控えめに食べ物に加えてください。あるいは、霊的な力を完全に使いこなしている自分を視覚化しながら、ローリエを指先でつぶしてもいいでしょう。豊かな香りを堪能してから、スープに加えます。

　薔薇（ローズ）はすばらしい食べ物です。本章最後のレシピを参照してください。

野菜

筍	マッシュルーム
セロリ	大豆もやし

　筍、マッシュルーム、もやし、豆腐を強火でさっと炒めます。にんにくを少量加えて風味を添えてください。すばらしい霊的な食事です。

それ以外の霊的自覚の食べ物

ココナッツ	桑の実
たんぽぽコーヒー（ローストした根からつくる）	ペパーミントティー
	貝
魚	すべてのスープ（じゃがいもをのぞく）
新鮮な花	
搾りたての果汁	発芽パン

寿司　　　　　　　　　野菜スープ
豆腐

避けるべき食べ物

アルコール

カフェイン製品（コーラ、コーヒー、お茶、チョコレート）

肉

根菜類（じゃがいも、ピーナッツ、にんじんなど）

塩

霊的自覚^{サイキック・アウェアネス}の食べ物の準備と調理

キッチンで青いキャンドルを灯します。食べ物は、円か球状に切ってください。

潜在意識とつながる前にいきなり食べないことが何よりです。概して、何かを食べると私たちの霊的自覚^{サイキック・アウェアネス}は「閉ざされます」。まず霊的につながり、それから食べれば、最高の結果を得られるでしょう。霊的なものを促さないものを食べるときは特にそうです。先に食べるなら、軽くにしておきましょう。

レシピ

霊的な薔薇（ローズ）のアイスクリーム

新鮮な赤い薔薇（ローズ）の花びら…………1/2 カップ

バニラアイスクリーム………………………… 1 パイント（473 ミリリットル）

（溶けない程度に柔らかくしておく）

赤ワイン………………………………………3/8 カップ

ローズウォーター………………………………1/8 カップ

粉砂糖…………………………………………大さじ 1

赤い薔薇の花びらの砂糖漬け……………12個（次のレシピを参照）

　殺虫剤を散布されていない薔薇を使ってください。汚れていたり、虫に食われていない、きれいな花びらを選んだら、冷水でしっかりと洗います。その後、ペーパータオルか竹製のラックに並べて、しっかりと水を切ります。

　小さなハサミを使って、花びらそれぞれのつけ根のところにある白い部分を切りとります。終わったら、計量カップ半量分を用意してください。作業をしながら、霊的な力を持った自分を視覚化します。

　花びら、ワイン、ローズウォーター、砂糖をブレンダーに入れます。1分ほど作動させます。柔らかくしておいたアイスクリームをボウルに入れ、ブレンダーにかけたものを加えます。視覚化を続けながら、時計回りにかき混ぜ、全体をしっかりとなじませます。

　なじんだら製氷皿に入れて、冷凍庫でかためていきます。途中で1、2度かき混ぜます。一晩かけてかためましょう。

　供するときは、スプーンなどですくって、ガラスの器に入れてください。上に、薔薇の花びらの砂糖漬けを飾ってから出しましょう。

薔薇（ローズ）の花びらの砂糖漬け

　　新鮮な赤い薔薇（ローズ）の花びら…………… 2カップ
　　卵白……………………………………………… 1個分
　　グラニュー糖…………………………………… 1カップ

　作業中は視覚化を忘れずに。

　薔薇（ローズ）の花びらを洗います。白い部分を切りとってください。水を切って、乾かします。

　卵白を軽く泡立てます。薔薇の花びらを1枚、浸してください。それから、花びらにグラニュー糖をふりかけ、均等に覆います。覆ったら、油を塗っていない天板におきます。この工程を繰り返して、すべての花びらを天板に並べます。

　天日か120度に温めておいたオーブンで乾燥させます。花びらがかたくなり、

298　　　　　　　　第3部　魔法の食べ物を用いた食事

結晶化するまでおこなってください。

　ワックスペーパーを1枚切り、小さなキャニスターの底に敷いてから、砂糖漬けを1枚ずつ、きれいに重ねて入れてください。できあがったら、乾燥した、涼しい場所で保管します。

薔薇（ローズ）の蜂蜜

　　新鮮な薔薇（ローズ）の花びら………………… 1カップ
　　（霊的な薔薇（ローズ）のアイスクリームと同じように下準備）
　　蜂蜜……………………………………………… 2カップ

　薔薇（ローズ）の下準備をしながら、視覚化〔ビジュアライゼーション〕をおこなってください。蜂蜜をガラスの鍋に入れます。中火にかけて沸騰させてください。弱火にし、花びらを加えます。そのまま9分ほど煮こみます。その後、火からおろします。布で覆いをして、24時間おいておきましょう。

　再度、中火にかけて沸騰させます。コーヒーフィルターで濾してから、密閉式のガラス瓶に入れます。しっかりと蓋をしてください。そのまま3日間寝かせます。

　霊的自覚〔サイキック・アウェアネス〕を高める食べ物として、発芽パンに添えていただきましょう。

28. 平和と幸せ

　私たちは誰しも、ストレスに晒されたり、悲嘆にくれたりします。仕事、人間関係、それに社会の構造がストレスを引き起こします。車を運転しているとき（あるいは、バスに乗ろうと走っているとき）、手紙を開けるとき、電話に出るときや雇用主に昇給を申し出るときにも、ストレスを感じます。
　そして多くの人が、そういったプレッシャーに負けます。すると、落ちこんだり、精神状態や気分を変化させる物質に「逃げたり」するかもしれません*。体や心が訴えています、もっとゆっくりやろう、発散しよう、リラックスしようと。
　ストレスは生活の一部ですが、対極にあるもの——平和、幸せ、リラクゼーションもしかりです。多くの人が、ストレスを発散させるために瞑想をします。運動したり、マッサージセラピストのところへ行く人もいます。30分ほどのヨガで、とりあえずスッキリする人も多いでしょう。けれども、日々の生活に平和と幸せをもたらせる方法は、他にないのでしょうか。
　大丈夫、あります。昔から、幸せや平和をもたらすために用いられてきた食べ物を食べればいいのです。概して、本項で言及するような食事は、それだけで効果を発揮できるものではありません。食事をいただくあなた自身が、食事のエネルギーが存分に発揮されるよう努めなければなりません。肉体的、感情的、経済的、そして精神的なストレスを平和と幸せへ変えていくには、何よりもあなた自身の積極的な努力が大事になっていきます。
　つねに心穏やかな状態や、永遠に幸せな状態が続かないことを魔女たちは知っています。所詮私たちは人間なのですから。けれども、ある種の食べ物を食事に加えれば——そして他にもいくつか簡単な方法を用いれば——さらなる幸せや平和をもたらしていけるでしょう。

幸せや平和は内面からくるものだということを理解してください。誰かに与えてもらえるものではないのです。誰かと一緒にいるときに、幸せや平和を感じることがあるかもしれませんが、こうした気持ちを自分にもたらせるのは、「自分自身」しかいないのです。

　前向き思考は、変化の1つの方法です＊＊。目にしたり耳にしたりするすべてのもののネガティブな面ばかり探すのではなく、いいところを探しましょう。思考パターンを変えるのです。不満や皮肉のフィルターを通して世の中を見るのが癖になっているなら、ものの見方を変えましょう。

　確かに、愛のない関係に縛られていたり、どんなに働いても出世の見こみがなかったり（あるいはそもそも仕事がなかったり）、友人は少なく、借金は多い、といった状況にあれば、殺伐とした気持ちになるのも無理はありません。何もかもが不公平だと思いこんでもしかたがないでしょう。何もせず、周囲の環境に流されるままになっている方が楽かもしれません。

　けれども、変わりたいと思ったら、自分の人生はこのままじゃダメだと思ったら、あなた自身とあなたのエネルギーをきちんと正しい方向に向けてあげましょう。前向き思考で変えていきましょう。先の見こみのない人間関係を切り捨てたり、引っ越したり、より充実した仕事を見つけたりして、人生を変えましょう。

　自分の人生に平和と幸せを見つけるべく行動を開始したら、同時に、静かに座って考える時間を毎日5分間とってください。そして、日々の生活のネガティブな面を見つけてくよくよ考える代わりに、前向きなことを考えるのです。やがて歩んでいく明るい人生を視覚化（ビジュアライズ）したいなら、ぜひやってみてください。こうしたちょっとした「瞑想」を続けることで、あなたの考え方も次第に変わっていくでしょう。あなた個人のパワーを前向きなエネルギーで満たしていくこともできます。

　過去は過去でしかありません。過去から学ぶことはできますが、未来への地図ではありません。鬱々とした未来をつくるのも、幸せな未来をつくるのも私たち次第です。さあ、自分の人生は自分の意思で切り開き、今からあなたの未来をつくっていきましょう。幸せは、過去の結晶ではありません。私たちはみんな、生まれながらに幸せになる権利を持っています。自分にふさわしい平和

や幸せを手にするために、自分自身を変えることで、今から、今日から、幸せを手にしていくことができるのです。そして、悲しみに沈んだ人生から幸せな人生へとさらにすばやく変えていくために、あなたの食事も変えていきましょう。以下の食べ物も、視覚化をおこないながら正しく準備をすれば、あなたの人生に平和と幸せをもたらしてくれるでしょう。

＊落ちこみがひどかったり、心の病気かもしれないと思ったら、きちんとしたセラピストに相談してください。かかりつけ医に聞けば、紹介してくれるはずです。生活に支障をきたすような何らかの中毒にかかっているなら、アルコール中毒者更生会や、匿名断薬会などの組織に助けを求めましょう。電話帳を調べてみてください。

＊＊人格形成期に前向き思考の基礎を教えてくれた父には、絶えず感謝しています。私はどちらかといえば疑い深い人間ですが、前向き思考のパワーは身をもって学んできました。

ハーブとスパイス

クミン	オレガノ
マリーゴールド	薔薇（ローズ）
マジョラム	サフラン

　これらを少量、幸せと平和の食べ物に加えてください。人差し指でスパイスに触れ、視覚化をおこなって、エネルギーをチャージします。26章の薔薇（ローズ）のレシピはいずれも、幸せにも絶大な効果がありますが、いただくのは少量にしてください（砂糖の含有量がかなり高くなっているからです）。

野菜

きゅうり
レタス
オリーブ

　これらの野菜は、嫌いなら食べないでください。憂鬱になるだけですから。

果物

りんご	桃
杏	柿
パッションフルーツ	ラズベリー

　新鮮で熟した果物をいただけば、心がホッとするでしょう。食べたり調理したりする前に、果物に、円と正十字を組み合わせたものを描いてください。

それ以外の平和と幸せの食べ物

セロリスープ	レンズ豆
チーズピザ（オレガノで風味を添えたもの）	ミルク
	サフランのパン
チョコレート	サフランライス（26章のレシピを参照）
魚	
蜂蜜	ワイン
レモンパイ	

避けるべき食べ物

アルコール（過度の摂取）	根菜類
コーヒー	塩
胃にもたれる食べ物	辛い食べ物
肉	お茶

　一度に食べる量を減らし、食事の回数を増やしましょう。胃にもたれる料理や、たんぱく質を摂取するために肉だけを食べるといった食事もやめましょう。砂糖は控えめに。確かに砂糖を摂取するとすぐに血糖値があがり、気分もよくなります。けれども効果は早々に消え、そのあとは、危険な鬱々とした状態に

28. 平和と幸せ　　　303

陥りかねないからです。どうしても甘いものが食べたいときは、新鮮な果物を
いただきましょう。愛の食べ物（砂糖との深い関係にある人たちを助けてくれ
ます）はいずれも、食べていただいてかまいません。

平和と幸せの食べ物の準備と調理

　この食べ物の調理や準備をしているあいだは、キッチンで白または明るい青
のキャンドルを灯します。野菜や果物は、平和を表す丸に切るか球状にしてく
ださい。

　果物を使った飲み物や「トロピカル」風ヨーグルトのアクセントとして人気
上昇中なのがパッションフルーツです。行きつけの食料品店で探して、平和と
幸せの食事に加えてください。あなたの地元にも、パッションフルーツのタネ
を使ったサラダドレッシングが売っているかもしれません。もちろん、通販で
の購入も可能です。

　前述した体にいい食べ物のなかで、特に気になっているものが２つほどある
のではないでしょうか。そう、ワインとチョコレートです。少量のワイン（１
日にグラス１杯までです）は、懸命に働いた私たちを癒してくれる友人となる
でしょう。ただし、飲みすぎれば、途端に敵となります。くれぐれも気をつけ
てください。

　13章で述べたように、脳を刺激して、ホッとしたりリラックスできる物質を
分泌させてくれる成分が、チョコレートには含まれているようです。ただし、過
度に食べれば、あっというまにチョコレート中毒になりかねません。こうした
ものに頼っているかぎり、決して本当の幸せは手にできないのです。もう一度
書いておきましょう。くれぐれも食べすぎないようにしてください。

レシピ

永遠の幸せドリンク

　　りんご果汁‥‥‥‥‥‥‥‥‥‥‥‥‥‥‥‥‥‥‥‥1/2 カップ

さくらんぼ果汁……………………………………1/2 カップ

杏果汁（またはネクター）………………………1/2 カップ

新鮮なラズベリー………………………………… 4、5 粒

　すべての材料を合わせて、数秒混ぜます。グラスに注いだら、両手で持ち、果物のなかにある平和のエネルギーが活性化するところを視覚化してください。

　飲みたいときにいつでも、半量を飲んでください。残りは冷蔵庫に入れておき、コップ 1 杯のりんごジュースと交互に飲みましょう。

平和のサイダーケーキ

ふるった小麦粉………………………………… 3 カップ

重曹……………………………………………………小さじ 1/2

すりつぶしたナツメグ……………………………小さじ 1/4

すりつぶしたシナモン……………………………小さじ 1/4

柔らかくしたバター………………………………1/2 カップ

砂糖…………………………………………… 1 と 1/2 カップ

溶き卵……………………………………………… 2 個分

アップルサイダー…………………………………1/2 カップ

　オーブンを177度に予熱しておきます。

　スパイス、小麦粉、重曹を計量しながら、穏やかな自分の姿を視覚化します。小麦粉、重曹、ナツメグ、シナモンを一緒にふるいにかけたら、おいておきます。

　大きなボウルでバターと砂糖を混ぜ合わせます。卵も加えて混ぜてください。ふるった小麦粉類とアップルサイダーを交互に加えていきます。ちなみに、最初と最後に加えるのは小麦粉類にしてください。

　十分にバターを塗った焼き型に生地を入れます。177度のオーブンで 1 時間か、ケーキの中央に楊枝を刺しても何もついてこなくなるまで、しっかりと焼いてください。

28. 平和と幸せ

29. 浄化

　自分が嫌になることが誰にもときにはあります。数週間にわたって、悶々としていることもあるかもしれません。物足りない関係を断ち切ろうとしているところかもしれません。あるいは、今こそ変わるとき――自分が依存しているものや、自分の人生を歪めているものを断ち切るときだと心から感じているところかもしれません。

　そんなとき、物理的な変革をもたらすのに有益なのが浄化の食事です。浄化の食べ物を食事に加え、視覚化(ビジュアライゼーション)をおこないながら準備をし、パワーをこめていただけば、あなたの心や体や感情のモヤモヤを吹き飛ばすことができます。浄化には、悪いものや無用なものをとりのぞくだけではなく、一新する意味もあるのです。そして、その両方を成し遂げられるのが、浄化の食事です。

　何かしらへの依存をやめるといった人生における大きな変化を経験しているときに、浄化の食べ物をいただく人もいるかもしれません。その場合食事には、精神性(スピリチュアリティ)の探求といった面も含まれる可能性があります。また、変化をもたらすという点において、他の魔法の食事よりも先に効果を発揮することもあるでしょう。

　浄化の食事は私たちの体や感情に、プラスの変化をもたらします。過去に囚われている、感情がんじがらめにされている、あるいは、すぐそばにいる他者の行動のせいで自分が「汚されている」と思っているなら、浄化の食事を1週間ほど試してみてください。また、霊性を高めるためにもとても効果のある食事です（もともと霊性を高める食事をしている人のためではなく、霊性を発揮する必要のない私たちごくふつうの人にとって、ということです）。あなたを閉ざす食事ではなく、簡単に他者から影響を受けることがあるネガティブなエネルギーを浄化する食事です。

306　　　　　　　第3部　魔法の食べ物を用いた食事

強力な加護の食事に続けて1週間、浄化の食べ物をいただきます。必要な場合には、浄化と加護の食事を交互にいただいてもいいでしょう。とにかく、やってみてください。

ハーブとスパイス

ローリエ	ペパーミント
黒胡椒	タイム
西洋わさび	ターメリック

果物

ココナッツ	ライム
グレープフルーツ	メロン
グアバ	オレンジ
レモン	

それ以外の浄化の食べ物

アニゼット	オレンジジュース
ビール	ペパーミントティー
クレーム・ド・ミント	塩（適量）
花	貝
新鮮な果汁	スープ
蜂蜜	蒸し物
レモネード	ビネガー
レモンソルベ	水
オニオンスープ	酵母製品

いずれも、浄化の食事でおいしくいただけるものです。水は、当然のことなが

29. 浄化

ら、できるだけ純度の高いものを探してください。瓶詰めの天然水が一番です。健康維持のため、1日にグラス8杯の水を毎日飲むようにしてください。グラス1杯につき、新鮮なレモンのスライスを1枚加えると、水の浄化の特性を高めることができます。

避けるべき食べ物

缶詰製品
乾燥食品
肉
保存食品

肉は、食べるにしても決してたくさんは食べないでください。加工食品、特に人工香料や着色料を使っているものや保存食品は避けてください。新鮮なものが一番です。

浄化の食べ物の準備と調理

キッチンには、最低でも1本は白いキャンドルを灯してください。食べ物は、丸または楕円形に切ります。角の立った千切りにはしないでください。心理学的にも魔術的にも、そういった形の方が、丸い形よりも浄化の力が弱いからです。

1日の最後の食事のあとに、グラス1杯のビールをいただくのは浄化になりますが、他のすべてのアルコール同様、グラス1杯か1杯半まで、という量を守ってください。残ったビールはどうすればいいのか？　お風呂に入れましょう。体の外から浄化してくれます（温めたビールをシャンプー後の髪にかけている人もいます——これもまた、残ったビールの活用法の1つです）。

塩は浄化物質ですが、使うのは少量にとどめてください。塩は、昔から浄化のシンボルです。けれども塩分のとりすぎが命とりになりかねないことは、今やみなさんご存知でしょう。

308　　　　第3部　魔法の食べ物を用いた食事

酵母製品が推奨されてきたのは、活発に生きている食べ物である酵母菌の性質ゆえです。ただし、酵母制限の食事をしているなら（最近流行っていますから）、酵母製品は食事に加えなくてかまいません。スープも、肉を入れなければすばらしい浄化のツールです。

レシピ

変化の風ドリンク

オレンジ……………………………………… 3 個
グレープフルーツ…………………………… 2 個
レモン………………………………………… 1 個
ライム………………………………………… 1 個
蜂蜜（お好みで）

　果物の浄化のエネルギーを視覚化（ビジュアライズ）しながら、それぞれを切って果汁を搾ります。搾った果汁をグラスに注いでください。蜂蜜を小さじ 1 杯加えたら、よく混ぜます。味見をしてください。お好みで、さらに蜂蜜を加えてかまいません。浄化の食事の期間中、飲みたくなったらいつでもたっぷり飲んでください。

浄化の蜂蜜酒（ノンアルコール）

水………………………………………………950 ミリリットル
蜂蜜……………………………………………… 1 カップ
レモン………………………………………… 1 個（スライスする）
ナツメグ………………………………………小さじ 1/2
レモン…………………………………………1/2 個分の果汁
塩……………………………………………… 1 つまみ

レモンをスライスしながら、浄化の香りを堪能してください。視覚化（ビジュアライゼーション）も忘

れずに。ステンレス製かガラス製の鍋に、水、蜂蜜、レモンのスライス、ナツメグを入れます。火にかけているうちに、表面にアクが浮いてきます。木のスプーンでこまめにすくいとってください。完全にとって、鍋の中身が澄んできたら、塩と果汁を加えます。

　濾してから冷ましてください。室温程度に冷めたものか冷やしたものを飲みます。蜂蜜酒の代わりにいただく、浄化の効果の高いノンアルコール飲料です。

30. 減量

　太りすぎの人は大勢いますが、理想の体重を示すために用いられる標準値もいろいろあり、すべての人に同じように当てはまるわけではありません。ほんの1キロほど落とせばいい人もいれば、何十キロもオーバーしている人もいます。ちょっとでも体重が増えると大騒ぎする人もいれば、まったく気にしない人もいます。

　けれども1つだけはっきり言えそうなのは、今の自分の体に心から満足している人はほとんどいない、ということです。印刷広告やコマーシャル、映画、テレビには、理想の顔、理想の歯、理想の髪、理想の体をした人があふれています。そういったものを持って生まれてこなかった私たちは、見るからに理想の存在を、生まれてこのかた来る日も来る日も見せつけられています。そしてそこには、やせていることが流行っているのはもちろん、それがふつうだというメッセージが秘められているのです*。

　ダイエットセンターは、国じゅうで急激に増えています。毎年、たくさんのダイエット本も出版されています。食欲抑制剤やエアロビクスのレッスン、ダイエットサポートグループなどに莫大なお金がつぎこまれています。ほんの数キロを落とすことを、そしてもっと重要なのは、その状態を維持することを夢見ている人が大勢いるのです。

　第3部の手引きで書いたように、本書は「ダイエット本」ではありません。多くの人が、「ダイエット」と「減量」を同じことだと考えています。けれどもそれは違います。ダイエットとはいわば「食事療法」であり、いろいろなタイプがあります。塩分を控えるもの、コレステロールを抑えるもの、食物繊維をたっぷりとる、体重を減らす、さらには体重を増やすためのものすらあります。どんなダイエットであれ、成功の秘訣は、ずっと続けていくつもりで考えること

です。「ダイエット」は、ほんのちょっとのあいだだけやるものではありません。食習慣をずっと変えていくべきものなのです。

　本章では、包括的なダイエットについて述べてはいません。ここで紹介する食べ物を食事にとり入れ、視覚化 をおこないながら準備していただけば、体重を減らすのには効果があるでしょう。けれども、摩訶不思議な力で減量を保証するものではありません。

　減量に挑戦するなら、事前にきちんとした医師に相談してください。あなたの抱えている問題が、生物学的状況からきているものではないことを確かめましょう。そして、不安をすべて解決できたら、あなたの食事に本章の食べ物を加えていってください。

　なんであれ減量計画の基本は、

　　──野菜をたっぷり食べる
　　──脂肪分と砂糖の摂取を控える
　　──運動量を増やす
　　──食事を抜かない

以下に、減量のためのさらなるアドバイスを挙げておきます。

　食事中は、食べることに集中する。新聞を読んだり、テレビを見たり、何か他のことをするのはやめましょう。一緒にテーブルを囲んでいる人との会話はもちろんかまいませんが、食べるための時間であることを忘れないでください。

　食べ物を自分へのご褒美にしない──本章で挙げている食べ物以外はやめましょう。「ご褒美」と称してホットファッジサンデーを食べるのは、実は自分を罰しているのです。おわかりでしょう？

　食べ物で祝わない。みんなで集まるときには、食べることではなく、他の活動を選んでください。

　外食の回数を制限する。何をどうやって食べるか、それをコントロールすることがあまり、あるいはまったくできないと、どんなダイエットであれ、きちんと実践するのは一段と難しくなってしまうでしょう。

312　　　　　第3部　魔法の食べ物を用いた食事

1日の食事は、3回にわけてしっかり食べるか、4回にわけて少しずついただく。朝食は抜かないでください。朝食を抜くと、体の代謝能力が落ち、体重を「増やし」かねないことが、証明されています！　また、コレステロール値も上げることになるのです。この食べ方を続ければ、驚くほど効果があるでしょう。

＊もちろんこれは最近の現象です。「ガリガリ」こそ女性の理想の体型という現在の状況を生み出した責任の大半は、1960年代に大人気を博したモデルのツイッギーにあります。けれども、あそこまでやせているのは、ほぼ遺伝によるものです。ダイエットだけではどうにもならず、むしろ健康を害する危険があります。ですから、あんなふうにやせようとはしないでください。

ハーブとスパイス

　　ハコベ（チックウィード）
　　ディル
　　フェンネル

　これらのハーブで食べ物に風味づけをしてください。ディルは、さやいんげんとよく合います。フェンネルシードは、ピザ生地にかけるといいでしょう（ただし、1回の食事でいただくのは、せいぜい1、2切れにしてください）。手に入るようなら、食事の前に新鮮なハコベ（チックウィード）を少量食べましょう。

野菜

　　セロリ　　　　　　　　海藻
　　チャービル　　　　　　玉ねぎ
　　チャイブ

　実は、サラダ用の野菜はすべて、減量計画に効果があります。りんご酢か豆

30. 減量

313

腐をベースにしたドレッシングを使ってください。脂肪分や油分の多いドレッシングは避けましょう。

アメリカではあまり一般的ではありませんが、海藻も減量には大いに役立ちます。スープやシチューに加えてください。

それ以外の減量の食べ物

アップルサイダー

ぶどうジュース

蜂蜜

ピクルス

小さじに蜂蜜を満たします。スリムになった自分を視覚化(ビジュアライズ)してください。それから蜂蜜を食べましょう。食事の15分ほど前におこなってください。これで食欲が抑えられ、砂糖を口にしたいという思いもなくなるでしょう。どうしても砂糖が食べたくなったときは、いつでも、小さじ1杯の蜂蜜を舐めてください。

無糖のりんごジュースかぶどうジュースをグラスに半分飲んでも、砂糖がほしいという思いを抑制できます。

1日1つ、ピクルスを食べてください。昔から伝わる減量法です。

避けるべき食べ物

脂肪

揚げ物

塩

砂糖

意外ではないでしょう？　食事療法用の食品もやめましょう。調査によれば、低カロリーの人工甘味料を使った食品は、往々にして食欲を刺激するため、か

314　　　第3部　魔法の食べ物を用いた食事

えってその手の食品をさらに食べたり飲んだりするようになり、結局カロリーを抑えることにはならないそうです。「ダイエット」ドリンクもしかりです。

また、人工甘味料はいずれも危険な可能性があります。蜂蜜は、砂糖に比べて格段に栄養価が高いのみならず、より自然に近い状態で、本来の味を有しています。ただし、利用できる食べ物の数は少なく、おのずと楽しめるデザートの数も制限されてしまうでしょう。

そこで、どうしても甘いものを食べるなら、自分でつくったものだけにしてください。それもごく少量だけです。

減量の食べ物の準備と調理

調理し、食べるあいだ、キッチンで黄色いキャンドルを灯しておけば、意志を強く持つことができるでしょう。

デザート的なものを食べるときは、果汁か蜂蜜で甘みをつけたものにします。そして、繰り返しますが、食べる量は少しだけです。10センチ角の蜂蜜ケーキの方が、5センチ角の蜂蜜ケーキよりおいしいですか？　もちろんそんなことはありません。

ゆっくり食べましょう。よくかんでください。自分が口に入れるもの1つ1つをきちんと認識してください。今口に入れたものには栄養があり、自分の体にいいもので、体重を減らすのに役に立つ、ということをしっかりと考えながら食べましょう。

31. その他の魔法の食べ物を用いた食事

その他の魔法の食事について、簡単にまとめておきますので、試してみてください。

体力と魔法のパワー

体力を与えてくれる食べ物はすべて、魔法の力も与えてくれます。両者のあいだに違いはありません。それぞれに、使われる目的が違うだけです。

果物

シトロン
デーツ
いちじく
パイナップル

それ以外のパワーの食べ物

チョコレート	リーキ
コーヒー	肉（赤身）
エンダイブ	あらゆる種類のたんぱく質
炎が上がる食べ物	ラム
蜂蜜	塩

炒めた食べ物　　　　　　　　お茶

辛い食べ物　　　　　　　　　豆腐

スピルリナ

避けるべき食べ物

　レタスやぶどうといった、眠気を誘うものはすべてです。食べるとすぐに
ちょっとぼんやりしてしまうような、とても甘いものも避けてください。

パワーの食べ物の準備と調理

　キッチンで、赤または紫のキャンドルを灯します。食べ物を炒めることで、エ
ネルギーを活性化する効果が高まります。

　魔法の儀式の直前には食べないのがいちばんです。2時間前に軽い食事をい
ただくのがいいでしょう。

多産

　多くの夫婦が、受胎の確率を高める方法を求めています。夫婦ともに検査を
して、いずれにも不妊の原因がない場合、以下の食べ物を食事に加えてみてく
ださい。視覚化も忘れずに！

果物

　いちじく

　ぶどう

　桑の実

　ざくろ

それ以外の多産の食べ物

大麦	ミルク
卵	ポピーシード
エッグブレッド	お米
ヘーゼルナッツ	胡麻
ホットクロスパン	クレソン

多産の食べ物の準備と調理

　調理したり混ぜたりする際には、緑のキャンドルを灯します。できれば、愛する人と一緒にベッドでいただきましょう。そして、変わらず頑張ってください！

地に足をつける
グラウンディングする

　集中できていない気がするときや、霊的自覚が活性化しすぎているとき、あるいは心ここにあらずといったときに望ましいのは、地に足をつける食べ物でしょう。夢の世界で迷ってしまったような感じのときや、頭のなかが空想でいっぱいといったときに食べてください。

　大がかりな魔法やスピリチュアルな儀式のあとで、もう一度しっかりと大地を踏みしめるためにも効果があります。

野菜

豆類（すべての種類）
にんじん
じゃがいも
さつまいも

それ以外の地に足をつける食べ物

クラッカー

チーズ

チーズオムレツ

卵

穀類

大量のたんぱく質

肉

ピーナッツ

塩（適量）

豆腐

避けるべき食べ物

ビールと、アルコールを含むすべての食べ物

花を使った食べ物

霊的な食べ物

海産物

砂糖

酵母（発酵）パンと焼いた食べ物

地に足をつける食べ物の準備と調理

　キッチンで灯すのは黄褐色か茶色のキャンドルです。食べ物は四角いかたまりに切り、四角い皿で供します（持っていれば、です）。

顕在意識

　この食べ物は、家計簿の帳尻を合わせたり、諸々の用紙に必要事項を書きこんだり、試験勉強といった際によりよく対処できるよう力を貸してくれます。いずれも、意識を刺激する食べ物です。

ハーブとスパイス

　　ディル
　　ローズマリー

ナッツ

　　栗
　　ヘーゼルナッツ
　　胡桃

それ以外の顕在意識の食べ物

　　コーヒー
　　蜂蜜
　　レーズン
　　お茶
　　クレソン

避けるべき食べ物

　霊的なものを誘発するすべての食べ物。

顕在意識の食べ物の準備と調理

　キッチンで黄色いキャンドルを灯します。自分の顕在意識が最大効率で働いているところを視覚化^{ビジュアライズ}してください。

幸運

「幸運」は曖昧な言葉です。だからこそ私は、本書のなかではこの言葉をほぼつねに「　」つきで書いているのです。自分は「運」が悪いから、「幸運」がほしい、という人がいます。本書のなかで私は幸運を次のように定義しています。「時宜を得た正しい決断をしたり、正しい行動をしたり、自分をポジティブな立場におく個人の能力。『不運』は自己責任への無知と無関心から生じる」

　要するに、ポジティブかネガティブか、いいか悪いかと同じで、「幸運」も私たち自身がつくりだすものなのです。あなたも「幸運」をつくり出したいと望むなら、以下の食べ物を食事に加えてみてください。視覚化をおこないながら、準備していただきましょう。

幸運の食べ物

　　バナナ
　　黒目豆
　　キャベツ
　　ココナッツ
　　コールスロー
　　青物
　　ヘーゼルナッツ
　　金柑
　　ミンスミートパイ（新年に食べます）
　　麺類（中国の旧正月に食べます）

ナツメグ

パンケーキ

梨（感謝祭に食べます）

赤飯

ザワークラウト

幸運の食べ物の準備と調理

キッチンで灯すのは緑のキャンドルです。

第4部　スコットのお気に入りのレシピ
scott's favorite recipes

スコットのお気に入りのレシピについての手引き

　スコットがさまざまな魔法の料理本用に温めてきたレシピを本書でまとめてご紹介できて、喜びに堪えません。スコットは魔法の料理本を完成させる前にこの世から旅立ってしまい、本は未刊のままです。けれども今、彼の初めての料理本と彼のお気に入りのレシピをここにこうして特別な形でご紹介することができます。「愛のパイ」から「サンドイッチ」まで、多彩な魔法のレシピをお楽しみください。

　レシピは、コースで出される料理ごとに分類したうえで掲載してあります——前菜、飲み物、デザート、主菜、サラダ、スープ、野菜の順になります。

　インスピレーションに富んだフルコースの料理の数々が、あなたにページを繰ってもらえるのを待っています。あなたの家庭のキッチンを魅惑の空間へと変えて、たくさんの魔法の料理をつくってください。

　スコットのレシピに挑戦して、すばらしい魔法を楽しんでください！

ルウェリン社　編集者一同

32. 前菜

　以下のレシピで用いる新鮮なチャイブ、パセリ、バジル、にんにくが、このトーストにとびきり強力な加護のエネルギーを与えてくれます。

魔法のハーブトースト

ロールパン	8個（それぞれを2センチの厚さに水平にスライスしておく）
柔らかくしたバター	1/2カップ
刻んだ新鮮なチャイブ	小さじ1
刻んだ新鮮なパセリ	小さじ1
刻んだ新鮮なバジル	小さじ1/2
細かく刻んだにんにく	1片

（編注：アメリカの1カップは約240ミリリットルです）

　バターにチャイブ、パセリ、バジル、にんにくを加えてよく混ぜ、塗りやすく、なめらかなペースト状にします。スライスしたロールパンに塗ったら、パンに軽く焦げ目がつくまで焼いてください。

分量：4人分。
魔法の使い方：加護。

　ハロウィンは、アメリカと、発祥の地であるスコットランドの双方でとても

人気のある休日です。この魔法の夜と関連づけられている食べ物はたくさんありますが、実際のところ、10月31日にのみつくられたものの方が、よりおいしくいただけていることがままあるようです。ハロウィンならではの食べ物といえば、りんご、ナッツ（特にヘーゼルナッツ）、生姜、そしてもちろんパンプキンでしょう。ちなみにパンプキンは、アメリカで広まったものです。

ローストしたジャック・オー・ランタンのタネ

パンプキン……………………………… 1 個
塩
ベジタブルオイル……………………………大さじ 1 （お好みで）

オーブンを177度に予熱しておきます。パンプキンの上部をスライスして、タネをかき出します。繊維とオレンジ色の果肉がすべてきれいになくなるまで、タネをよく洗ってください。綿の布巾で叩いて、水気をきちんととります。油を塗っていない天板か浅い焼き型にタネを広げます。薄いキツネ色になるまで焼きます。均等に色づくよう、数分おきに全体を軽く混ぜてください。オーブンから出し、お好みで塩をふり、冷ましてから供します。残ったら、密閉式の瓶に入れて保存しましょう。

分量：約 2 カップ分。
編集者注：タネが天板にくっつかないよう、天板にはベジタブルオイルを塗った方がいいかもしれません。
魔法の使い方：祝祭の食べ物——ハロウィン／サウィン。

ほとんどのスーパーマーケットとホームセンターでは、9、10月のあいだはハロウィン仕様のクッキーの抜き型が売られます。通常、コウモリや猫、魔女、ほうき、大釜、フクロウといった、いかにもハロウィンらしいデザインの抜き型です。昔の型は金属製でしたが、昨今はプラスチックが使われています。魔

法のキッチンには、こうした抜き型が欠かせません。以下のレシピで使います。

サンドイッチ

　　白パンまたは全粒粉のパン（お好みで）………8枚
　　室温に戻したクリームチーズ………………85グラム
　　皮をむいて薄くスライスしたきゅうり…………1本

　パン2枚に軽くクリームチーズを塗ります。1枚にたっぷりきゅうりのスライスをのせたら、クリームチーズを塗ったもう1枚のパンではさみます。サンドイッチの中央に、ハロウィン用の抜き型（あるいはシンプルな星や三日月の抜き型）をおき、そのまま押して、型を抜いてください。型の外側のパンをとりのぞいて、捨てます。残りの材料もすべて、同じようにしてください。

　分量：4つ分。
　バリエーション：子ども向けなら、具材をいろいろに変えてみてもいいでしょう。ボロニアソーセージ、ピーナッツバターとジェリーなどです。警告：この手のサンドイッチは、いつのまにか消えてしまうのがつねです。
　スコットから一言：私は、サンドイッチの外側のパンを捨てたりしません。いつも、食べます。
　魔法の使い方：祝祭の食べ物——ハロウィン／サウィン。

33. 飲み物

あっというまに愛が生まれるマデイラ

　　マデイラ
　　角砂糖
　　オレンジキュラソー

　上質なマデイラをグラスに注ぎ、角砂糖２個とオレンジキュラソー４滴を加えます。

　魔法の使い方：愛。

あっというまに愛が生まれるアプリコットブランデー

　　アプリコットブランデー

　アプリコットブランデーをどんな飲み物にでもいいので加えてください。

　魔法の使い方：愛。

酔いどれパンプキン

```
パンプキン………………………………… 1個
アップルサイダー
クランベリージュースカクテル
ジンジャーエール
ラム
```

　パンプキンの上部をスライスしてタネをかき出し、なかをできるだけきれいにします。パンプキンのなかへ、ほぼ同量のアップルサイダー、クランベリージュースカクテル、ジンジャーエール、ラムを注いで、満たしてください。その後、パンプキンのなかの液体を鍋に移します。沸騰するまで加熱したらパンプキンに戻し、そのまますぐに供します。

　スコットから一言：タネはとっておいて、326ページの前菜で挙げたレシピ
　　「ローストしたジャック・オー・ランタンのタネ」に使ってください。
　魔法の使い方：祝祭の食べ物——ハロウィン／サウィン。

サウィンサイダー

```
オレンジ………………………………… 3個
クローブ（ホール）………………… 小さじ3
アップルサイダー……………………… 4リットル
すりつぶしたシナモン……………… 小さじ1
すりつぶしたナツメグ……………… 小さじ1
シナモンスティック……………………… 1本
オレンジ果汁………………………… 1カップ（お好みで）
```

　オレンジをよく洗い、クローブを刺します。サイダーを大きな鍋に入れて、弱

33. 飲み物

329

火で温めてから、クローブを刺したオレンジ、シナモン、ナツメグ、シナモンスティックを加えてください。そのまま蓋をせずに、13分煮立てます。お好みでオレンジ果汁を加えてください。マグカップに注いで供します。

分量：10人分。

編集者注：オレンジにクローブを刺す前に、アイスピックかフルーツピックでオレンジの皮に穴を開けましょう。クローブを簡単に、奥までしっかりと刺していくことができます。

魔法の使い方：祝祭の食べ物——ハロウィン／サウィン。

グリューワイン

凍てつくハロウィンの夜にしっかりと「体を温めてくれる」飲み物です。大人の友人に試しに飲んでもらいましょう。

赤ワイン…………………………………ボトル3本
オレンジ………………………………… 3個
クローブ（ホール）………………… 小さじ3
すりつぶしたシナモン………………… 小さじ1
すりつぶしたナツメグ………………… 小さじ1
シナモンスティック……………………… 1本
オレンジ果汁…………………………… 1カップ（お好みで）

オレンジをよく洗い、クローブを刺します。ワインを鍋に入れて、弱火で温めてから、クローブを刺したオレンジ、シナモン、ナツメグ、シナモンスティックを加えてください。そのまま13分煮立てます。お好みでオレンジ果汁を加えてください。熱くはないけれど温かいうちに、マグカップに注いで供します。

分量：10人分。

編集者注：オレンジにクローブを刺す前に、アイスピックかフルーツピックでオレンジの皮に穴を開けましょう。クローブを簡単に、奥までしっかりと刺していくことができます。

魔法の使い方：祝祭の食べ物——ハロウィン／サウィン。

魔女の醸造酒

　このレシピのヒントをくれたのは、カリフォルニア州サンディエゴのバルボアパークにある有名なレストラン、カフェ・デル・レイ・モロで10月のあいだだけ供されるとびきりおいしい飲み物でした。この醸造酒は、せいぜいオリジナルの飲み物に近い、といった程度でしかありません。

　　300 ミリリットル容量のチューリップグラス　……１つ
　　砕いた氷
　　ライトラム……………………………………………23 ミリリットル
　　ダークラム……………………………………………23 ミリリットル
　　オレンジキュラソー………………………………7.5 ミリリットル
　　甘酢
　　オレンジ果汁…………………………………………15 ミリリットル
　　パイナップル果汁…………………………………15 ミリリットル
　　グレナデン・シロップ
　　くさび形に切ったパイナップル（できれば新鮮なもの）
　　マラスキーノチェリー
　　楊枝

　グラスに氷を満たします。ライトラム、ダークラム、キュラソー、甘酢、オレンジ果汁、パイナップル果汁を加えてください。上から、グレナデン・シロップをほんの少しかけます。仕上げに、新鮮なパイナップルとマラスキーノチェリーに楊枝を刺して飾りましょう。

分量：１人分。

魔法の使い方：祝祭の食べ物——ハロウィン／サウィン。

ジンジャーティー

生姜は、驚くほど体を温めてくれる、香りのいいスパイスです。お金を強力に引き寄せもします。そんな生姜のパワーをさらに高めてくれるのがシナモンです。以下のレシピがおすすめです。

水·································· 5 カップ
皮をむいて、薄くスライスした新鮮な根生姜········1/3 カップ
砂糖······························3/4 カップ
すりつぶしたシナモン·····················小さじ 1/2

薄くスライスした生姜と水を大きな鍋に入れます。20分煮立ててください。生姜を濾します。砂糖とシナモンを加えます。よくかき混ぜて、砂糖を溶かしてください。熱いうちに、マグカップに注いで供します。

分量：４人分。

魔法の使い方：愛、お金、成功。

34. デザート

豪勢なバナナフリッター

ふるった中力粉	1カップ
ベーキングパウダー	小さじ2
塩	小さじ1
砂糖	1/4カップ
溶き卵	1個分
ミルク	1/3カップ
溶かしたバター	大さじ2
かたいバナナ	3本
コーンスターチ	1/4カップ
調理油	
ホイップクリーム	1/2カップ

　揚げ物用の鍋にたっぷり入れた油を177度まで加熱します。大きなボウルに、中力粉とベーキングパウダーと塩と砂糖を一緒にふるい入れてください。別のボウルで、溶き卵とミルクとバターを混ぜ合わせたら、粉類のボウルに加えます。よく混ぜて、なめらかな粘りのある生地をつくります（必要に応じて、生地をゆるくするなら、ミルクを少しずつ加えてください）。バナナの皮をむき、それぞれを横に4つに切ります。1つずつにコーンスターチをまぶしてください。トングを使って、フリッターの生地をまんべんなくまとわせます。油がはねないよう、低い位置からバナナを熱した調理油に入れていきます。こまめにひっくり返しながら、キツネ色になるまで揚げます。ホイップクリームを添え

て供しましょう。

分量：３人分。
魔法の使い方：繁栄。

パイナップルはホスピタリティのシンボルです。強力な加護の力も有します。ラムと合わせると、その力は倍になります。以下のレシピは、すばらしくリフレッシュできますが、大人限定です。なお、新鮮なパイナップルは手に入れるのが難しいので、レシピは２バージョン用意しました。楽しんでください！

ほろ酔いパイナップル

　　新鮮なパイナップル……………………丸ごと１個
　　ライトラム

パイナップルは、自立するものを選んでください。上部を切ります。長くてよく切れる、刃がたわむナイフを使い、皮から１センチほど実を残して、なかをくり抜いていきます。底部に近づいたら、刃を曲げて切り出していきましょう。うまくできれば、皮をいっさい傷つけることなく、パイナップルの中身を丸ごときれいにくり抜けるはずです（引き抜くのに多少力を要するかもしれませんが）。抜いた中身はまな板の上においてください。果汁たっぷりの果肉を切りわけ、木のような芯はとりのぞきます。切りわけた果肉をパイナップルの器に戻して、ラムをたっぷり注いでください。切りとっておいた上部を戻して、蓋をします。そのまま一晩、冷蔵庫に入れておきましょう。翌日、よく冷えたものを、お金を引き寄せるさわやかな飲み物として供します。

分量：４人分。
バリエーション：新鮮なパイナップルを切るのはどうも……というのであれ
　　ば、パイナップルの缶詰２個を使いましょう。大きなかたまりに切りわけ

られたパイナップルをボウルにあけて、ラムをたっぷり注いでください。その後、ぴっちり蓋をして、冷蔵庫に一晩入れておきます。

魔法の使い方：加護、幸運、お金。

燃え立つ愛

パイナップル……………………………丸ごと１個
（またはリング状にスライスしたパイナップルの缶詰２個）
バター……………………………………1/2 カップ
ブラウンシュガー………………………1/2 カップ
ライトラム………………………………1/4 カップ

オーブンを177度に予熱しておきます。生のパイナップルを使う場合は、皮をむき、芯をくり抜いてから、半円状にスライスしてください。浅い焼き型に、スライスしたパイナップルを敷き詰めます。上にバターを散らし、ブラウンシュガーをふりかけてください。オーブンの下段に入れて、砂糖とバターがキツネ色になるまで焼きます。そのあいだに、ラムを小さな鍋に入れて、弱火にかけてください。パイナップルをオーブンから出して、卓上鍋に移します（他の耐熱容器でも可）。上から温めたラムを注ぎ、火をつけてください。すぐに供します。

分量：４〜６人分。
魔法の使い方：加護、幸運、お金

グラウンドホッグ・デイ・ケーキ

聖燭節（グラウンドホッグ・デイ）はかつて、太陽と冬のすばやい終わりに祈りを捧げる日でした。今日のアメリカでは、「天気予報」をおこなう人気のイ

ベントの日です。以下のケーキは、この祝日を祝うものです。

水……………………………………………………1と1/2カップ
クイックオーツ麦（未調理のもの）………………1カップ
セミスイートチョコレートチップ（30グラム入り）…1袋
小麦粉………………………………………………1と1/2カップ
重曹…………………………………………………小さじ1と1/2
塩……………………………………………………小さじ1
柔らかくしたバター………………………………1と1/2カップ
密閉してあるブラウンシュガー…………………1カップ
グラニュー糖………………………………………1/4カップ
卵……………………………………………………2個
フロスティング（風味はお好みで）

　オーブンを177度に予熱しておきます。中ぐらいの鍋に水を入れて火にかけ、沸騰させます。オーツ麦を加えて、よく混ぜてください。蓋をして火からおろしたら、そのまま20分おきます。鍋を二重にして、沸騰させない程度に熱い湯の上でチョコレートチップを溶かします。よくかき混ぜたら、脇においておきます。小さなボウルに小麦粉、重曹、塩を混ぜ入れておきます。大きなボウルで、バター、ブラウンシュガー、グラニュー糖を混ぜたら、一度に1個ずつ卵を混ぜ入れてください。さらに、オーツ麦と溶かしたチョコレートを混ぜ入れます。粉類も加えて混ぜ、全体をよくなじませます。その生地を油を塗って粉をふった30×23×4センチぐらいの大きさの焼き型に入れます。35〜40分焼いてください。焼きあがったらオーブンから出します。5〜10分休ませたら、表面が平らなところか、供するトレイの上にケーキをひっくり返して出しましょう。完全に冷ましたら、上面と側面にお好みのフロスティングを塗ります。

　魔法の使い方：祝祭の食べ物──聖燭節／グラウンドホッグ・デイ。

35. 主菜

　愛を誘発できるのに、ことのほか適していると考えられている魚は多数あります。鮭、ボラ、オヒョウ、ニシン、アンチョビなどもそうです。ロブスターにも似たような力があります。ここでご紹介するシンプルなレシピは、実際にはどんな魚をも味わい深い完璧な一品にすることができます。

人魚の愛

```
魚の切り身（お好みの魚で）………… 1切れ
バター……………………………………大さじ3
中ぐらいの玉ねぎ……………………… 1個（スライスして塩をしておく）
胡椒
```

　オーブンを177度に予熱しておきます。大きな四角いアルミホイルの上に、切り身をのせます。上からバターを散らし、その上にスライスした玉ねぎをおいてください。塩、胡椒で味を整えます。アルミホイルで切り身を包みます。12分、または、しっかり火が通るまで焼いてください。

　魔法の使い方：愛。

　気が遠くなるほど長いあいだ、人間は、愛をかき立てたり、官能的な感覚を刺激する食べ物や薬、新種の材料を探してきました。そして、この4千年にわたる探求で、他のものよりも大きな効果を有する食べ物をいくつか、ようやく

発見したのです。

愛のパイ

最高品質の牡蠣…………………………… 1ダース
ステーキ肉………………………………… 1枚
　（きれいに掃除をして、約3センチ幅の細切りにしておく）
バター
小麦粉
ビーフブイヨン………………………………3/4カップ
水……………………………………………1/2カップ
コーンスターチ………………………………大さじ2（お好みで）
パイ生地…………………………………… 1枚
ミルク………………………………………大さじ2

オーブンを177度に予熱しておきます。牡蠣を半分に切ります。半分に切った牡蠣1つを、細切りにしたステーキ肉1切れの上におき、軽くバターを塗ってから、肉で牡蠣を巻きます。それを24個つくったら、それぞれにしっかりと小麦粉をまぶしてください。パイ用の焼き型に並べます。上から、ビーフブイヨンと水を注ぎます。その後、パイ生地で覆ってください。生地の上面に空気穴を開けてから、生地全面にミルクを塗ってください。1時間半焼きます。

分量：6人分。
編集者注：パイのソースをより濃厚にしたい場合は、水とブイヨンにコーンスターチ大さじ2を加えたものを牡蠣のステーキ肉ロールの上から注いでください。
魔法の使い方：愛。

照り焼きステーキ串

　ベジタリアンではない人にとっては、牛肉は、手に入る食べ物のなかで最も効果的な加護の食べ物の１つです。以下のレシピは、このエネルギーをおいしく活かしたものです。にんにくのパワーを加えることで、一段と強力になっています。

　　　サーロインステーキ肉……………………900 グラム
　　　醤油……………………………………………1/2 カップ
　　　シェリー酒……………………………………大さじ１
　　　砂糖……………………………………………大さじ３
　　　生姜パウダー…………………………………小さじ 1/8
　　　細かく刻んだにんにく……………………… １片分
　　　焼き串

　肉を繊維に対して斜めに切っていきます。５×2.5×0.5センチの細切りにしてください。醤油、シェリー酒、砂糖、生姜、にんにくをしっかりと混ぜ合わせたら、細切りにした肉の上からかけて、冷蔵庫で少なくとも30分は漬けこみます。その後、肉を焼き串に刺してください。５分、またはしっかりと火が通るまで焼きます。

　分量：焼き串48本分。
　魔法の使い方：加護。

魔女のハロウィンパイ

　伝統的なイギリスのシェパーズパイをアレンジしたパイです。魔女のハロウィンパイという名前のこのアレンジ版は間違いなく、ハロウィンの夜にいただくのにぴったりです。

魔法のじゃがいも················ 1 と 1/2 カップ（350 ページを参照）

卵······························· 1 個

溶かしたバター··················· 1/4 カップ

中ぐらいの玉ねぎ················· 1 個（みじん切りにしておく）

すりつぶしたにんにく············· 1 片

ひき肉··························· 450 グラム

ビーフグレービーソース··········· 1/2 カップ

　　（つくったものでも、缶詰でも可）

ビーフブイヨン··················· 1/4 カップ

ローリエ························· 1 枚

刻んだ新鮮なパセリ··············· 小さじ 2

ウスターソース··················· 小さじ 1

塩

胡椒

（350ページの）魔法のじゃがいものようにマッシュポテトをつくりますが、こちらには、途中で溶き卵を加えてください。できあがったら、おいておきます。鍋に、バター大さじ 1 を入れて、玉ねぎとにんにくをキツネ色になるまで炒めます。そこにひき肉を加えて炒め、しっかりと火を通します。グレービーソース、ブイヨン、ローリエ、パセリ、ウスターソースを加えます。塩、胡椒で味を整えてください。ときどきかき混ぜながら、20分火を入れていきます。できあがったら、軽く油を塗った1.5リットル容量のキャセロールに移します。上から、マッシュポテトを広げてください。残りのバターを塗ります。202度のオーブンで20分か、マッシュポテトがキツネ色になるまで焼きます。熱いうちに供しましょう。

分量：6 人分。

魔法の使い方：祝祭の食べ物——ハロウィン／サウィン。

コジード

　この伝統的なレシピを最初に考案したのは、スペインのバスク地方に住む魔女たちでした。

　　牛のランプ肉かもも肉…………………1350 グラム（角切りにしておく）
　　水………………………………………3.8 リットル
　　ハム……………………………………450 グラム
　　大きい玉ねぎ…………………………… 1個（４等分しておく）
　　トマト……………………………………3個（皮をむいて４等分しておく）
　　　（または、缶詰の水を切ったトマト …　1 カップ分でも可）
　　かぶ………………………………………3個（皮をむいて４等分しておく）
　　にんじん…………………………………4本（皮をむいてスライスしておく）
　　みじん切りにしたにんにく……………2片
　　ローリエ…………………………………1枚
　　刻んだパセリ…………………………大さじ１
　　塩…………………………………………お好みで
　　胡椒………………………………………お好みで
　　にんにくで風味づけした
　　　スモークソーセージ…………………450 グラム
　　中サイズのキャベツ…………………… 1個（芯を抜き、くし形に切っておく）
　　粗みじんに切ったカブラナ……………4カップ
　　中ぐらいのじゃがいも…………………4個（皮をむいて半分にしておく）
　　ヒヨコ豆…………………………………1缶

　大きな鍋に牛肉と水を入れます。火にかけて沸騰させ、アクをとってください。その後弱火にし、蓋をして１時間火を入れます。ときどき肉を動かしてください。ハム、玉ねぎ、トマト、かぶ、にんじん、にんにく、ローリエ、パセリ、塩、胡椒を加えます。さらに１時間、蓋をして火を入れます。ときどき混ぜてください。そのあいだに、ソーセージを炒めます。余分な油を切ってから、

キャベツ、カブラナ、じゃがいも、ヒヨコ豆を加えます。これを、牛肉を入れた鍋に混ぜ入れます。蓋をせずに30分か、すべての具材にしっかり火が入って柔らかくなるまで煮てください。

　　分量：6人分。
　　魔法の使い方：祝祭の食べ物——ハロウィン／サウィン。

チキン・ハロウィン

　このレシピは、戸外で、勢いよく燃やす火の上に大釜を据えて調理すれば、きっと最高においしくなるでしょう。けれどもまあ、ご近所のみなさんがどう思われるかを考慮して、自分のキッチンに犠牲になってもらいましょう。

　　鶏肉……………………丸ごと1羽分（切りわけておく）
　　水………………………8カップ
　　ローリエ………………2枚
　　中ぐらいの玉ねぎ………1個（みじん切りにしておく）
　　ベーコン………………3枚（火を入れて刻んでおく）
　　ソーセージ……………6本（皮つきのもの、1本が4cmぐらいの長さ）
　　セロリ…………………1本
　　塩
　　胡椒
　　お米……………………1/2カップ

　6リットル容量の鍋に、鶏肉、水、ローリエ、玉ねぎ、ベーコン、ソーセージ、セロリ、塩、胡椒を入れます。そのまま1時間か、鶏肉が柔らかくなるまで煮てください。ときどきかき混ぜます。できあがったら、スープだけをボウルに移して、おいておきます。鶏肉から骨をとります。きれいにとったら、肉を鍋に戻し、お米と、先刻とりわけておいた、できたてのチキンスープ3と1/2

カップを加えます。蓋をして、さらに30分火を入れてください。

分量：６人分

魔法の使い方：祝祭の食べ物——ハロウィン／サウィン。

36. サラダ

このサラダは、かなり風変わりです。というか、かなり古風です——オウィディウスやマルティアリスといった古代ローマの詩人たちが大好きだったサラダです。

古代ローマの催淫性サラダ

サラダ

　　　ルッコラ………………………………… 1束（小ぶりのキャベツ1株でも可）

ドレッシング

　　　ビネガー………………………………大さじ2
　　　オリーブオイル………………………大さじ4
　　　みじん切りにしたにんにく…………小さじ1
　　　塩・挽きたての胡椒

ルッコラを小さくちぎります。ビネガー、オリーブオイル、にんにく、塩、胡椒を混ぜたら、ルッコラの上からかけます。他の催淫性を有する食べ物と一緒に供しましょう。

分量：4〜6人分。ルッコラ（またはキャベツ）の大きさによります。
注：ルッコラが手に入らなければ、キャベツで代用可能です。

魔法の使い方：愛。

愛のサラダ

このサラダで、あらゆる愛の食事を力強く始めましょう。

サラダ

レタス……………………………1/2 株（細かくちぎっておく）
トマト……………………………2 個（くし形に切っておく）
スライスしたはつか大根…………6 個（だいたい 1/4 カップ分）
刻んだセロリ………………………2 本分（だいたい 1/4 カップ分）

フレンチケッパードレッシング

赤ワインビネガー……………………1/3 カップ
塩……………………………………小さじ 3/4
挽きたての胡椒……………………小さじ 1/4
オリーブオイル……………………1 カップ
すりつぶしたケッパー………………大さじ 1

　サラダをつくります。大きなサラダボウルにレタス、トマト、はつか大根、セロリを入れて、軽く和えます。フレンチケッパードレッシングをつくります。別のボウルにビネガー、塩、胡椒を入れ、オリーブオイルを少量ずつ加えながらしっかりと混ぜていきます。最後にケッパーを加えて一混ぜしたら、サラダにかけてください。軽く和えてから供します。

分量：4 人分。
魔法の使い方：愛。

36. サラダ

37. スープ

このスープは、どこからどう見ても緑色です。でも大丈夫、ぜひつくってみてください。ハロウィンにぴったり、といった感じでしょう。

グリーンスープ

新鮮なほうれん草	1カップ
バター	1/4カップ
みじん切りにしたセロリ	1カップ
みじん切りにしたチャイブ	大さじ2
ドライタラゴン	小さじ1/2
チキンスープ	4カップ
砂糖	小さじ1/2
ガーリックソルト	小さじ1/2
スライスしたレモン	1個分

ほうれん草を入念に洗ってから、みじん切りにします。できあがったら、おいておきます。ダッチオーブンでバターを溶かします。セロリを加え、中火で5分、炒めてください。チャイブ、ほうれん草、タラゴンを加え、さらに3分炒めます。チキンスープ、砂糖、ガーリックソルトを加えてください。30分煮ます。できあがったらスープを濾して、野菜の筋などをすべてとりのぞきましょう。おたまですくってボウルに注ぎます。それぞれのボウルに、レモンのスライスを1枚浮かべます。

分量：4人分。

魔法の使い方：祝祭の食べ物——ハロウィン／サウィン。

　じゃがいもは栄養があるだけではありません。非常にすばらしい加護の食べ物でもあります。ぜひこのレシピを試してみてください。

ポテトスープ

中ぐらいのじゃがいも……………5個（皮をむいて、角切りにしておく）
中ぐらいの玉ねぎ………………2個（みじん切りにしておく）
塩………………………………小さじ2
水………………………………2カップ
バター…………………………大さじ1
小麦粉…………………………1/2カップ
ミルク…………………………6カップ
スライスしたベーコン…………5枚（刻んでおく）
胡椒
ドライパセリ……………………大さじ1

　大きな鍋に、角切りにしたじゃがいもと、みじん切りにした玉ねぎを入れます。塩を加え、水を注ぎます。蓋をして中火にかけ、じゃがいもが柔らかくなるまで火を入れます。できあがったら湯を切り、蓋を外して、じゃがいもと玉ねぎを出し、脇においておきます。ダッチオーブンを中火にかけ、バターを溶かしてください。溶けたら小麦粉をふるい入れます。ソースをつくっていきましょう。ゆっくりとミルクを入れながらかき混ぜていき、その後強火にして、ソースにとろみがついてくるまで、絶えずかき混ぜます。できあがったら、弱火にし、じゃがいもと玉ねぎを加えてよく混ぜます。刻んだベーコンを炒めて、カリカリにしてください。ペーパータオルで余分な油をとってから、スープに加えます。塩、胡椒も加えて、味を整えます。銘々のボウルにとりわけ、パセ

リを散らして完成です。

分量：6人分。
魔法の使い方：加護、癒し。

お金のスープ

　大晦日によくおこなわれる儀式——新しい年にお金を引き寄せるための儀式からヒントを得たレシピです。ただしこのバージョンは、大晦日にかぎらずいつでもいただけますし、とてもおいしいです。硬貨（または銀製品）はもちろん食べられません。キャベツにお金を引き寄せるエネルギーを注いだあとで、回収してください。硬貨（または銀製品）は、同じものを好きなだけ繰り返し使ってかまいません。

　　25セント硬貨　……………………1枚（小さな銀製品でも可）
　　水………………………………………2カップ
　　バター…………………………………大さじ1と1/2
　　大きな玉ねぎ…………………………1個（刻んでおく）
　　グリーンキャベツ……………………小ぶりのもの1株（千切りにしておく）
　　鶏がらスープ…………………………4カップ
　　塩
　　胡椒

　硬貨（または銀製品）を煮沸消毒します。終わったら、脇においておきます。鍋を弱火にかけてバターを溶かします。玉ねぎを加え、キツネ色になるまで炒めてください。キャベツを加え、しんなりしてくるまで炒めたら、硬貨（または銀製品）を入れます。別の鍋に鶏がらスープを入れ、煮立ったらキャベツの鍋に加えてください。弱火にして、10〜15分煮ます。塩、胡椒で味を整えます。

分量：6人分。

魔法の使い方：お金。

38. 野菜と副菜

　いくつものチャームを入れた、ハロウィン用の特別なケーキ。そんな、儀式用の手のこんだ食べ物をもっとずっとシンプルにしたレシピです。かつてこのケーキは、未婚の若い男女に供されました。各人が受けとったチャームは、それぞれの未来を決するものでした。硬貨なら富を、馬蹄なら幸運を、指ぬきやボタンなら生涯独身を、鳥の胸の鎖骨なら心からの望みを意味していました。この風習は、完全になくなってしまったわけではありません。ここでご紹介するもっとシンプルなバージョンでは、マッシュポテトを使います。

魔法のじゃがいも

硬貨かチャーム	1つ
大きなじゃがいも	5個（皮をむいて角切りにしておく）
塩	小さじ1
じゃがいもが浸るぐらいの水	
溶かしたバター	1/4 カップ
ミルク	1/3 カップ
塩	大さじ1
胡椒	小さじ1/4

　チャームを煮沸消毒してから冷まします。ワックスペーパーで包んでもかまいません。塩を加えた湯で、じゃがいもが柔らかくなるまで茹でます。できあがったら、湯を捨ててください。鍋でミルクをゆっくり温めます。大きなボウ

ルでマッシュポテトをつくります。かたまりが残らないよう、フワッとした状態にしてください。そこにゆっくりと、バターとミルクを加えていきます。塩、胡椒で味を整えます。大皿に盛りつけましょう。その際、こっそりチャームを入れておきます。とりわけたときにチャームが入っていた人は、翌月のあいだすばらしい幸運に恵まれるでしょう。

分量：4〜6人分。
魔法の使い方：祝祭の食べ物——ハロウィン／サウィン。

アーティチョークのハートのパイ

アーティチョークはアザミの仲間だということをご存知だったでしょうか。有名なスコットランドの国花と同じ科に属しているのです。キッシュに似た以下のレシピはとてもおいしく、アーティチョークと玉ねぎ両方の加護の特性を活かしています。

アーティチョークの芯^{ハート}……………………… 1缶（435 グラム）
大きな玉ねぎ………………………………… 1個（みじん切りにしておく）
バター……………………………………………大さじ1
卵……………………………………………… 6個
ライトクリーム（乳脂肪分 18 〜 20%前後の生クリーム）
　　　　　……………………………………1/3 カップ
モントレージャックかスイスチーズ…225 グラム（すりおろしておく）
塩
胡椒
直径 23cm ほどのパイ皮……………… 1枚

アーティチョークの芯^{ハート}の水を切って刻みます。水はとっておいてください。その水とバターで、玉ねぎを炒めます。卵とライトクリームを合わせて、泡立

てたら、アーティチョーク、すりおろしたチーズ、炒めた玉ねぎを加えます。塩と胡椒を少量加えます。パイ皮に詰めてください。177度で40分焼きます。

分量：4〜6人分。
魔法の使い方：加護。

第5部　付録

supplemental material

一覧

これは、第2部の内容を簡単にまとめたものです。他の食べ物については、ここではとりあげていません。魔法の変化に関するおすすめの食べ物については、21〜31章を参照してください。もっと詳細に知りたい場合は、第2部をお読みいただければと思います。

支配惑星

太陽

この食べ物が概して効果を発揮するのは、癒し、加護、成功、魔術的エネルギー、物理的エネルギー、体力、健康、精神性(スピリチュアリティ)です。

アルコール	乾燥食品	レーズン
筍	グレープフルーツ	赤ワイン
ローリエ	ヘーゼルナッツ	お米
スターフルーツ	蜂蜜	ローズマリー
カシューナッツ	金柑	サフラン
栗	ライム	胡麻
チコリ	マリーゴールド	パンプキン
シナモン	オリーブ	ひまわり
シトロン	オレンジ	タンジェリン
トウモロコシ	パイナップル	トルティーヤ

デーツ	プレッツェル	胡桃
脱水食品		

月

この食べ物が概して効果を発揮するのは、霊的自覚^{サイキック・アウェアネス}の活性化、癒し、浄化、睡眠促進、愛、友情、精神性^{スピリチュアリティ}、豊穣、平和、慈悲です。

ブルーベリー	グレープフルーツ	パッションフルーツ
ブロッコリー	アイスクリーム	けしの実
芽キャベツ	レモン	じゃがいも
バター	レンズ豆	パンプキン
キャベツ	レタス	海藻
カリフラワー	メロン	スフレ
ハコベ（チックウィード）	ミルク	スープ
ココナッツ	ミルクセーキ	大豆
きゅうり	マッシュルーム	西瓜
卵	オムレツ	白ワイン
ぶどう	パパイア	ヨーグルト

水星

この食べ物が概して効果を発揮するのは、意識の強化、予知、勉強、自己改革、コミュニケーション、叡智です。

アーモンド	フェンネル	パセリ
豆類	マジョラム	ピーカンナッツ
キャラウェイ	ポドフィルム	ペパーミント
セロリ	桑の実	ピスタチオ
チャービル	緑豆もやし	ざくろ

一覧

ディル	オレガノ	ターメリック

金星

　この食べ物が概して効果を発揮するのは、愛、調和、美、若さ、平和と幸せ、喜び、「幸運」、友情、慈悲、瞑想です。

アルファルファ	アボカド	ブラジルナッツ
りんご	大麦	カルダモン
杏	ブラックベリー	いなご豆
さくらんぼ	柿	砂糖
グアバ	プラム	さつまいも
リコリス	ラズベリー	タイム
ネクタリン	ルバーブ	トマト
オーツ麦	薔薇（ローズ）	トリュフ
えんどう豆	ライ麦	バニラ
桃	スピルリナ	小麦
梨	苺	

火星

　この食べ物が概して効果を発揮するのは、加護の促進、勇気、積極性、体力、魔力、性的エネルギーです。

アーティチョーク	チョコレート	マスタード
アスパラガス	コーヒー	松の実
バナナ	コリアンダー	ポキ
網焼きにした食べ物	クランベリー	ウチワサボテン
バジル	クミン	はつか大根
ビール	直火焼きの食べ物	サルサ

黒胡椒	揚げ物	四川料理
にんじん	にんにく	辛い食べ物
チリ	生姜	お茶
チレス・レジェノス	西洋わさび	天ぷら
チャイブ	リーキ	クレソン

木星

　この食べ物が概して効果を発揮するのは、お金の流入、就職、全体的な繁栄です。

オールスパイス	茄子	きび
アニス	高級食品	ナツメグ
蕎麦	エンダイブ	ピーナッツ
クローブ	いちじく	こってりした食べ物
ダンデライオン(たんぽぽ)	マカダミアナッツ	セージ
デザート	メース	ほうれん草

土星

　この食べ物が概して効果を発揮するのは、さまざまな魔法の変化です（第2部を参照）。

ビート	マルメロ
チーズ	ビネガー
タマリンド	

一覧

支配元素

土

　この食べ物が概して効果を発揮するのは、地に足をつける^{グラウンディングする}こと、お金と繁栄、豊穣、癒し、就職です。

オールスパイス	マカダミアナッツ	パンプキン
大麦	メース	マルメロ
ビート	メープルシロップ	ルバーブ
ブラジルナッツ	きび	ライ麦
蕎麦	マッシュルーム	塩
バター	オーツ麦	ほうれん草
チーズ	ピーナッツ	大豆
茄子	じゃがいも	小麦

風

　この食べ物が概して効果を発揮するのは、意識の強化です。

アーモンド	デーツ	パセリ
筍	エンダイブ	ピーカンナッツ
バナナ	ヘーゼルナッツ	ペパーミント
豆類	蜂蜜	松の実
キャラウェイ	金柑	ピスタチオ
チャービル	マジョラム	お米
栗	桑の実	セージ
チコリ	オリーブ	タンジェリン
ダンデライオン（たんぽぽ）	オレガノ	ターメリック

火

　この食べ物が概して効果を発揮するのは、勇気増進、加護、積極性、セックス（性）、健康です。

アルコール	コリアンダー	ポキ
アーティチョーク	トウモロコシ	ざくろ
バジル	クミン	プレッツェル
網焼きにした食べ物	ディル	ウチワサボテン
ローリエ	フェンネル	はつか大根
ビール	いちじく	レーズン
黒胡椒	直火焼きの食べ物	ローズマリー
スターフルーツ	にんにく	サフラン
にんじん	生姜	サルサ
カシューナッツ	西洋わさび	四川料理
セロリ	リーキ	胡麻
チリ	ライム	パンプキン
チレス・レジェノス	マンゴー	ひまわり
チャイブ	マリーゴールド	お茶
シナモン	ポドフィルム	トルティーヤ
シトロン	マスタード	ビネガー
クローブ	ナツメグ	胡桃
ココア	玉ねぎ	クレソン
コーヒー	オレンジ	ワイン
パイナップル		

水

　この食べ物が概して効果を発揮するのは、愛の促進、霊的自覚^{サイキック・アウェアネス}、平和と幸せ、浄化、癒し、睡眠、友情です。

一覧

りんご	芽キャベツ	ココナッツ
杏	キャベツ	クランベリー
アボカド	カルダモン	きゅうり
バジル	いなご豆	ぶどう
ブラックベリー	カリフラワー	グレープフルーツ
ブルーベリー	さくらんぼ	グアバ
ブロッコリー	ハコベ（チックウィード）	アイスクリーム
レモン	桃	苺
レンズ豆	梨	砂糖
レタス	柿	さつまいも
リコリス	プラム	タマリンド
メロン	けしの実	タイム
ミルク	ラズベリー	トマト
ネクタリン	薔薇（ローズ）	トリュフ
パパイア	スープ類	バニラ
パッションフルーツ	スピルリナ	西瓜
えんどう豆	蒸し物	ヨーグルト

支配星座

　植物は昔から、黄道十二宮の星座と関係があります。本項では、12星座の「支配」を受けている料理や主な食べ物を挙げておきます。

　なぜ、支配星座を掲載しているのかですが、自分の星座にまつわる色や宝石を身につけている人が大勢います。太陽宮のプラスの面を強めたいからです。こうした人たちはまた、頭上に輝く星々に支配された、自分にぴったりの食べ物を選んで食べるのではないかと思ったからです。

牡羊座

オールスパイス	揚げ物	ルバーブ
アーティチョーク	にんにく	お米
網焼きにした食べ物	生姜	サルサ
にんじん	ジンジャーブレッド	四川料理
カイエンペッパー	西洋わさび	エシャロット
チリ	マスタード	辛い食べ物
チャイブ	玉ねぎ	お茶
シナモン	胡椒	天ぷら
クローブ	ピメント	ワイン
クミン	ポピーシード	
フェンネル	はつか大根	

牡牛座

りんご	栗	パイ（一般的なもの）
アップルサイダー	クッキー類	ピタパン
杏	西洋すぐり	ラズベリー
アボカド	グラノーラ	ルバーブ
バナナ	グアバ	薔薇（ローズ）
大麦	ワカモレ	ライ麦
豆類	キウイフルーツ	ほうれん草
ブラックベリー	マンゴー	砂糖
パン	オーツ麦	タイム
蕎麦	パッションフルーツ	トマト
ケーキ	ペイストリー	トルティーヤ
ケッパー	えんどう豆	バニラ
カルダモン	桃	小麦
いなご豆	梨	

一覧

さくらんぼ　　　　柿

双子座

梨	セロリ	ミント
アルファルファ	ディル	パセリ
アーモンド	フェンネル	ピーカンナッツ
豆類	はしばみ	ペパーミント
ブラジルナッツ	レモングラス	ピスタチオ
キャラウェイ	えんどう豆	ざくろ
炭酸飲料	マジョラム	

蟹座

薄味の食べ物	クレセントケーキ	マンゴー
パンノキ	きゅうり	和え物
キャベツ	卵	マッシュルーム
マスクメロン	冷凍食品	パパイア
カリフラワー	ガスパチョ	じゃがいも
チーズ	アイスクリーム	パンプキン
ココナッツ	ケフィア	キッシュ
冷たい食べ物	レモン	ソース類
蟹	レタス	西瓜
貝	蒸し物	白い食べ物
海老	スカッシュ	ローフード
スフレ	タロイモ	ヨーグルト
スープ（一般的なもの）	豆腐	かぶ
大豆		

獅子座

アルコール	乾燥食品	サフラン
網焼きにした食べ物	グレープフルーツ	胡麻
あぶり焼きにした食べ物	直火焼きの食べ物	シシカバブ
カシューナッツ	蜂蜜	ひまわり
カモミール	ナツメグ	タンジェリン
チョコレート	オリーブ	お茶
シナモン	オレンジ	ビネガー
シトロン	パイナップル	胡桃
コーヒー	レーズン	ワイン
トウモロコシ	お米	酵母
カレー粉を使った食べ物	ローズマリー	

乙女座

アーモンド	エンダイブ	ピーナッツ
大麦	フェンネル	ピーカンナッツ
豆類	はしばみ	ペパーミント
キャラウェイ	マジョラム	ピスタチオ
セロリ	きび	ざくろ
チコリ	オーツ麦	ライ麦
ディル	パセリ	塩

天秤座

りんご	ケーキ類	西洋すぐり
杏	キャンディー	グラノーラ
アボカド	ケッパー	キウイフルーツ
大麦	カルダモン	マンゴー

一覧

パン類	いなご豆	オーツ麦
ブロッコリー	さくらんぼ	パッションフルーツ
蕎麦	クッキー類	パスタ
ペイストリー	ラズベリー	タルト類
えんどう豆	薔薇（ローズ）	タイム
桃	ライ麦	トマト
梨	スペアミント	バニラ
ピザ	苺	小麦
プラム	砂糖	

蠍座

オールスパイス	コリアンダー	胡椒
アーティチョーク	クミン	ペパーミント
アスパラガス	にんにく	ピメント
バジル	生姜	松の実
ビール	西洋わさび	エシャロット
にんじん	リーキ	四川料理
チリ	マスタード	辛い食べ物
チャイブ		

射手座

アニス	輸入食品	サルサパリラ
シャンパン	コナコーヒー	サッサフラス
クローブ	メープルシュガー	スターアニス
エンダイブ	ルートビア	お茶
高級食材	セージ	トリュフ
いちじく		

山羊座

大麦	冷凍食品	保存食品
ビート	ジャムとジェリー	マルメロ
苦みのある食べ物	えんどう豆	タマリンド
チーズ	漬物	かぶ
トウモロコシ	じゃがいも	ビネガー
クランベリー		

水瓶座

アーモンド	エンダイブ	ピスタチオ
アニス	はしばみ	珍味
豆類	ヘーゼルナッツ	セージ
ビール	メース	スペアミント
ブラジルナッツ	マジョラム	スターアニス
キャラウェイ	桑の実	
炭酸飲料	パセリ	
シトロン	ピーカンナッツ	

魚座

アニス	メープルシュガー	貝
ブイヤベース	ナツメグ	ソルベ
栗	ルートビア	スープ類
クローブ	セージ	スターアニス
エンダイブ	サッサフラス	シロップ
いちじく	ソース類	寿司
魚	海産物	

一覧

ジャンクフードの魔術的な使い方

　ここで挙げているのは、国じゅうのどこの食料品店でも手に入る、便利な食べ物です。有名ブランドの商品にもしばしば言及しますが、製造会社や営業マンたち、あるいは、それぞれの製品とつながりがある他のどんな組織も、魔法とはいっさい関係ありません。

　食べ物の準備に十分な時間をかけられるような生活が理想です。出来合いのものを食べるにしても、せめて健康にいい新鮮な食材を使った、塩分控えめで人工保存料も香料も着色料も使っていないものだけを食べられたらどんなにいいでしょう。

　けれども現実は違います。冷凍食品や缶詰の野菜に手を伸ばしたことなどめったにない、などという人はほとんどいないでしょう。ただし、出来合いとはいえ、健康的でオーガニックな食べ物も、今や次第に一般的になりつつあります（冷凍食品やスープの素、スナックバーなどです）。とはいえ、見つけるのは難しいかもしれません。本項でとりあげる食べ物の大半は、健康的でもなければオーガニックでもありません。買う前に、まずは製品ラベルをチェックしてください。そして、MSG（グルタミン酸ナトリウム）やイノシン酸ナトリウム、グアニル酸ナトリウム、硝酸ナトリウム、ソルビン酸カリウム、BHA、BHTなどが含まれているものや、過度に塩分が高いもの、その他の食品混和物が混ざっているものは避けてください。同じ食べ物でも、減塩タイプや低糖タイプがある場合もありますから、行きつけの食料品店内にある、「ダイエット」コーナーをのぞいてみるといいでしょう。

　もし、ときにこうした食べ物を口にしなければいけない場合には、その魔法の特性を思い描きながら、食べ物を選んでください。まずは、包装されている状態で。次いで食べる前に、視覚化をおこない、食べ物にエネルギーを注入

しましょう。

　以下に挙げてあるのは、かぎられた食べ物だけです。他のものに関しては、ご自分で考えながら、それぞれのリストに加えていっていただけると信じています。

地に足をつける
<small>グラウンディングする</small>

　冷凍キッシュ

　冷凍のペパロニピザ（ラベルを見て、「モッツァレラチーズの代替品」ではなく、本物のチーズが使われていることを確かめてください。ほとんどの冷凍ピザには、本物のチーズは使われていないのです！）

　スタウファーズの冷凍ソールズベリー・ステーキ・ディナー

愛

　ドールのパイナップル（缶入りのパイナップルジュース）

　ケロッグのフロステッドフレークス

　ハーゲンダッツのマザーズレモンパイアイスクリーム

　ハーシーのキスチョコ

　オーシャンスプレーのマウナ・ラニ・パッションフルーツドリンク

　ペパリッジファームのチョコレートケーキ

　サラリーのチェリーチーズケーキ（と、このメーカーの他の製品すべて）

魔力と体力

　缶詰のチリ（辛ければ辛いほど効果大）

　コカコーラ

　ペプシ

　リー・アンド・ペリンズのタバスコソース

ジャンクフードの魔術的な使い方

お金

ゼネラル・ミルズのチェリオス

ケロッグのライスクリスピー

マリエカレンダーのブラックベリー・コブラー

パフライスシリアル

ウェルチのグレープジェリー

平和

瓶入りの無糖アップルソース

カーンズのアプリコットネクター

プログレッソのレンティルスープ

加護

瓶入りのアーティチョークの芯（ハート）（食べる前に水を切ること）

冷凍のガーリックトースト

クノールのリーキスープミックス

ペパリッジファームのオニオンスープ

ローラ・スカダーのハワイアンケトルスタイルポテトチップス

霊的自覚（サイキック・アウェアネス）

シナモンパン

３枚におろした魚の「豪華な」冷凍ディナー

セブンアップ

浄化

房にしたグレープフルーツの缶詰（無糖のもの）
オレンジジュースのフローズンバー
ミニッツメイドのレモネード

セックス（性）

カーンズのマンゴーネクター
ナビスコのフィグニュートン
餅

注：こうした食べ物の摂取の習慣化は、おすすめしません！　どうしても食べなければいけないときは、
　　新鮮なもの——ミルクや果物のジュースや野菜など——と一緒にいただくようにしてください。

ファストフードの魔術的な使い方

（前の項をとんでもないと思われたなら、ここは飛ばしてください。）

ファストフードはアメリカの食習慣に大きな変革をもたらしました。今では、
私たちの生活の一部としてしっかりと根づいています。味も質も、往々にして
まずまずでしかありませんし、脂質や砂糖、塩分のレベルとなると、ひどいも
のです。それでも、手軽さは魅力です。

数年前、正真正銘無添加でオーガニックの、ベジタリアン向けファストフー
ドレストランがサンディエゴにオープンしました。ドライブスルーまでありま
した。野菜スープのすばらしさや、アボカドとスプラウトとチーズとトマトの
サンドイッチのおいしさは、今でも覚えています。ただ残念ながら、すぐに潰
れてしまいました。近隣のもっとジャンキーなファストフード店とでは、とて
も競争にならなかったからです。

以下に挙げてあるのは——少々ゾッとしますが——基本的なファストフード
と、その魔法の特性です。

「警告！」4つの食品群からまんべんなく食べるのがいいからといって、何も、バーガーキングとマクドナルドとウェンディーズとホワイト・キャッスルの4店を行き来して食べろ、という意味ではありません。そもそもファストフードでの食事は、あくまでも気分転換程度にすべきです——決して習慣化しないでください！（昨今の環境問題への意識の高まりと、私たちの惑星を思いやる気持ちを考えると、これ見よがしに発泡スチロール製の容器に食べ物を入れてくる店は、避けるのがいちばんでしょう）

バナナスプリット：愛

ブロッコリー・アンド・チーズ：加護

ベイクドポテト：加護

フィッシュサンドイッチ：霊的自覚（サイキック・アウェアネス）

フライドポテト：地に足をつける（グラウンディングする）、加護

ハンバーガー：地に足をつける（グラウンディングする）、加護（5章を参照）

アイスティー：体力と魔力、意識

オニオンリング：加護

シェイク

チョコレート：愛、お金

ストロベリー：愛

バニラ：愛

もう限界です。ファストフードについては、これ以上一言も書けそうにありません……

シンボル

　本項でご紹介するのは、新旧とり混ぜたシンボルです。いずれも、魔法の料理で用いて、食べ物に特別なエネルギーを与えることができます。野菜は、シンボルの形に切るといいでしょう。ピザ生地は、シンボルの形になるよう丁寧に伸ばします。クッキーは、シンボルの形に抜きます。ペイストリーにはアイシングし、パンには刻みましょう。固形チーズのすりおろしにも、別の可能性があります。想像力を駆使して、魔法のシンボルの新たな活用法を生み出していってください。

　これはあくまでも、1人の魔女のリストです。他のシンボルの方がしっくりくると感じたり、さらなるエネルギーをもたらしてくれると思ったら、そちらを使っていただいてかまいません。

　シンボルそのものに、多少とも魔法が宿っているわけではありません。シンボルに魔法のパワーを与えるのは、そしてその力を駆使できるのは、魔女なのです。

愛

加護

サイキック・アウェアネス
霊的自覚

浄化

お金

平和

スピリチュアリティ
精 神 性

減量

セックス（性）

豊穣

通信販売の情報

　本書で言及している食べ物の大半は、スーパーマーケットや大きめの食料品店で購入可能です。キウイフルーツやスターフルーツ、マンゴーといったいかにも南国風の食べ物でも、今では国じゅうに輸入されてきています。生姜の砂糖漬けやサフラン、新鮮なハーブ、アジアの食べ物といった特別なものも、多くのスーパーにおいてあります。ナッツ類や全粒粉、海藻、搾りたての果汁、豆腐も、健康食品店で手に入ります。

　ただ、やはりどうしてもあまり店頭にはないものがあるので、この付録を用意しました。いずれも、ハーブやスパイス、食品生産物、加工食品を通信販売してくださいます。ちなみに、カタログの値段と情報は、本項執筆時には正確なものですが、変動することがあります。

　どうか忘れないでください。いずれのショップも、とり扱い製品が魔術的なものだとか、「超自然的な」ものだなどとは謳っていませんし、あなたも、購入予定のものを使って何をするつもりなのかを説明する必要はありません。

　めずらしい食べ物やスパイスの通信販売に関する情報の更新については、以下に挙げる食の雑誌各誌の最新号をチェックしてください。バーンズ・アンド・ノーブルやB・ドルトン、ウォルデン書店といったチェーン展開している書店のほとんどの店舗には、たいていの雑誌がおいてあるでしょう。どうしても見つからない場合は、雑誌社に直接、予約購入について問い合わせてみてください。

雑誌：
Bon Appetit
Chocolatier

Cook's

Gourmet

Chile Pepper Magazine

通信販売：

Aphrodisia

282 Bleeker St.

New York, NY 10018

ドライハーブとスパイス。

Bueno Food Products

1224 Airway Drive, S.W.

Albuquerque, NM 87105

青いトウモロコシ製品。

Enchantments, Inc.

341 E. 9th St.

New York, NY 10003

ハーブとスパイスを販売しています。

Hawaiian Plantatians

1311 Kalakaua Avenue

Honolulu, HI 96826

(800) 367-2177

パッションフルーツ（リリコイ）ジェリー、グアバジェリー、めずらしいマス
タードや蜂蜜、パパイヤシードドレッシング、マカダミアナッツ、クッキー類、
ファッジ、デザート。

Jaffe Bros.

Valley Center, CA 92082

自然食品、非加熱加工のドライフルーツ、ナッツ類、種子類、未精製オイル、豆類。

Mauna Loa Macadamia nuts
S.R. Box 3, Volcano Highway
Hilo, HI 96720
(808) 966-9301
考えうるすべての形状のマカダミアナッツ。ハワイに行かれたら、ぜひ買ってみてください。

Pendery's
304 East Belknap
Fort Worth, TX 76102
(800) 533-1870
多種多彩なスパイスとハーブ（サフランも含めて）、チリペッパー、キッチン用品、独自のブレンド品をとり揃えています。

Spellbound
455 Broad St.
Bloomfield, NJ 07003
ハーブ、スパイス、キャンドルをはじめ、多彩な魔法関連品。

Spice Merchant
Box 524
Jackson Hole, WY 83001
(307) 733-7811
めずらしく、入手が難しい中国、日本、タイ、インドネシアの食品を提供しています。筍や本物のサフラン、スライスマンゴー、ココナッツミルクなどの輸入品も多数扱っています。

用語解説

各項のなかの太字は、この用語解説内の関連する項を示しています。

アーカーシャ：第5の元素。世界じゅうに行きわたっている普遍的なスピリチュアルパワーのこと。元素が形成するエネルギー。

媚薬：性的興奮をもたらすと考えられている有機物質。

西暦紀元前：宗教とは関係のない年号表記。「キリスト紀元前」と同じ。

西暦：宗教とは関係のない年号表記。「キリスト紀元」と同じ。

顕在意識：日々の活動の際に働く人間の心の半分。社会的に制御された、理性的で、理論的で、物質的な方。**潜在意識**と比較。

呪い：人、場所、物に意識的に向けるネガティブなエネルギー。一般に信じられているのとは反対に、呪いはほとんどおこなわれない。「霊的攻撃」とも言われる。

予知：未知のことを発見する魔術。雲、タロットカード、炎、煙といったツールを用い、一見ランダムなパターンやシンボルを解釈しておこなう。予知は、儀式を介し、またツールの解釈や仕様を通じて、**顕在意識**を騙し（あるいは、ぼんやりさせて）**潜在意識**と接触する。潜在意識に簡単に達することができる人に、予知は不要。まあ、彼らも訓練を重ねているのかもしれないが。

元素：土、風、火、水のこと。この4つの元素は、世界を組み立てる要素である。存在するもの（または存在する可能性のあるもの）はすべて、これらのエネルギーのうち、1つまたは複数を含んでいる。元素は世界に浮遊していて、私たち自身のなかにも存在する。また元素を用いることで、**魔法**を介した変化も起こすことができる。4つの元素は、根源的な要素、あるいはパワーである**アーカーシャ**からなる。

エネルギー：現在まだ測定できない（しかし実在する）パワーの一般的な用語で、私たち人間の体を含め、すべての自然な物体や存在に内在する。多くにとってこのエネルギーは、ありとあらゆる存在の神聖な源に起因する。**民間魔術**の儀式で用いられる。

邪眼：かつてはほぼ普遍的に恐れられていた大きな危害（ときに死さえ）を引き起こしかねないと言われていた視線。おそらくは無意識の呪い。

民間魔術：個人のパワーと、食べ物や水晶、ハーブといった自然物質内のエネルギーを用いて、必要な変化を起こすためにおこなわれるもの。

食べ物の魔法：明確な個人的変革をもたらすための、本来食べ物に備わっているエネルギーの活用法。それぞれのエネルギーに応じて食べ物を選び、儀式的な準備をおこなって食べることで、食べ物のエネルギーを、魔術をおこなう人の体内にとりこむ。食べ物内のエネルギーを活性化し、食べる側がエネルギーを受け入れる準備をするために必要なのが <ruby>視覚化<rt>ビジュアライゼーション</rt></ruby> である。

地母神：永遠の女性の源。創造者。大地を育み、滋養を与え、豊かな恵みをもたらす力。農業や大地の恵みと関係のある女神の1人。

<ruby>地に足をつける<rt>グラウンディングする</rt></ruby>：一時的に <ruby>霊的自覚<rt>サイキック・アウェアネス</rt></ruby> を遮断し、物質世界に意識を向けなおすプロセス。

378　　　　　　　　第5部　付録

「幸運」：時宜を得た正しい決断をしたり、正しい行動をしたり、自分をポジティブな立場におく個人の能力。「不運」は自己責任への無知と無関心から生じる。

魔法：必要な変化をもたらすための自然な**エネルギー**（**個人のパワー**など）の動き。エネルギーは万物――私たち自身、食べ物、植物、石、色、音、動き――の内に存在する。魔法とは、このエネルギーを「喚起し」または高めて目標を（<ruby>視覚化<rt>ビジュアライゼーション</rt></ruby>を介して）定め、エネルギーを放出して変化を起こしていく行為のこと。ほとんど理解されていないが、これは超自然的なものではなく、自然に則った行為である。

瞑想：自己の内面、あるいは神や自然に向けて内省、熟考すること。あることやシンボルについて考えたり、思いを巡らせたりする静かな時間のこと。

ペイガン：ラテン語で「辺境の住民」「田舎者」を意味するpaganusからきた言葉。今日ではウイッカとその他の多神教や、魔術を重視する宗教の信奉者を指すのに使われている。ペイガンとは悪魔崇拝者ではなく、危険でも「邪悪」でもない。

五芒星：基本的な星形五角形で、頂点の１つを上に向けて描く。とりわけ五感、元素（土、風、火、水、アーカーシャ）、手、人間の体を象徴している。古代バビロニアの時代から、加護のシンボルとして用いられていたことがわかっている。今日においては、しばしばウイッカの象徴と考えられている。五芒星はまた土の元素のシンボルでもあり、それゆえお金のシンボルでもある。

個人のパワー：私たちの体を支えるパワーのこと。人間は最初子宮のなかで、生物学的な母親からこのパワーを吸収し、その後は食べ物、水、太陽、その他の自然の物体から吸収する。活動、運動、セックス、受胎、出産、思考、魔術の際に放出する。

用語解説　　　　379

霊的攻撃：呪いを参照。

潜在意識：霊的刺激を受信する、意識下または無意識の心の場所。潜在意識は、私たちが眠っているときや夢を見ているとき、瞑想しているときに活動する。**予知**は、潜在意識と接触するための儀式的な行為。直感は、予期せず意識に届けられる霊的情報を表すために用いられる言葉。**サイキズム**は、潜在意識からの情報を意識が活用できる状態を表す。

サイキズム：意識的に霊的である状態。

儀式：祭礼。特別な結果をもたらすための特別な動作、道具の使い方、内面的過程のこと。宗教では、儀式は神との合一を目的としている。魔術では、魔術をおこなう人が必要な目的に向けてエネルギーを放出するための（内的、外的双方の）一連のシンプルな行為のこと。まじないも魔術の儀式の1種である。

視覚化（ビジュアライゼーション）：心のなかでイメージを描くプロセス。魔術における**視覚化**（ビジュアライゼーション）は、儀式の際に必要な目的のイメージを描くことからなる。**視覚化**（ビジュアライゼーション）はまた、さまざまな目的の**魔法**をおこなう際に、**個人のパワー**と自然な**エネルギー**を放出するためにも用いられる。**顕在意識**の機能である。

ウイッカ：現代における**ペイガン**宗教で、神の顕現として自然を崇拝することに初期のスピリチュアルなルーツを持つ。ウイッカの神は女神と男神なので、多神教である。また、**魔法**の実践と生まれ変わりを受け入れている。多くのウイッカンが**魔女**と自称している。

魔女：古代、ヨーロッパに存在した、キリスト教以前の民間魔術、特にハーブ魔術の一端を実践する者。**ウイッチクラフト**の実践者。のちにこの言葉は故意に変えられ、破壊的な魔術をおこないキリスト教を脅かす、正気を失った危険な人間を表すようになった。組織宗教の人間による、政治的、財政的、性差別的行為である。魔女ではない多くの人は、今日でも依然としてこのネガティブ

な意味を正しいと考えているが、これはごくふつうの、愛をこめた**民間魔術**をおこなっているだけの魔女たちを表すものではない。**ウイッカ**のメンバーのなかにも、自称として魔女という言葉を使ってる者がいる。

ウイッチクラフト：ウイッチのクラフトの意。魔法、特に食べ物や石、ハーブ、色といった自然のものに内在するエネルギーとつながった**個人のパワー**を用いる魔法のこと（**民間魔術**の項を参照）。この定義から、ウイッチクラフトは宗教を指すわけではないが、**ウイッカ**の**ペイガン**宗教の多くの信奉者は、自分たちの宗教を表す言葉として、**ウイッチクラフト**と**ウイッカ**を同義で使っている。

参考図書リスト

　各書籍冒頭の番号は、本書内の注で用いているものです。以下に挙げるのは、本書執筆に際し、調査の一環として閲覧した最も重要な情報源のごく一部です。

1　Abel, Ernest L., *Alcohol: Wordlore and Folklore*. Buffalo: Prometheus Books, 1987. 一般的な言葉の驚くべき語源への旅とアルコールとの関係。アルコール飲料の歴史的背景。

2　Abella, Alex, *The Total Banana*. New York: Harcourt, Brace and Jovanovich, 1979. バナナにまつわる言い伝えの概要。バナナの歴史、儀式的および料理としての用いられ方。黄色い紙に印刷。

3　Aero, Rita, *Things Chinese*. Garden City (New York): Dolphin, 1980. 中国の食べ物についての儀式や言い伝え。

4　Bailey, Adrian, *The Blessings of Bread*. New York: Paddington Press, 1975. 古代から現代に至るパンの歴史。十分な調査がなされ、説明も丁寧。

5　Baker, Margaret, *Folklore and Customs of Rural England*. Totowa (New Jersey): Rowman & Littlefield, 1974. 一般的なイギリスの食べ物の魔法。

6　Barnes, A. C., *The Sugar Cane*. New York: John Wiley and Sons, 1974. 砂糖栽培に関する徹底的な研究。最初の章では砂糖の歴史を論じている。

7　Beckwith, Martha, *Hawaiian Mythology*. Honolulu: University Press of Hawaii, 1979. 魚、ココナッツ、バナナを含む、ハワイとポリネシアの食べ物の古代の象徴。食べ物の儀式と迷信。

8　Best, Michael, and Frank H. Brightman (editors), *The Book of Secrets of Albertus Magnus of the Virtues of Herbs, Stones, and Certain Beasts*. London: Oxford University Press, 1973. 食べ物の魔法が点在。

9　Bunzel, Ruth, "Psychology of the Pueblo Potter" in *Primitive Heritage*, edited by Margaret Mead and Nicolas Calas. New York: Random House, 1953. 儀式における土器の使用。

10　Burland, C. A., *The Gods of Mexico*. New York: Putnam's, 1967. トウモロコシとプルケに関する情報。

11　Burkhardt, V. R., *Chinese Creeds and Customs*. Four volumes bound as one. Golden Mountain Publishers: Taipei (China), 1971. Reprint. Hong Kong: South Morning China Post Ltd., 1982. 中国の儀式や信仰についてのすばらしい入門書。食べ物にまつわる言い伝えが風味を添える。

12　Busenbark, Ernest, *Symbols, Sex and the Stars in Popular Beliefs*. New York: Truth Seeker Company, 1948. 古代世界における食べ物の宗教的利用に関する推論。疑問が残る部分もある。

13　Carpenter, Edward, *Pagan and Christian Creeds*. New York: Harcourt, Brace and Company, 1920. 植物にまつわる神々とキリスト教以前の食べ物の魔法。

14　Clebert, Jean-Paul, *The Gypsies*. Harmondsworth (England): Penguin Books, 1967. 食べ物に関する言い伝えを含めた、大陸のジプシーに対する興味深い見解。

15　Clifford, Terry, and Sam Antupit, *Cures*. New York: Macmillan, 1980. 伝統的な癒しの行為（多くは魔法）について綴られた本書では、さまざまな食べ物への言及がある。

16　Cochrane, Peggy, *The Witch Doctor's Cookbook*. Sherman Oaks (California): Sherman Press, 1984. お気に入りのタイトル。世界じゅうのめずらしいレシピを収集。魔法も言い伝えも神話も掲載されていない。

17　Connell, Charles, *Aphrodisiacs in Your Garden*. New York: Taplinger Press, 1966. 催淫性があると言われている植物の育て方や活用法を記した、皮肉たっぷりの入門書。

18　Corum, Ann Kondo, *Folk Wisdom from Hawaii*. Honolulu: Bess Press, 1985. ポリネシア、アジア、ハワイの民間伝承を魅力たっぷりに編集。食べ物に関するものもあり。

19　Cost, Bruce, *Ginger East to West*. Berkeley: Aris Press, 1984. 生姜を徹底的に研究。中国の生姜についての民間伝承とともに膨大な数のレシピも掲載。

20　Culpeper, Nicholas, *The English Physician*. London: 1652. 食べ物として用いられた植物に関する言い伝えが記された古書。医学的には信頼できない情報。

21　Cushing, Frank Hamilton, "Zuni Breadstuff" in *Primitive Heritage*, edited by Margaret Mead and Nicolas Calas. New York: Random House, 1953. トウモロコシと壺にまつわるズニ族の言い伝え。

22　Daniels, Cora Linn (editor), *Encyclopedia of Superstitions, Folklore and the Occult Sciences of the World*. Three volumes. Detroit: Gale Research Co., 1971. この大部のなかには、食べ物における魔法の二元性についても記されている。

23　Darby, William J, Paul Ghalioungui, and Louis Grivetti, *Food: The Gift of Osiris*. Two volumes. New York: Academic Press, 1977. 古代エジプトにおける食べ物の徹底的な研究。エジプトの宗教と魔

法における特定の食べ物の使用に関する情報が記載されている。この分野における最高の情報源。

24 Delaporte, L., *Mesopotamia: The Babylonian and Assyrian Civilization*. New York: Knopf, 1925. 食料提供。

25 De Lys, Claudia, *A Treasury of American Superstitions*. New York: Philosophical Library, 1948.（クローディア・ドリス著『アメリカの迷信』寺島迪子編注、篠崎書林、1983年）「我らに今日の糧を与えたまえ」という章で、食べ物の迷信を考察。

26 Diamond, Denise, *Living With the Flowers*. New York: Quill, 1882. 花の料理など、興味深い話題がたくさん。

27 Emboden, William A., *Bizarre Plants*. New York: Macmillian, 1974. トリュフ。

28 Emboden, William A., "Plant Hypnotics Among the North American Indians" in *American Folk Medicine*. Ed. Wayland D. Hand. Los Angeles and Berkeley: University of California Press, 1976. ニガヨモギ。

29 Farb, Peter, and George Armelagos, *Consuming Passions: The Anthropology of Eating*. Boston: Houghton Mifflin, 1980. 歴史を通した食べ物についての必須の書。膨大な数の食べ物の儀式を収録。すばらしい。

30 Ferm, Vergilius, *A Brief Dictionary of American Superstitions*. New York: Philosophical Library, 1959. 食べ物の習慣と言い伝え。

31 Fielding, William J, *Strange Customs of Courtship and Marriage*. New York: Permabooks, 1949. ウェディングケーキと料理に用いる植物の象徴。

32 Flower, Barbara, and Elisabeth Rosenbaum (translators), *The Roman Cookery Book: A Critical Translation of The Art of Cooking by Apicius*. London: George G. Harrap & Co., 1958. 現存する最古の料理本。一風変わった、ある意味食欲をそそらないローマのレシピが満載。食べ物の実際のはやりすたりを見るだけなら面白い。媚薬。

33 Ford, Richard I., "Communication Networks and Information Hierarchies in Native American Folk Medicine: Tewa Pueblos, New Mexico" in *American Folk Medicine*. Ed. Wayland D. Hand. Los Angeles and Berkeley: University of California Press, 1976. コーンミール、タマル、松の実。

34 Fox, Helen Morganthau, *Gardening with Herbs for Flavor and Fragrance*. New York: Macmillan, 1933. ハーブの料理と言い伝え。

35 Friend, Hilderic, *Flower Lore*. 1883. Reprint. Rockport (Massachusetts): Para Research, 1981. 食事にまつわる面白い伝説と儀式。

36　Gerard, John, *Gerard's Herbal: The Essence Thereof Distilled by Marcus Woodward*. London: Spring Books, 1964. ジェラードの伝統的な本草書の縮刷版で、食べ物の魔法の特性が含まれている。

37　Goldsmith, Elizabeth, *Ancient Pagan Symbols*. New York: G. Putnam's Sons, 1929. Reprint. New York: AMS Press, 1973. 食べ物と古代の神々。

38　Gonzalez-Wippler, Migene, *Rituals and Spells of Santeria*. Bronx (New York): Original Publications, 1984. サンテリアのさまざまな神々に関する食べ物。

39　Gordon, Jean, *The Art of Cooking With Roses*. New York: Walker and Company, 1968. 楽しいアートの有益な入門書。

40　Gordon, Lesley, *The Mystery and Magic of Trees and Flowers*. Exeter (England): Webb and Bower, 1985. 小さいながら豪華な本で、植物にまつわる言い伝えが記されている。

41　Goulart, Frances Sheridan, *The Caffeine Book: A User's and Abuser's Guide*. New York: Dodd, Mead and Company, 1984. カフェインの使用、中毒、生理学的影響についての詳細な調査で、コーヒー、お茶、チョコレートに関する貴重な情報が載っている。

42　Granger, Byrd Howell, "Some Aspects of Folk Medicine Among Spanish-Speaking People in Southern Arizona" in *American Folk Medicine*. Editor Wayland D. Hand. Los Angeles and Berkeley: University of California Press, 1976. 卵の魔法の使い方。

43　Graves, Robert, *The White Goddess*. New York: Farrar, Straus and Giroux, 1976. 永遠の女神についての詩趣に富んだ研究のいたるところに散りばめられた、食べ物に関する言い伝えと魔法。

44　Haining, Peter, *Superstitions*. London: Sidgwick and Jackson, 1979. 食べ物の迷信と儀式。

45　Hand, Wayland D., (editor), *American Folk Medicine: A Symposium*. Los Angeles and Berkeley: University of California Press, 1976. アメリカ民間療法に関するUCLAカンファレンスの議事録は食べ物の魔法にまつわる広範な話題を網羅。知的で「読み応え」あり。

46　Hand, Wayland D., Anna Cassetta, and Sondra B. Theiderman (editors), *Popular Beliefs and Superstitions: A Compendium of American Folklore*. Three volumes. Boston: G. K. Hall, 1981. 歴史的価値のある作品。食べ物の言い伝えや料理の迷信のさまざまな側面が含まれている。

47　Handy, E. S. Craighill, and Mary Kawena Pukui, *The Polynesian Family System in Ka-u, Hawaii*. Rutland (Vermont): Tuttle, 1972. 昔のハワイの砂糖の魔法と言い伝え。

48　Hansen, Barbara, "An Earthly Delight." *The Los Angeles Times Home Magazine*, October 22, 1978. 死の祝祭日。

49　Henle, Zack, *Cooking With Flowers*. Los Angeles: Price! Stern/Sloan, 1971. 花を用いたシンプルなレシピが満載の小編。

50　Hishijo, Kathy, *Kathy Cooks ... Naturally*. Honolulu: The Self-Sufficiency Association, 1981. 自然食品やめずらしい果物の使い方を説明したすばらしい手引き。1000種類のレシピを掲載。

51　Hooke, S. H., *Babylonian and Assyrian Religion*. Norman (Oklahoma): University of Oklahoma Press, 1963. 古代の捧げ物に用いられた食べ物。

52　Jaine, Tom and Nicholas Campion, *Cosmic Cuisine*, San Francisco: Harper & Row, 1988. 食べ物の魔法にまつわる情報満載の占星術料理本。食べ物を星座や惑星とも結びつけている。

53　Jensen, Bernard, *Foods That Heal*. Garden City Park (New York): Avery Publishing Company, 1988. 基本的な食べ物についての栄養的・歴史的情報。

54　Joya, Mock, *Quaint Customs and Manners of Japan*. Tokyo: 迷信、祝祭、習慣など。多くが食べ物にまつわる。

55　Kamm, Minnie Watson, *Old Time Herbs for Northern Gardens*. Boston: Little, Brown and Company, 1938. 昔からある食べ物とハーブに関するさまざまな言い伝え。

56　Keller, Mitzie Stuart, *Mysterious Herbs and Roots: Ancient Secrets for Beautie, Health, Magick, Prevention and Youth*. Culver City (California): Peace Press, 1978. 古くからの食べ物の魔法がいっぱいの魅力的な編集。

57　Kenyon, Theda, *Witches Still Live*. New York: Ives Wash burn, 1929. 民間伝承と魔法の「現代的な」本。食べ物への言及もあり。

58　Kepler, Kay, *Hawaiian Heritage Plants*. Honolulu: Oriental Publishing Co., 1983. ポリネシアの食事の言い伝えと利用法。

59　Krutch, Joseph Wood, *Herbal*. Boston: David R. Godine, 1965. 植物間の魔術的な関係を掲載。

60　Leach, Maria, *The Soup Stone: The Magic of Familiar Things*. London: Mayflower, 1954. 塩とターメリックの言い伝え。壺や用具の謎を考察。

61　Leach, Maria (editor), *Standard Dictionary of Folklore, Mythology and Legend*. New York: Funk and Wagnall's, 1972. 食べ物の言い伝えと魔法の宝庫。

62　Leland, Charles Godfrey, *Gypsy Sorcery and Fortune Telling*. New Hyde Park (New York): University Books, 1963.（チャールズ・G・リーランド著『ジプシーの魔術と占い』木内信敬訳、国文社、1986年）ヨーロッパのりんごと卵の言い伝え。

63 Leyel, C. F., *The Magic of Herbs*. New York: Harcourt, Brace and Company, 1926. Reprint. Toronto: Coles, 1981. たくさんのめずらしいレシピ掲載。

64 Leyel, C. F. (editor), *A Modern Herbal*. Two volumes. New York: Harcourt, Brace and Company, 1931. Reprint. New York: Dover, 1971. 古典作品。食べ物の言い伝えを含む。

65 Lu, Henry C., *Chinese System of Food Cures, Prevention and Remedies*. New York: Sterling, 1986. 薬としての食べ物の使い方入門。面白い。

66 Malbrough, Ray, *Charms, Spells and Formulas*. St. Paul: Llewellyn Publications, 1985. いくつかケージャンの食べ物の魔法を含む。

67 Malbrough, Ray, *Wildflowers of Louisiana and Their Ritual Uses*. Unpublished paper, 1988. 食べ物の魔法の使い方。

68 Maple, Eric, *Superstition and the Superstitious*. Hollywood: Wilshire Book Company, 1973. イギリスとアメリカの食習慣。

69 Manniche, Lise, *An Ancient Egyptian Herbal*. Austin: University of Texas Press, 1989.（リズ・マニカ著、『ファラオの秘薬：古代エジプト植物誌』八坂書房編集部訳、八坂書房、1994年）エジプトの食べ物の活用法。

70 Marquis, Vivienne, and Patricia Haskell, *The Cheese Book*. New York: Fireside, 1965. 古代のチーズの言い伝え。

71 McGee, Harold, *On Food and Cooking : The Science and Lore of the Kitchen*. New York: Collier, 1988. 調理中の手順がかいまみえるすばらしい作品。充実した本で、古代の料理にまつわる言い伝えも多数掲載。

72 McNiell, F. Marian, *Halloween: Its Origins, Rites and Ceremonies in the Scottish Tradition*. Edinburgh: The Albyn Press, n.d. ハロウィンの食べ物。

73 Mead, Margaret, and Nicolas Calas (editors), *Primitive Heritage: An Anthropological Anthology*. New York: Random House, 1953. 見事なコレクション。食べ物や調理に用いる用具について言及した論文多数。

74 Meyer, Carolyn, *Coconut: The Tree of Life*. New York: William Morrow, 1976. ココナッツの言い伝えと伝説。

75 Moldenke, Harold N. and Alma L., *Plants of the Bible*. Waltham (Massachusetts): Chronica Botanica Co., 1952.（H & A.モルデンケ著、『聖書の植物』奥本裕昭編訳、八坂書房、1991年）古代の食べ物の言い伝え。

76　Morgan, Harry T., *Chinese Symbols and Superstitions*. South Pasadena: P. D. and Ione Perkins, 1942. 中国の象徴、宗教、民間魔術における賢明な考察。食べ物と果物の言い伝え。

77　Neal, Marie C., *In Honolulu Gardens*. Honolulu: Bishop Museum, 1928. 砂糖、バナナ、ココナッツなどのポリネシアの食べ物についての魔法と神話を含んだ、すばらしい作品。

78　Newmann, Erich, *The Great Mother*. Princeton: Princeton University Press, 1974. 女神にまつわる食べ物。

79　Newall, Venetia, *An Egg at Easter*. London: Routledge & Kegan Paul, 1971. 神話、宗教、民間伝承、魔法における卵についての秀逸な研究。充実した脚注。

80　Newall, Venetia, *The Encyclopedia of Witchcraft and Magic*. A & W Visual Press, 1974. プディング、塩、胡椒の言い伝え。

81　Norris, P. E. *About Honey*. London: Thorson's, 1956. 蜂蜜の民間伝承と神話。砂糖についても簡潔な考察。

82　Opie, Iona, and Moira Tatem, editors, *A Dictionary of Superstitions*. New York: Oxford University Press, 1989.（I.オウピー，M.テイタム編集、『英語迷信・俗信事典』山形和美監訳、大修館書店、1994年）膨大な文献から収集した画期的な迷信のコレクション。食べ物に関する言及もあり。

83　Ortiz, Elizabeth Lambert, *The Complete Book of Mexican Cooking*. New York: Ballantine, 1985. この分野に精通した女性による楽しい手引書。多くのレシピとともに、メキシコの食べ物にまつわる言い伝えも掲載。

84　Perlman, Dorothy, *The Magic of Honey*. New York: Avon, 1974. 蜂蜜の歴史と神話の関連についての情報が含まれる有益な作品。

85　Pitkanen, A. L., and Renan Prevost, *Tropical Fruits, Herbs and Spices, Etc.* Lemon Grove (California): R. Prevost, 1967. 食べ物の言い伝え、伝説、栄養価を編集。

86　Pliny the Elder, *Natural History*. Cambridge: Harvard University Press, 1956.（プリニウス著、『プリニウスの博物誌』中野定雄他訳、雄山閣出版、1986年）驚くほど懐疑的だった当時（西暦1世紀）、プリニウスはこの古典に食べ物の魔法のさまざまな面を記録した。

87　Randolph, Vance, *Ozark Superstitions*. New York: Columbia University, 1947. 玉ねぎの魔法。

88　Radbill, Samuel X., "The Role of Animals in Infant Feeding" in *American Folk Medicine*. Editor Wayland D. Hand. Los Angeles and Berkeley: University of California Press, 1976. 興味深いミルクの情報。

89 Rogers, Brant, and Bev Powers-Rogers, *Culinary Botany: The Essential Handbook*. Kent (Washington): PRP; 1988. めずらしい果物や野菜の命名のためのすこぶる有益な手引書。言い伝えもいくつか掲載。

90 Rose, Jeanne, *Jeanne Rose's Herbal Guide to Food*. Berkeley: North Atlantic Books, 1989. めずらしい食べ物と蜂蜜のレシピのすばらしい概要。「オーガニック料理薬物学」は食べ物の言い伝え、魔法、伝説の宝庫。

91 Ross, Patricia Fent, *Made in Mexico*. New York: Alfred A. Knopf, 1955. メキシコのバニラの言い伝え。

92 Scammell, R. E., *Thistle Eaters Guide*. Lafayette (California): Floreat Press, 1970. アーティチョークの食べ方の楽しい手引き。歴史と言い伝えも含む。

93 Schmidt, Phillip, *Superstition and Magic*. Westminster (Maryland): The Newman Press, 1963. 「貢ぎ物としてのケーキ」の項はこのうえなく興味深い。

94 Schnitzer, Rita, *The Secrets of Herbs*. London: Orbis, 1985. 食べ物の魔法。美しい挿絵。

95 Scott, George Ryler, *Curious Customs of Sex and Marriage*. New York: Ace Books, N.D. ウェディングケーキの風習。

96 Shah, Sayed Idries, *Oriental Magic*. New York: Philosophical Library, 1957. 大麦。

97 Sharon, Douglas, *Wizard of the Four Winds*. New York : The Free Press, 1978. ライムと砂糖の儀式における用い方。

98 Shurtleff, William, and Akiko Aoyagi, *The Book of Tofu: Food for Mankind*. New York: Ballantine, 1979. 過去の豆腐の役割と、西洋社会における主要な食べ物としての可能性についての興味深く、面白い考察。言い伝えとレシピ。

99 Simmons, Adelma Grenier, *A Witch's Brew*. Coventry (Connecticut): Caprilands Herb Farm. N.D. 豆類。

100 Simmons, Marc, *Witchcraft in the Southwest*. Lincoln: University of Nebraska Press, 1974. チリの言い伝え。

101 Stark, Raymond, *The Book of Aphrodisiacs*. New York : Stein & Day, 1980. 媚薬と民間魔術としての食べ物。

102 Stone, Margaret, *Supernatural Hawaii*. Honolulu: Aloha Graphics and Sales, 1979. マンゴー。

103 "T", Reverend, *The Voodoo Cookbook*. Santa Barbara: Malcolm Mills Publications, 1984. 食べ物の象徴と魔術的使用。

104 Tannahill, Reay, *Food in History*. New York: Stein & Day, 1973.（レイ・タナヒル著、『食物と歴史』小野村正敏訳、評論社、1980年）先史時代から現代までの食べ物。歴史的価値のある作品。

105 Taylor, Demetria, *The Apple Kitchen Cookbook*. New York: Popular Library, 1971. りんごとパイの言い伝え。

106 Thompson, C. J. S., *Magic and Healing*. London: Rider & Company, 1947. 東洋の食べ物の魔法。

107 Tillona, Francesca, and Cynthia Strowbridge, *A Feast of Flowers*. New York: Grammercy Publishing Co., 1969. 花の料理の魅力的なコレクション。

108 Tonsley, Cecil, *Honey for Health*. New York: Award, n.d. 蜂蜜の歴史と神話。

109 Toor, Frances, *A Treasury of Mexican Folkways*. New York: Crown, 1973. プルケなど、メキシコの飲料と食べ物の言い伝えと魔法。魅力的な本。

110 Villiers, Elizabeth, *The Book of Charms*. New York: Fire side, 1973. 蟹と魚の言い伝え。

111 Vogel, Virgil J. "American Indian Foods Used as Medicine" in *American Folk Medicine*. Editor Wayland D. Hand. Los Angeles and Berkeley: University of California Press, 1976. トウモロコシ。

112 Walker, Barbara, *The Woman's Encyclopedia of Myths and Mysteries*. New York: Harper & Row, 1983. 過去の一般的な食べ物の言い伝え。

113 Warburton, Diana, *Magiculture: A Book of Garden Charms*. Dorchester (England): Prism Press, 1980. 小編ながら食べ物の言い伝えを含む。

114 Waring, Phillippa, *A Dictionary of Omens and Superstitions*. New York: Ballantine, 1978. 食べ物の魔法と習慣。

115 Winter, Evelyne, *Mexico's Ancient and Native Remedies*. Mexico City: Editorial Fournier, 1972. メキシコの民間医療に関する魅力的な報告。調理の魔法とハーブの儀式における利用も。

116 Young, Gordon, "Chocolate: Food of the Gods" in *National Geographic*, November, 1984. 興味をそそる短い歴史。美しいカラー写真つき。

117 Younger, William, *Gods, Men and Wine*. Cleveland: The Wine and Food Society/World Publishing, 1966. ワインの詳細。最初の4章は、古代の儀式のワインの用い方が満載。

118 Corrigan, Patricia, "Ice Cream Boasts a Cool History" in *The San Diego Tribune*, Dec. 16, 1987. アイスクリームの言い伝え。

119 Latimer, Norma, and Gordon Latimer, *English Desserts, Puddings, Cakes and Scones*. Culver City (California): Norma and Gordon Latimer, 1981. ホットクロスパン。

120 Lenher, Ernst and Johanna, *Folklore and Odysseys of Food and Medicinal Plants*. New York: Farrar, Straus and Giroux, 1962. 穀類、野菜、果物の言い伝えの面白い情報源だが、全般的な索引と参考文献一覧がないのが残念。

121 Madsen, William, and Claudia Madsen, *A Guide to Mexican Witchcraft*. Mexico City: Editorial Minutiae Mexicaxna, 1972. メキシコの民間魔術に関する短いながら包括的な考察。卵占いを描写。

122 Rhoads, Scot, "How To Eat Meat" in *Rose & Quill*, Vol. 1, No. 1. 風刺に富んでいて有益な、肉食動物の究極のスピリチュアルガイド。

123 Shultes, Richard Evans, *Hallucinogenic Plants*. New York: Golden Press, 1976. マッシュルームと向精神植物。

124 Tuleja, Tad, *Curious Customs : The Stories Behind 296 Popular American Rituals*. New York: Harmony, 1987. （タッド・トレジャ著、『アメリカ風俗・慣習・伝統事典』北村弘文訳、北星堂書店、1992年）魅力的な食べ物の言い伝え。

謝辞

　本書が完成するまでの17年ものあいだ、多くの人が支えてくださいました。以下に一部の方々のお名前を順不同で記します。

　非凡なハーバリストのジーン・ローズ。そのインスピレーションと友情に。そして通信販売の情報を提供してくれたことにも。

　ハワイのモーガンは魔法のフルーツサラダのレシピを掲載させてくれました。

　ネバダ州のバルダ。早くから励ましてくれ、食べ物にまつわる知識とレシピを惜しみなくわけ与えてくれてありがとう。

　ニュージャージー州ブルームフィールドの魔法に満ちた土地に暮らすヴィニー・ガリオーネは、イタリアの食材に関する言い伝えを教えてくれました。

　セーレムのローリー・キャボット。私と同じようなプロジェクトにとり組みながら、自分が集めた資料を私に教えてくれたことに感謝します。

　アリゾナ州のヴァージニア・トンプソンは、中央アメリカにおける食べ物の魔法と儀式での用い方についての情報を供してくれました。

　ロバートとヴァージニアのトンプソン夫妻。日本の食べ物に関する言い伝えを紹介してくれてありがとう。

　ルイジアナ州ホーマのレイ・T・マールバラ。たび重なる長距離電話と、ルイジアナの植物にまつわる魔法についての論文のコピーの提供、本当に感謝しています。

　デ・トレイシー・レグーラ。中国の食べ物の魔法を教えてくれてありがとう。

　食べ物に秘められた魔法の可能性を最初に教えてくれた先生、モーガンの恩は忘れられません。

　必要な絶版本をすべて探し出してくれたラスベガスのルーとマーナ。お礼を言います。

　そして最後に。昔から、私がスプーンを舐めてもめったに叱らなかった母へ。ありがとう。

■著者紹介
スコット・カニンガム（Scott Cunningham）
1956年米国ミシガン州生まれ。1993年没。高校在学中からウイッカについて学び、20年にわたって自然のパワーによる魔法を実践していた。フィクション・ノンフィクションあわせて30冊以上の著作がある。翻訳書では、『魔女の教科書』『魔女の教科書 ソロのウイッカン編』『願いを叶える魔法のハーブ事典』『願いを叶える魔法の香り事典』『願いを叶える魔法のパワーアイテム事典』『西洋魔法で開運 入門』『西洋魔法で開運 発展編』（パンローリング刊）がある。

■訳者紹介
岩田佳代子（いわた・かよこ）
翻訳家。清泉女子大学文学部英文学科卒。訳書に『えほん 魔女の秘密』(金の星社)、『SURVIVE!「もしも」を生き延びる サバイバル手帖』（文響社）、『DOWNTIME 世界一のレストラン「ノーマ」のおうちレシピ』（Kadokawa）など多数。

2019年1月2日 初版第1刷発行

フェニックスシリーズ ㊲

幸運を呼ぶウイッカの食卓
——食べ物のパワーを引き出す魔法のレシピ

著　者　スコット・カニンガム
訳　者　岩田佳代子
発行者　後藤康徳
発行所　パンローリング株式会社
　　　　〒160-0023　東京都新宿区西新宿7-9-18　6階
　　　　TEL 03-5386-7391　FAX 03-5386-7393
　　　　http://www.panrolling.com/
　　　　E-mail　info@panrolling.com
装　丁　パンローリング装丁室
印刷・製本　株式会社シナノ
（部・章見出し）Illustration by irikul / Freepik

ISBN978-4-7759-4202-4
落丁・乱丁本はお取り替えします。
また、本書の全部、または一部を複写・複製・転訳載、および磁気・光記録媒体に
入力することなどは、著作権法上の例外を除き禁じられています。

©Kayoko Iwata 2019　Printed in Japan

スコット・カニンガム シリーズ

願いを叶える
魔法のハーブ事典

ISBN 9784775941294　384ページ
定価：本体 1,800円＋税

世界各地で言い伝えられているハーブの「おまじない」やハーブを魔法で使うときに必要な情報を網羅。ハーブの魔法についてさらに知識を深めたい方に最適の一冊。

◆まわりに埋めると豊かになれるバーベイン
◆持ち歩くと異性を惹きつけるオリス根
◆予知夢を見られるローズバッドティー
など、400種類以上のハーブをご紹介。

魔女の教科書
自然のパワーで幸せを呼ぶ
ウイッカの魔法入門

ISBN 9784775941362　168ページ
定価：本体 1,500円＋税

昔から伝えられてきた「幸せの魔法」

ウイッカ（自然のパワーに対する畏敬の念を柱とした信仰そのもの、そしてそのパワーを実際に使う男女）の基礎となる知識を紹介。本書で基礎を学んだら、自分自身で魔法を作り出してみてください。自分やまわりの幸せを願って魔法を使えば、人生を好転させ、荒廃したこの世界にポジティブなエネルギーをもたらす存在となれるでしょう。

『ソロのウイッカン編』も好評発売中

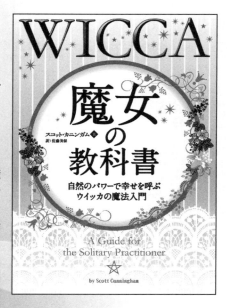

スコット・カニンガム シリーズ

願いを叶える 魔法の香り事典

ISBN 9784775941515　309ページ
定価：本体 1,800円＋税

古代から受け継がれたレシピをひも解き、ハーブの香りを使って、人生をより豊かにする技を掲載。あらゆるシーンに役立つレシピを惜しみなく紹介した、香り完全ガイド

◆愛と美貌を手に入れたいなら、「アフロディテ（愛と美の女神）のインセンス」を作る
◆すぐにお金が欲しいなら、パチョリ、シダーウッド、ジンジャーなどのオイルをブレンド

など、300種類以上のレシピをご紹介。

願いを叶える 魔法のパワーアイテム事典
113のパワーストーンと16のメタルが生み出す地球の力

ISBN 9784775941522　312ページ
定価：本体 1,800円＋税

第4弾は自然に存在する石や金属に関するもの。

パワーストーンとメタルそれぞれ解説にとどまらず、組み合わせによる効能についても考察。
石や金属を身に着けると、それは私たちの潜在意識にはたらきかけパワーを注ぎ込みます。
そして気がつけば物事が好転している！ 望んだことが実現している！ この変化が魔法です。

スコット・カニンガム シリーズ

西洋魔法で開運 入門
四大元素"土風火水"が パワーを引き寄せる

ISBN 9784775941614　192ページ
定価：本体 1,500円+税

自然のパワーを使って願いをかなえる「自然魔術」と呼ばれる、西洋で昔から伝わる開運術の入門編。

四大元素の魔法と木、石、雨、海など自然を使ったアースパワーについて紹介する魔法の入門書。「自然魔術」で幸運を引き寄せる実践的な手順とツール、方法を詳しく解説しています。

西洋魔法で開運 発展編
パーソナルパワーと ナチュラルパワーの融合

ISBN 9784775941676　240ページ
定価：本体 1,500円+税

古くから伝わる魔法を学び
自分だけのオリジナル魔法を作る

入門編に加えて、新たな自然のパワー、キャンドル・星・氷・雪、そして、願いの泉の魔法などを収録。さらに、自分のオリジナル魔法を作る方法についても解説。あなたを真の魔法の世界へ案内します。

好評発売中

バックランドの ウイッチクラフト完全ガイド

レイモンド・バックランド【著】
ISBN 9784775941546　512ページ
定価：本体 2,400円＋税

信仰と魔術を学ぶ15のレッスン
ウイッカの名著、ついに完訳！

1986年に初版が発行され'ビッグブルー'という愛称で親しまれているロングセラーの魔法書。ウイッカのレッスンに必要なツールや衣装、魔術や占い、ハーバリズム(薬草学)、瞑想、ヒーリング、チャネリング、夢解釈、祝祭の祝い方、カヴンの作り方、ソロでの行動などを解説。練習問題つきなので、独学でウイッカとして道を究めていく人必携の一冊となるでしょう。

グリーンウイッチの書

アン・モウラ【著】
ISBN 9784775941645　512ページ
定価：本体 2,800円＋税

「汝の道の先へと連れて行く汝の足に祝福あれ」

祖母の代から続く、現役の魔女であるアン・モウラが普段使用している影の書・魔術書・儀式の書・呪文書を書籍化。最初のページには、クラフトネームの書き込み欄があります。これは、アン・モウラの業、現役の魔女の叡智をあなたに伝え、あなた自身の影の書を作ってもらうことを意味しています。他にも自由に書き込み、ぜひあなただけのオリジナルの影の書を作ってください。

好評発売中

カルペパー ハーブ事典

ニコラス・カルペパー【著】
ISBN 9784775941508　672ページ
定価：本体 3,000円＋税

『THE COMPLETE HERBAL』
ニコラス・カルペパー 伝説の書
ついに初邦訳!!

ハーブ、アロマ、占星術、各分野で待望の歴史的書物。ハーブの特徴・支配惑星をイラストと共に紹介。

付録として前著であるEnglsh Physician（一部抜粋）も加え、全672ページ、全ハーブタイトル数329種の大ボリュームで登場。

アニマルスピーク
守護動物「トーテム」のメッセージで
目覚める本当のあなた

テッド・アンドリューズ【著】
ISBN 9784775941249　320ページ
定価：本体 1,800円＋税

悩み、壁に立ち向かうためのスピリットガイド。守護動物を見つけるには？

◆ 昔から気になっている動物は？
◆ 動物園に行ったらいちばんに見たい動物は？
◆ 屋外でよく見かける動物は？
◆ いちばん興味のある動物は？
◆ 自分にとって、いちばん怖い動物は？
◆ 動物に噛まれたり、襲われたりした経験は？
◆ 動物の夢を見ることはあるか？